湖北经济学院学术专著出版基金资助

涉外民商事纠纷解决的价值维度

潘德勇 著

九州出版社 JIUZHOUPRESS | 全国百佳图书出版单位

图书在版编目（CIP）数据

涉外民商事纠纷解决的价值维度 / 潘德勇著. -- 北京 : 九州出版社，2023.8

ISBN 978-7-5225-2026-1

Ⅰ．①涉… Ⅱ．①潘… Ⅲ．①涉外案件－民事纠纷－研究－中国②涉外案件－经济纠纷－研究－中国 Ⅳ．①D925.114.4②D922.295.4

中国国家版本馆CIP数据核字(2023)第141436号

涉外民商事纠纷解决的价值维度

作　　者	潘德勇　著
责任编辑	肖润楷
出版发行	九州出版社
地　　址	北京市西城区阜外大街甲 35 号（100037）
发行电话	(010)68992190/3/5/6
网　　址	www.jiuzhoupress.com
印　　刷	北京九州迅驰传媒文化有限公司
开　　本	720 毫米×1020 毫米　16 开
印　　张	14.25
字　　数	210 千字
版　　次	2023 年 8 月第 1 版
印　　次	2023 年 8 月第 1 次印刷
书　　号	ISBN 978-7-5225-2026-1
定　　价	46.00 元

序言：国际民事交往及纠纷解决的主要关切

进入二十一世纪，国际私法在其产生地欧洲已成为具有活力且变革迅速的法律领域。[①] 欧盟一体化进程使民事和经济领域的法律统一持续朝着纵深方向发展。统一欧盟各国冲突法的条约也不断开拓。国际私法在理论和制度上将再一次经历重大变革。

一国国际私法的发展及其适用程度，是该国国际化程度的直接体现。国际化不仅表现在本国国民和企业在其他国家和地区的流动或存在，更表现为本国领土范围内的外国人的居住、旅行和投资等行为。改革开放以来，我国吸引了大量的外商投资，促进了中国经济的高速发展，中国的工业化和城镇化进程得以加速。在产业升级、科技发展、进出口贸易增加、自主创新驱动等因素共同作用下，我国的经济总量从改革开放前的第十一位，成为今日世界之第二大经济体。中国稳定的政治体制和社会治安、良好的营商环境，强劲的经济动力，包容的文化氛围，吸引了大量外国居民旅行、求学、居住。与此同时，中国国民和企业也积极参与国际经济交往，在商品出口、劳务服务、对外投资、国际留学等方面，足迹遍布全球各地。国际社会的中国因素无处不在。

随着中国国际化程度的日益深入，涉外民商事法律体系亟须不断完善。我国现有涉外民商事纠纷解决的法律体系，分布在宪法、民法、民事诉讼法、涉外民事关系法律适用法以及一系列司法解释、工作纪要等法律法规和政策性文件中。涉外民商事纠纷解决的管辖权、法律适用、判决承认和执行等缺乏体系性和一致性。在婚姻家庭、诉讼管辖等领域，国内法和涉外民事诉讼法、国内法和涉外民

---

①   D Stewart, Private International Law: A Dynamic and Developing Field, (2009) 30 *University of Pennsylvania Journal of International Law*, p. 1121–1131.

事关系法律适用法之间的衔接，存在立法空白，时常导致法律适用困难。与此同时，我国公民和企业在海外的投资权益和人身权益，也需要制定专门的法律，并与现有的涉外民事关系法律适用法协调一致。

涉外民商事法律体系的建设和完善，是"统筹推进国内法治和涉外法治建设"的重要组成部分。民法典生效后，《涉外民事关系法律适用法》亟须修改，对国际条约、国际惯例的适用做出明确规定，并就外国人在中国实施民事法律行为的依据进行规定。《涉外民事关系法律适用法》实施前后，若干制度设立的分歧，条文的歧义，以及法律实施过程中存在的问题，都可以在"加快推进涉外领域立法"的时代背景下，通过社会各界的广泛参与，形成民主科学的完善方案。

一、写作目的及主要目标

《涉外民事关系法律适用法》距今已有十余年，十余年间，国际民事交往发生了翻天覆地的变化：经济全球化、文化多样性与社会信息化的深入发展，进一步加快了我国公民与外国人在合同、婚姻、家庭等领域的交往，也使矛盾和冲突增多。根据数据显示，自《涉外民事关系法律适用法》颁布以来，我国 2011 年的涉外民商事案件数量为 292 件，而到 2021 年就达到 2.1 万件。我国日益增多的涉外民商事案件的审理，不仅需要完善的法律体系来支撑，也需要司法机构在审理涉外民商事纠纷中能够准确适用管辖权、冲突规范、准据法等规则，维护涉外民商事关系当事人的合法权益，保护我国国家和国民利益。基于此，本书以"涉外民商事纠纷解决的价值"为题，旨在达成以下写作目标：

（一）深入研究《中国国际私法典》编纂的体系化和若干具体制度的价值

在民法典之后，《涉外民事关系法律适用法》是否需要"升级"为《中国国际私法典》，是近年来学界热议的话题。中国国际私法学会于 2020 年至 2021 年多次召开会议，就《中国国际私法典》（学会建议稿）进行讨论。统一的《中国国际私法典》包括诉讼管辖权、调解与仲裁、法律适用、民事司法协助、判决的承认和执行等涉外民事审判各环节。也将系统梳理包括《宪法》《民事诉讼法》《关于规范涉外涉港澳台商事纠纷委托调解的会议纪要》《加强涉台民商事纠纷化解和协调工作机制建设意见》在内的法律、司法解释、意见等。

就议论中的《中国国际私法法典》之"法律适用法"部分，即现《涉外民事关系法律适用法》部分而言，需要根据近年来我国涉外民商事审判中出现的问题，以及其他国家国际私法司法过程中的审判实践，结合冲突法理论，借鉴优秀的立法和司法经验，做出修改。对其中的一些制度，例如反致、先决问题、识别等，也需要根据新时代以来我国在国际民事交往中国家和国民利益保护的侧重，做出相应的调整。本书通过对传统的国际私法理论进行"功能性"或"政策性"分析，结合我国国家利益、社会公共政策、公民民事权利等做出"效益性"评估，进而对现有《涉外民事关系法律适用法》的若干制度提出修改和完善建议，以供国际私法学会、全国人大法工委在制定《中国国际私法法典》或修改《涉外民事关系法律适用法》参考之用。对于目前《涉外民事关系法律适用法》尚未明确规定的制度，如举证责任、推定问题等，本书提供的建议可供司法机关在审理具体案件中参考。

（二）构建具有中国特色的国际私法价值理论和实践体系

我国目前法学专业的国际私法课程，在内容和体系上，多数取材于西方国家传统的国际私法或冲突法教材。国际私法课程中的理论与中国涉外民事纠纷解决实践存在脱节现象。国际私法教材以冲突法内容为主，而将国际民事诉讼和商事仲裁置于最后，不仅不利于理解涉外民事纠纷解决的逻辑，而且容易造成国际私法即冲突法之假象。教材中所涉的若干概念在《涉外民事关系法律适用法》中没有形成对应。其中的一些概念，诸如冲突规范的类型、连接点、范围等，在教材中的介绍存在学术化倾向，违背教材应持有的客观与中立的立场。概念化严重是国际私法存在的主要问题之一。例如，《国际私法》的教材中，冲突规范的概念、结构、类型、连接点、系属公式、准据法等，是关联度非常高的知识，但也是重复率较高的知识点。具体表现为：教材对制度或概念的分类做出过度的、无必要的区分（例如单边冲突规范与双边冲突规范）；或是过度归纳制度的特点、类型或要件（例如连接点、系属公式、先决条件等）。

（三）将价值选择作为涉外民事关系立法和司法的核心问题，作为理解国际私法理论和实践的根本

国际私法的发展，是涉外民商事纠纷解决中立法者和司法者针对相互竞争的价值做出选择的过程。主权至上、国际礼让（对等原则）、属地管辖权优越、属人保护、程序正义、冲突正义（管辖权分配正义）、实体正义（个案公平正义）等价值均在不同的时期，以学说、法理或实践等形式，出现在各国的法律实践中。这些或冲突，或对立，或包容的价值体系，曾一度使涉外民事纠纷的解决方法陷入歧途，并在一定程度上影响了当今某些冲突法制度的选择。如何能保证涉外民事纠纷适用正当的准据法？是以受理案件法院国的法律价值来选择法律？还是严格依照冲突规范的指引，确定准据法并适用？基于不同的价值主张，将会得出不同的处理方案。因此，价值立场不仅是冲突规范制定和适用的核心，也是学习者理解各国冲突法制度，分析冲突法学说的关键。

二、本书所涉及的理论

本书论证我国涉外民事关系的调整和纠纷解决中，管辖、法律适用、判决承认和执行等规范创制的科学性和正当性问题。通过价值实证的方法对涉外民商事纠纷解决过程中所面临的管辖权、法律适用、判决的承认和执行等制度和实践进行多维度的论证。涉及以下理论和学说：

（一）分析法学理论

冲突规范是国际私法的重要规范之一。尽管在内容和形式上单一，但在逻辑要求上，冲突规范的结构与一般法律规范无异。古老的冲突规范，因调整事项的单一，规范结构相对简单。主要以单边或双边的冲突规范为主要类型。当代冲突规范，不仅连结点数量上有所增多，而且在同一涉外民事关系的调整上，渐渐呈现出一般规则与例外规则、通常情形与特殊情形并重等复杂逻辑结构关系。而反致、先决问题、识别等一般性制度，更是增加了特定案件中冲突规范适用的不确定性。本书在论证冲突规范连结点选择和冲突法的一般性制度时，运用分析法学方法，通过逻辑实证对冲突规范结构、连结点、反致等进行分析，结合特定制度在国家主权、管辖权、当事人自主权、程序公正、诉讼便利、实体公正等方面的价值实现，提出完善和改进的建议。

（二）价值理论

传统的冲突法假设：（1）与涉外民事纠纷有关的各个国家，都有积极或消极的意愿、主张或"利益"来适用其自身的法律；（2）这些主张因法律适用结果的不同而相互"冲突"；（3）存在着一个解决此类冲突的、高层次权威性的公正机制。这些假设是值得争议的。①国家为什么会对私人之间的争端解决有"利益"？是因为私人不满意而寻求外交保护？还是国家处于家长的角度保护私人？或是因为国家的利益与任何一件涉外民事纠纷都有关，并且该国法律的适用是确保此种利益的实现？总之，此种假设在主权概念刚刚兴起时，曾是主导冲突法学说和方法发展的主要因素之一。

尽管存在缺陷，但国际社会至今仍难以找到一种普遍适用于所有冲突法制度的价值排序参考。主权和管辖权问题、个体的私权保护、法院地的公共秩序问题、裁判结果的一致性、诉讼的便利等，均被各国用于主张涉外民事纠纷管辖或依据冲突规则进行法律适用。本书以"涉外民商事纠纷解决的价值维度"为主旨，分析纠纷解决的不同环节，当事人、涉案国家、法院、其他主体对纠纷解决价值的可能关切，旨在引起学界和实务界对该国际民事纠纷裁判价值的关注。从而在立法中，根据涉外民事关系的多样性和特殊性，制定更加细致的冲突规范，或在司法中，赋予法官自由裁量，允许其根据案情的特殊性，适用不同的标准。

（三）主权与管辖权理论

国际法上，主权国家对人事物的管辖主要基于属人和属地两种管辖权。属地管辖是以主权国家的领土空间为行使依据。主权国家对位于本国领土空间范围内的所有人事物都可行使属地管辖，并优于外国国家对位于本国领土上的外国人的属人管辖。对位于主权国家领土空间之外的人事物，主权者可基于对本国人的属人管辖、对外国人的普遍管辖和保护管辖，来行使管辖权。简言之，一国既可以针对位于本国外的本国人行使属人管辖，也可以针对位于本国内和本国外的外国人行使管辖。

在国际私法上，主权和管辖权理论以积极的诉讼管辖和消极的法律管辖的形式存在。所谓积极的诉讼管辖，即法院对于涉外民事纠纷的管辖依据采取较为宽松的标准，只要主体、行为、争议的标的物与本国有关联，就可以行使管辖。积极的诉讼管辖，造成管辖的冲突。所谓消极的法律管辖，是指经由一国的冲突规

---

① Symeon C. Symeonides,*Choice of law* ,Oxford University Press, 2016,p.2.

范的指引，另一国的实体法被消极地用于案件纠纷的解决。消极的管辖冲突，实际上是虚构的冲突。因为一国对本国的冲突规范的制定有完全的自主权，从理论上，一国可以规定涉外民事关系适用任一与案件有联系的国家的法律，甚至适用该国的国内法。我国国际私法的完善，应更多关注积极的诉讼管辖冲突。

（四）语境理论

从本质上来说，法律是一套特殊的日常话语体系，是关于人类行为的可为、当为和不可为的主张和判断。因此，涉外民商事纠纷的解决，从根本上说，是各国对与本国相关的民商事纠纷处理的价值主张。各国对管辖规则、冲突规范、准据法等公平性、科学性的主张，也应放在该国特有的话语场景中认识。

长久以来，国际民事争端解决的话语体系一直掌握在西方大国手中。平等、人权、民主、自由等价值也都建立在西方社会场景下的交往模式和价值观之上。这些价值，根源于不同时期的特定社会结构和人际交往模式。因此，其在中国当下的意义阐释，也不能脱离具体的社会模式。然而，在不同的群体间（例如政府、公众、舆论、非政府组织等），由于信息透明度差异，人们对同一事件的看法可能迥然不同。人类社会交往模式在二十一世纪以来呈现快速分化的态势，使社会群体性价值观面临分化。

当今中国的社会发展模式，呈现出人类社会发展的从未有过的新态式：信息的开放与共享程度居世界前列、大城市人口聚集程度高、商业创新快、公民流动性强。各个层面的权利保护需求大增。国内有关权利保护的法律和政策，需要考虑的群体利益、主权利益、个人权利、政治稳定、社会治安、民族融合等因素，已远非几百年前的"既得权""自由至上"或"平等"的理念能够指引。新时期涉外民商事纠纷的解决，在处理国家与个体、国家与群体、国家与族群、个体与群体、族群与族群、网络与现实等权利冲突时，离不开上述场景对话语和价值的制约与限制。

（五）交往行为理论

行为是规范的构成要素。规范产生于对行为的规制。哈贝马斯交往行为理论认为，从人类自发的行为到对该行为制定相应的规范，大致有两种途径。其一是共识模式（规范模式）。大多数的人类行为，即便处于社会早期，也已遵循相当数量的规范，如善意、注意义务等。从事交往的双方主体并非完全处于"原初状态"，而是接受了某种知识、价值的主体；或在其社群中，经过教育或熏陶，终将成为遵守某些规范的主体。这是行为可被评价的基础。然而，这种模式意味着，规则的合理性是预设的或先定的，社会成员（尤其是后代社会成员）只能接受社会既定的习俗、规则。① 其二是协商模式。在尚无成文规范或成文规范合理性存疑的情况下，规范产生于对行为理性的探究和协调。该模式主张，行为合理性的根源在于双方或多方彼此协调的交往行为中。交往行为中，一方任意的、单边的行为会招致其他方的反对；双方为了达到满意的结果而彼此克制；行动交往受挫产生内心的懊悔、惭愧、激励等情绪，或受到身体或精神上的伤害（惩罚）等内在或外在的"强制"，都是对行为的肯定或否定的评价，会进一步通过对抗或协商模式，建立行为与规范的关联。

在涉外民商事交往行为的规制上，考虑到当事人会基于自身利益挑选法院、选择诉讼或仲裁，甚至会基于冲突规范和准据法，选择纠纷解决的方式和管辖机构。在民商事行为的实施方面，从事国际民事交往的当事人，也会根据不同国家或地区关于法律行为要件或效力的规定，选择法律行为实施地。此种规避法律的行为，在不同法院的裁判中，或因违反公共秩序或公共政策而被宣告无效，或因案件事实符合更高的法律原则而被认可。此种现象值得国际私法学者进一步反思特定国际民事交往的本质属性（例如婚姻）。

三、研究现状

近年来，涉外民商事纠纷解决领域出现明显的程序法偏重，以"国际商事纠纷多元化解机制""国际商事调解""选择法院协议公约"等争议解决规则的研究，成为涉外民商事纠纷解决的重点关注领域。传统的冲突法研究日渐冷清。专门聚焦涉外民商事纠纷解决的冲突法价值的著述，在学界更不多见。但由于《涉外民事关系法律适用法》中存在着部分立法缺陷，针对《涉外民事关系法律适用法》若干具体条文的解读和完善的建议，在该法颁行后的最初几年，倒是掀起了一股

---

① Avishalom Tor，*Methodology of the Behavioral Analysis of Law*，*Haifa Law Review*，Vol. 4，2008，p.238.

讨论的热潮。①

（一）涉外民商事纠纷解决的程序规则价值的研究颇为丰富

当今国际民商事纠纷，大部分是经由仲裁或调解方式解决的。诉讼方式涉及冲突法在法院的适用，仲裁或调解的方式往往选择适用实体法。多元化纠纷解决机制在程序上具有其特有的高效率、可预见、易操作、国际化等价值，对于事先和事后能够达成仲裁或调解协议的当事人来说，无疑更具吸引力。在《新加坡调解公约》等多元性纠纷解决机制建立的背景下，学界掀起了对"国际商事调解"②、涉外商事纠纷多元化解等机制研究。③

涉外民事诉讼程序规则的立法，在近年来也引起实务部门的高度重视。2022年1月最高人民法院发布《全国法院涉外商事海事审判工作座谈会会议纪要》、2022年11月最高人民法院发布《关于涉外民商事案件管辖若干问题的规定》等，均表明立法和司法部门对涉外民事纠纷解决程序规则的重视。

（二）探讨冲突法制度价值的研究在近十余年间整体数量偏少

涉外民商事纠纷解决的价值研究，从属于冲突法（国际私法）的研究，自改革开放以来，一度繁荣，直至二十一世纪的前十年达到顶峰。然而，自2010年《涉外民事关系法律适用法》颁布以来，关于冲突法制度的研究逐渐减少，尤其是具有较强争议性的论题，如反致、先决问题、直接适用的法等。究其原因，《涉外

① 张寒雪、秦瑞亭：《涉外民事关系法律适用法第4条司法实践评析》，《天津法学》，2019年第3期；张春良：《系属的体系化与体系化的系属——从涉外民事关系法律适用法第21条展开》，《法律科学》，2018年第4期；齐湘泉：《基本原则与宣示性条款之辩——涉外民事关系法律适用法第3条再解读》，《清华法学》，2018年第2期；王姝《意思自治原则在涉外婚姻司法实践中的困境与出路——兼评中华人民共和国涉外民事关系法律适用法第24、26条》，《法律适用》，2017年第12期；翁杰：《最密切联系原则的司法适用——以涉外民事关系法律适用法第2条为中心》，《法律科学》，2017年第6期。

② 蔡伟：《新加坡调解公约的困境和应对》，《清华法学》，2022年第2期；张艳、房昕：《新加坡调解公约下我国商事调解协议的执行力问题研究》，《法律适用》，2021年第5期；包康赟：《新加坡调解公约的"后发优势"与中国立场》，《武大国际法评论》，2021年第1期；温先涛：《新加坡公约与中国商事调解——与纽约公约、选择法院协议公约相比较》，《中国法律评论》，2019年第2期。

③ 沈芳君：《"一带一路"背景下涉外商事纠纷多元化解机制实证研究》，《法律适用》，2022年第8期；薛源、程雁群：《以国际商事法庭为核心的我国"一站式"国际商事纠纷解决机制建设》，《政法论丛》，2020年第2期；沈红雨：《我国法的域外适用法律体系构建与涉外民商事诉讼管辖权制度的改革——兼论不方便法院原则和禁诉令机制的构建》，《中国应用法学》，2020年第9期。

民事关系法律适用法》的通过，对学界存在价值分歧的若干冲突法制度做出了"定论"，在短时间内终止了学界的探讨。①

（三）冲突法制度的价值研究偏重国外案例分析，较少结合中国场景和个案

国内学者在对冲突法的一般制度的研究中，多以国外典型案例为分析对象，对相关制度采纳与否的论证，较少结合中国场景和个案。早期的冲突法制度研究，我国学者以逻辑批判和域外制度借鉴为主要方法，而鲜有针对域外制度在国内适用性的分析和评估。尽管自冲突法产生之日起，学者就试图创立普适性的学说和理论。但即便是广为接受的"法律关系本座说"或"最密切联系原则"，仍需要各国立法和司法者根据具体案件做出认定。对"反致"、识别、先决问题、实体问题和程序问题的研究，国内的研究成果主要停留在介绍国外学者关于这些制度的支持或反对意见及其理由，而较少对这些理由的产生原理、机制，及其对案件实体影响进行深入分析。

（四）基于平行诉讼可能性的冲突法制度的研究较少

为避免平行诉讼可能导致的裁判结果的不一，一些冲突法制度（如反致、先决问题、识别等）将"实现裁判结果的一致性"作为适用特定准据法或冲突规范的论证理由之一。但学者对"何谓裁判结果的一致性？""如何实现裁判结果的一致性？"等问题却缺乏深入的论证。涉外民事纠纷的解决，首要环节是认定民事关系的"涉外"因素，以此确立法院的管辖权。然而，即便法院管辖权的确立有正当依据，但法院也不应将其管辖权的行使视为理所当然。换言之，一旦管辖法院并非有权受理该纠纷的唯一法院，则管辖权是否方便、法律适用规范的正当性、准据法适用的合理性等都可能随之发生变化。由此，法院管辖问题是涉外民事纠纷解决的法律适用的一部分，应在具体案件中合并考虑：如果当事人不在本国法院起诉，而在对该案享有管辖权的其他国家法院起诉，则其他国家的法院会如何

---

① 例如，反致问题在社会科学类核心期刊的研究成果，可追溯至 2013 年（翁杰：《国际私法反致问题的诠释学解释》，《社会科学家》，2013 年第 4 期），而在此前，反致制度的研究和探讨相对较多。再如，先决问题的研究，尽管这几年因民商事审判中的问题引起学者注意（杜焕芳、杨佩茹：《涉外民事审判中先决问题的裁判逻辑与法律适用》，《中国高校社会科学》，2020 年第 5 期；梅宏：《论国际私法上的先决问题与主要问题——基于教学创新的涉外继承案》，《甘肃政法学院学报》，2019 年第 3 期），但从期刊网可见，学者对该问题关注最高的时期是 2013 年前后。

确定冲突规范并适用准据法？本书将基于上述研究的不足，基于最高院相关司法解释和判例，分析确立管辖权的实质要素。

四、创新与突破

相比于国内民法，冲突法规范处于相对原始的发展阶段。冲突规范的结构，范围的类型和种类相对单一，处理结果的规定仍采取系属的间接方式，而未能朝实体权利义务规定前进一步。这是冲突法间接调整所固有的缺陷之一。在案例法国家，由于对事实的重视，以及法官在"创造规范"的自主性，冲突规范的适用相对灵活。诸如反致、连接点软化处理、结果选择理论、政策分析等学说和制度，也最早产生于英美法系。进入二十一世纪以来，英美冲突法在理论和实践方面有了很多新的进展。而我国过去十年国际私法研究，以涉外民商事诉讼和仲裁制度为研究重点，学界对于冲突法的最新进展缺乏全面系统的了解。本书在相关领域，将对欧美国际私法的最新理论和实践进行研究和介绍。在相关的领域，本书的创新和突破是：

(一)"裁判结果一致性"价值的充分论证

由于信息和交通的畅通，案件的管辖成为涉外民事纠纷的关键。案件受理前，当事人存在挑选法院平行诉讼的可能；案件判决后，当事人仍会继续诉讼，或者寻求判决的撤销。而不同国家根据冲突规范对案件可能做出的不同裁判，会使当事人对法院判决的正义做出对比和评价。

信息社会的到来，也使传统的冲突法假设不再可靠。传统冲突法认为，冲突规范是法院适用法。其与一般法律规范相比，不具有可预见性和稳定性。然而，由于冲突规范的明确指引性，归因于互联网在外国法查明方面的便捷性，根据冲突规范的指引，当事人或其委托人可以相对容易地查找外国法，并对适用外国准据法的可能结果做出相对准确的预测。简言之，冲突规范在信息社会已经具备相当的可预见性。这必然导致挑选法院现象在未来的国际民事诉讼中会愈演愈烈。因此，在当前无法就各国冲突规范的统一做出协调的情况下，有必要将"裁判结果的一致性"作为涉外民事纠纷解决的基本原则之一。

（二）国际私法价值体系的系统阐述

本书将国际私法冲突规范的价值区分为个体价值、国家价值、国际价值。其中，案件的公平正义、诉讼的效率属于个体价值；主权及管辖权、公共秩序等属国家价值；裁判结果一致性属国际价值。国际私法具有国内法属性，国内立法机关在制定本国的冲突规范时，有完全的法律主权。

（三）对具体案件中司法裁量权行使进行价值排序

在识别、反致、先决问题等制度在具体案件的适用中，本书主张首先应站在国家利益的立场上。在满足这一条件的情况下，应致力于实现涉外民事纠纷解决的国际性，即：裁判结果的一致性。冲突法制度如果要增强国际性和适用性，需要以"裁判结果一致性"作为立法目标和原则。具体来说，无论案件在哪国诉讼，在对涉外民事关系的管辖、识别、法律适用、判决承认和执行等，不因管辖国的不同而有所差异。冲突规范的国际价值是个体权利和国家法律管辖权的融合剂。"裁判结果一致性"既可以克服涉外民事诉讼的挑选法院和平行诉讼，也可以协调各国法院管辖权冲突，是个体权利价值和管辖权价值的平衡。本书拟在具体冲突法制度中，着重论述这一价值的引入，来分析具体案件的裁判。

五、研究对象与方法

本书研究的主题既包括涉外民事诉讼程序法，也包括冲突法；在冲突法中，既研究一般冲突法制度，如连结点、反致、先决问题等，也研究具体的涉外民事领域，如婚姻、侵权等。具体而言：

第一章，涉外民事纠纷解决的正义标准。论述涉外民商事纠纷解决所面临的各种价值选择。研究涉外民商事纠纷解决各环节存在的法律冲突，指出这些冲突代表不同国家在涉外民商事纠纷解决中的价值立场。

第二章，涉外民事纠纷管辖权行使的价值考量。论述国际民事诉讼管辖和国际商事仲裁领域内意思自治原则的新发展。特定领域的纠纷解决方式尊重当事人的意思自治不仅无损于国家主权，而且有利于纠纷的快速解决。鉴于我国已经建立起系统完备的法律服务体系，我国应批准《法院选择协议公约》和《新加坡调解公约》，为国际民商事争端当事人提供相应的诉讼、仲裁和调解服务。

第三章，法律选择的价值考量。论述冲突规范立法过程中，连结点选择的逻辑方法和实证经验。指出连结点的确立，不仅要基于涉外民商事关系的本质属性，还要考虑法院对案件的管辖权。鉴于国际民事诉讼管辖权的平行行使的可能，对连结点设置中管辖权行使的情形进行论证，优化管辖权设置与连结点选择的关系，以在涉外民商事纠纷的解决中，实现管辖权、法律适用、判决承认和执行的体系化设计。

第四章，涉外司法裁量中的价值考量。论述反致、识别、先决问题在具体案件中的法律适用。采取问题思路研究上述冲突法制度，包括：制度的核心问题是什么？学说和各国的立法实践有哪些？不同的学说和实践关于主权、管辖权、法律适用、实体结果等价值上的排序如何？学说和各国立法实践所"假定"的事实要件及其对主权、管辖权、法律适用、实体结果等价值排序的影响？

第五章，价值选择在具体冲突法制度中的运用。以法律规避、涉外结婚的法律适用为例，论述具体案件中，应如何协调主权、管辖权、法律适用、实体结果等多元价值的冲突，提出价值选择的操作建议供司法部门参考。

第六章，以管辖权的合理设置统筹推进国内法治和涉外法治。提出我国应加强对国际民事诉讼管辖权行使的理论研究和实践探索的建议。在不与他国管辖权产生管辖冲突的领域，可考虑我国法院管辖的扩张行使。为我国替代性纠纷解决机制的设立和完善做好司法准备，为仲裁、调解等民商事争端解决机制提供法律支持和效力保障。本书的研究方法为：

1. 还原方法与语境化分析

本书主张，对复杂的涉外民事纠纷可采取还原主义方法，进行语境化和场景化分析。该方法可以避免先入为主地以法院地冲突规范为裁判基准，而是根据涉外民事纠纷的属性、特点、涉外因素分布等，将案件"还原"至无法律界定的"原始状态"。在此基础上，模拟当事人采取不同纠纷解决方式、在不同国家法院起诉，以及不同国家法院适用冲突规范等场景，探讨管辖权、冲突规范、准据法的最优模式。

2. 逻辑论证方法

涉外民商事纠纷的在"涉外"因素的排列组合上，多达几十种。[①] 冲突规范的"范围"是其所调整的涉外民商事关系。但目前冲突规范"范围"所设定的情形，仍属于"一般情形"。相对于《民法通则》中"一条式"[②] 冲突规范，《涉外民事关系法律适用法》中对各类涉外民商事关系进行规制的冲突规范数量，已有显著的增加[③]。但相比于复杂多样的涉外因素，现有冲突规范对涉外民事关系的规制仍显得极为不足。本书采用逻辑论证方法，在冲突规范立法方面，对一般规范中的"前提条件"或"假定"情形做出充分的逻辑分析和论证，尽可能罗列立法的可能方案；在冲突规范的司法适用方面，以对案件事实的查明、假定、验证或反驳，分析相关涉外因素在冲突规范的"范围"之适用上的对应度和偏离度，进而为规范适用例外寻找正当理由。开放式的逻辑论证，当用在法律规范的"前提条件"和冲突规范的"范围"时，都与案件事实的查明和认定相关。而案件事实的查明和认定，是连接法学教育、法学研究与法律实践的纽带，也是将中国法学"概念法学"方法和英美法系"案例教学方法"沟通的桥梁。

3. 实证方法

本书以涉外民事纠纷解决中的多元价值或核心价值作为每章的标题，以传统国际私法理论和实践问题作为每节的标题，力求以实践和应用的视角来理解涉外民事纠纷解决中的价值选择。在国际私法宏观体系上，本书致力于回答：各国为何主张对涉外民事纠纷行使诉讼管辖、仲裁或调解？为何致力于寻找科学的冲突规范？在民事交往、经济发展、文化与科技交流、公共秩序维护、公平公正解决纠纷等涉外民商事纠纷解决的价值体系中，是否存在唯一或终极的排序？这些问题的解答，目的不在于给出唯一正确的答案，而是致力于提供涉外民事纠纷解决的价值体系及排序方法。

---

① 例如，涉外民商事纠纷中，主体涉外情形根据当事人国籍或住所的不同，就可分为中国人与外国人，中国人与无国籍人，永久居住中国的外国人与中国人，永久居住中国的外国人与外国人，临时居住中国的外国人与中国人，临时居住中国的外国人与外国人，永久居住中国的外国人与永久居住中国的外国人，外国人与外国人等。

② 《民法通则》第八章"涉外民事关系的法律适用"对合同、侵权、不动产、继承等均只规定一条冲突规范。

③ 《涉外民事关系法律适用法》针对合同、侵权、物权、继承等冲突规范的数量，平均在3条左右，或者区分不同情形，或者分化出一般情形与特殊情形。

目　录

第一章　涉外民商事纠纷解决的正义标准

正义乃是使每个人获得其应得的东西的永恒不变的意志。

——［古罗马］乌尔比安

在种族法和属地法时代，涉外民商事纠纷的解决只有一个方式，即属地管辖优先或属人管辖至上。这种方式无视法律冲突的存在，忽视了交往对方和国家的利益。十三世纪开始，自法则区别说被作为调整涉外民事关系的方法以来，涉外民事解决解决的价值目标逐渐多元，并开始成为学者、立法者和司法者反复论证的问题。而在法律体系尚不完备的当时，实体问题与程序问题不分，管辖问题与法律适用问题交织，主权利益与个体权利竞争，造成冲突法价值选择的困难：冲突规范统一适用的稳定与法院根据各案决定的灵活；司法主权的不容妥协与当事人对案件实体正义的孜孜以求；纠纷解决程序上的选择与法院强制管辖的较量，等等。这些问题在根本上触及这些问题：国际民事纠纷的解决，是遵从程序价值优先，还是实体价值优先？是国家利益为重，还是个体权益为主？这些问题在不同的时期，各国有不同的选择。在经济全球化的今天，私人权利在全球范围内形成并被全球认可。国际私法为赋予全球形成和全球流动的私人权利以安全和秩序，需要拆除私法的属地性藩篱。[①]

---

① 宋晓：《重思知识产权的地域性》，《武大国际法评论》，2022 年第 3 期，第 90 页。

第一节　基本概念与正义标准

法律学科应始终对概念保持敏感与警惕。任何领域的法律问题，无论是理论上还是实务中，都是始于概念争论，终于概念界定。掌握和学习一门法律，初期也是从概念入手，了解该部门法律的基本概念的内涵和外延、本质和特征、历史与现状、国内与国际。只有深入掌握这些概念的来龙去脉，才能真正领会一门法律的形成和发展，并对该部门法的基本框架、核心内容、主要问题等有更深入的理解。由于本书论述的主题涉及国际私法诸多理论和实践概念，为行文方便，本节对这些概念的含义和使用做出统一说明。

一、涉外民商事纠纷、国际私法及管辖权

（一）涉外民（商）事关系的调整与涉外民（商）事纠纷的解决

涉外民（商）事关系的调整，包含立法和司法两层含义。在立法层面上，涉外民事关系的调整，应包含管辖权、法律适用、司法协助、判决的承认和执行等程序。其中，就法律适用环节，对涉外民事关系进行准确定性、分类，是制定冲突规范的前提。在立法层面，"涉外"情形的认定，"民事关系"的认定，都直接关系到被请求管辖的法院能否受理案件，以及受理案件后有无冲突规范可适用或适用哪一具体的冲突规范。涉外民事纠纷是否属于法院地国受理范围，既涉及《法律适用法》有关"涉外民事关系"的认定，也涉及《民事诉讼法》关于涉外民事管辖权的规定，还可能适用《民法典》关于民事法律关系的认定。[①]在司法层面上，"涉外民事关系的调整"与"涉外民事纠纷的解决"基本上具有相同的含义。涉外民事关系的调整，即涉外民事纠纷的解决。

实际上，法律关系的调整，在国内法上主要指通过立法积极引导、规范民事关系各方当事人的行为。在此意义上，涉外民事关系的调整，是指制定"涉外民

---

① 由于识别问题在我国适用法院地法，民法典关于特定涉外民事纠纷属性的认定，直接影响冲突规范的适用及准据法的确定。例如，假定涉外民事纠纷属于自甘风险参加文体活动引起，则相关纠纷法院是否受理，是否在受理时做实质性审查（对是否存在故意和重大过失进行审查），都会产生较大争议。

事实体法"。在罗马时代，曾制定《万民法》来调整罗马市民与非罗马市民之间以及非罗马市民之间的民事关系。在成文法系国家，涉外民事纠纷的解决，则特指从法院确定管辖权、适用冲突规范来解决纠纷，而不涉及通过创制规范的形式来"调整"涉外民事关系。

在理论上做出上述区分是相对容易的。在实践中，如果立法机关尚未对某一涉外民商事关系进行立法"调整"，司法机关就无需也无法"解决"该涉外民商事纠纷。涉外民商事关系的法律调整总是存在滞后性。然而，在司法实践中，一旦满足管辖受理条件，法院就不能拒绝裁判。这会产生涉外民事纠纷解决的"无法可依"的问题：受理的案件虽然属于涉外民事纠纷，但相关领域没有冲突规范可以适用。遇有此种情况发生，扩大解释现有的冲突规范是不明智的。法院此时需要行使立法者只能，创制"冲突规范"。涉外民商事纠纷的"解决"由此也具有涉外民商事关系"调整"之义。本书如无特别说明，涉外民商事关系调整与涉外民商事纠纷解决具有相同含义。

（二）国际私法、冲突法（法律适用法）

学界关于国际私法和冲突法的界定已经相对明确。尽管如此，出于论证的需要，本书仍对三者的使用场景做出总括式说明。国际私法在我国没有与之对应的"法律"，是学理性或课程概念。国际私法课程是包含管辖权、涉外民事诉讼程序、冲突法（法律适用法）在内的涉外民商事纠纷解决的法律规范的总称。冲突法主要以冲突规范或法律适用规范为主，在我国，一般专指《涉外民事关系法律适用法》。如无特指，本书中国际私法与冲突法、法律适用法的概念可以通用。[①]《涉外民事关系法律适用法》简称"法律适用法"。

冲突法（Conflict of Laws）是英美等普通法系国家对涉外民事纠纷解决之法律的称谓。其最早是胡伯（Ulrich Huber，1636—1694）在十七世纪使用。在一些大陆法系国家，涉外民事纠纷解决的法律被称为"国际私法"（Private International

---

① 《涉外民事关系法律适用法》第九条是反致的规定：涉外民事关系适用的外国法律，不包括该国的法律适用法。"法律适用法"是我国大陆地区的称谓。由于不同的国家在国际私法的名称上各不相同，建议将第九条"反致"的条文改为：涉外民事关系适用的外国法律，不包括该国的国际私法，冲突法或法律适用法。

Law），该名称是美国学者斯托雷（Joseph Story，1779—1845）于十九世纪首先使用。国际私法的不同的名称，是基于对该法律领域的属性、范围、功能等的假设或认知而产生。[①]

我国《法律适用法》的冲突规范，应为"法律适用规范"，而非"行为规范"或"行政规范"。然而，在涉外婚姻家庭一章中，一些冲突规范的属性存疑。例如有关结婚手续、协议离婚、夫妻财产关系等的法律适用等，偏向于"行为规范"。不过，这种立法定位的偏差，值得我们思考：涉外民事关系的法律调整方面，是否可以以非冲突规范的形式，来引导当事人涉外民事交往？已经因《民法典》的生效而废止的《民法通则》有关涉外婚姻的冲突规范，就具有行为指引和法律适用的双重价值。例如，该法第147条规定："中华人民共和国公民和外国人结婚适用婚姻缔结地法律，离婚适用受理案件的法院所在地法律。"对此，本书将在涉外婚姻一节中对此深入阐述。

（三）诉讼管辖权与立法管辖权

诉讼管辖权在涉外民事关系中是指法院根据国籍、住所、行为地、标的物所在地、协议约定等因素，受理某一涉外民事纠纷。诉讼管辖的基础是属人管辖权和属地管辖权。如果当事人具有法院地国的国籍，或在法院地国有住所，或标的物在法院地国，或者相关民事关系的发生、终止、变更位于法院地国，则该国法院可行使对案件的诉讼管辖权。

国际私法学者在冲突法中也使用"管辖权"这一概念。为与法院的"诉讼管辖权"相区分，将其命名为"立法管辖权"[②]。从国际私法的产生历史看，立法管辖权可追溯至法则区别说时期。巴托鲁斯创设了法则区别说，将一国的民事实体法区分为关于个人的权利能力和行为能力的"人法"，以及关于财产的"物法"，并进一步规定"人法"具有域外效力，可适用于位于国外的本国人；而物法仅具有域内效力，可适用于存在于或发生于本国领域的财产或行为。可见，在冲突规范作为间接调整涉外民事关系的法律制度产生之前，涉外民事纠纷的解决，主要采取对各国的民事实体法的域内效力和域外效力做出区分，从而划分一国的实体法

[①] Symeon C. Symeonides. *Choice of law* ,Oxford University Press, 2016,p.2.

[②] 李双元、欧福永主编：《国际私法》，北京大学出版社 2020 年版，第 101 页。

对该纠纷是否调整或"管辖"。

在冲突规范被作为一种便宜、通用、双边性，且具有"平等互惠"的制度在各国涉外民事纠纷解决中被确立后，"立法管辖权"是指在具体的涉外民事纠纷中，一国民事实体法经冲突规范指引，作为准据法被用于纠纷的解决，从而对该案件的实体争议具有法律效力。一国基于公共政策、善良风俗、强制性法律规定等理由，可以排除特定领域或特定类型的涉外民事纠纷适用外国法，即不承认外国法律的调整或管辖的效力。一国还可以通过反致、识别、划分为程序问题等，扩大本国实体法对特定案件的管辖，从而间接排除外国法的适用。

由于各国冲突规范存在差异，一国诉讼管辖权的行使，在一定程度上影响着该国或另一国实体法适用（立法管辖权的行使）。本书如无特别说明，在国际民事诉讼或国际商事仲裁章节，管辖权指代"诉讼管辖权"；在法律选择、司法裁量权行使章节，管辖权指代"立法管辖权"。

二、程序正义、冲突正义与实体正义

涉外民事纠纷的解决，在涉及不同国家的民事主体之间的人身或财产争议，应采取何种争议解决方式、由哪个机构管辖、适用何种法律才是符合正义的？这一问题堪称国际私法的"哥德巴赫猜想"。千百年来，学者、立法者和法官都试图找到最接近正义的标准：（1）最理想状态是，在争端各方创设新的、统一的实体法，无论在哪里诉讼或仲裁，当事人各自的本国法（这些法律对当事人行为模式、价值塑造等产生了深远影响）都不再适用，取而代之的是将当事人的身份至于国际民事社会的"原初状态"，当事人争端的是非，适用普遍性的规则。但此种理想状态在现阶段仅在国际民商事关系的特定领域和特定范围内实现，即国际货物买卖领域、国际货物运输领域等。在大多数的民商事领域，尚不存在哪怕是最低限度的统一性立法。（2）次理想的状态，是当事人在纠纷发生前后，可选择解决其纠纷的法律。（3）然而，现实情况是，大量的国际民事纠纷，既缺乏国际统一实体法，当事人也无法事先或事后达成法律适用的协议，或者国家不允许当事人在特定民事领域做出选择。这就意味着，法院将不得不在与纠纷事实有关的国家中，选择其中一个或几个，用以解决此种纠纷，或调整此类民事关系。

涉外民商事纠纷的解决涉及方方面面：主体涉及两个以上国家的国民或居民；纠纷解决形式可诉讼、仲裁或调解；管辖法院可选择一方国籍国、住所地法院、行为地法院、标的物法院；法院或可能法院地国法或外国法做出裁判；判决和裁决需要其他国家法院的承认和执行等等。国际民事纠纷的解决，需要在冲突的法律价值中做出选择，或进行平衡，找到对来自不同文化、习俗、制度的各方当事人都相对公平的法律，实现国际司法正义。在涉外民事关系的调整上，立法者的主要工作是寻找一种可行的方案，尽量缩小法律规定与现实社会之间的缺口，采取的措施就是将严格规则与自由裁量相结合，赋予法官以自由裁量权，使司法活动成为立法的延伸。① 对于司法者来说，只有深刻理解涉外民事纠纷的复杂性和国际性，以及不同涉外因素背后的价值立场，才能在具体案件中将各种涉外情形纳入审查范围，从而在法院管辖的程序正义、法律适用的冲突正义、准据法选择与适用的实体正义方面，找到更优的实现路径。

（一）程序正义：从程序启动到程序运行

所谓程序正义，从纠纷解决的视角，是指争议系根据正当程序来解决。如季卫东教授所指出：程序，从法律学的角度看，主要体现为按照一定的顺序、方式和手续来做出决定的相互关系。其普遍形态是：按照某种标准和条件整理争论点，公平地听取各方意见，在使当事人可以理解或认可的情况下做出决定。②

程序正义的本质是民主。涉外民商事纠纷解决的程序正义，考虑到涉外民商事纠纷的国际属性，可以分为两个层面。即程序启动层面和程序运行层面。这两个层面在本质上都涉及纠纷解决程序中是否允许当事人公平公正地参与诉讼，是否对当事人参与诉讼过程中的意见给予充分的尊重。包括管辖权行使中是否充分考虑各方当事人的意见，诉讼各程序是否给予当事人必要的时间以保证其充分发表意见，等等。

在程序启动层面，涉外民商事纠纷解决因启动主体和启动原因不同，而在程序正义的符合度上有所差别。（1）当事人合意启动的程序，包括国际商事仲裁、国际商事调解或协议选择法院。此种程序正义，是涉外民商事纠纷解决最高程度

---

① 徐伟功：《我国冲突法立法局限性之克服》，《社会科学》，2022 年第 3 期，第 98 页。

② 季卫东：《法律程序的意义：对中国法制建设的另一种思考》，中国法制出版社 2004 年版，第 7 页

的正义。在涉外商事合同纠纷领域，被各国广泛承认。（2）一国法院基于属地管辖而启动的纠纷解决程序，即纠纷发生地国家的法院，根据一方当事人诉讼而受理案件并进行审判。此种程序的启动，在诸如不动产诉讼、侵权诉讼等领域，具有属地管辖的优先效应。（3）一方基于属人管辖而启动的纠纷解决程序，及一国基于纠纷牵涉本国当事人或在本国有住所的当事人而启动的诉讼程序。在婚姻、继承等领域，只要当事人一方具有本国国籍或在本国有住所，本国基于属人保护原则，就可对相关涉外民事纠纷启动诉讼管辖。在非合意启动诉讼程序的情形下，尽管一方当事人可以通过管辖权异议或挑选法院等对抗"不方便法院"，但对于已经管辖的法院，往往会因诉讼与本国或国民（居民）有一定的关联而不会放弃管辖。在此情形下，被动诉讼的一方当事人不得不在应诉、收集和调取证据、代理、司法送达、判决承认与执行等各个环节，承受另一国诉讼程序的不便。在单一制国家的国内法诉讼中，由于法院管辖是不可协商也能"挑选"的，不存在程序启动层面上的正义标准。但在涉外民商事纠纷解决中，平行诉讼和挑选法院的频繁发生，以及各国冲突规范及准据法的差异，导致程序正义这一概念在诉讼之初就成为当事人、纠纷解决机构的关注。

在程序运行层面，影响程序正义的因素既有客观方面也有主观方面。在客观方面，涉外民商事纠纷解决的程序本身是否公正，在争端解决机构的组成、案件审理程序、审理期限、举证规则、诉讼代理等环节，都可能因规则本身的正当性和科学性问题而产生对一方的不公。在主观方面，审理案件的法官或仲裁员是否具备专业素质，是否秉持公正，对案件纠纷解决的正义具有直接影响。

（二）冲突正义：从协调正义到实体正义

即便是国际私法学界，对冲突正义也没有一个统一的、甚至权威的定义。一般认为，冲突正义是冲突规范所要实现的价值和正义，即确保含有涉外因素的民商事争议适用与其有最"密切"联系的国家的法律来解决。[①]"冲突正义"一度被认为是虚构的正义标准。其或被认为是实体权利义务最终配置的正义，或被认为是"指引"法院寻找准据法的程序正义。简言之，不存在独立的冲突正义。

---

① 李广辉、李红：《冲突正义与实质正义间的冲突及衡平》，《甘肃政法学院学报》，2005年第3期，第69页。

以冲突规范为主的国际私法，与任何其他法律相同，都致力于实现特定的法律正义。在国际私法学者看来，冲突正义是国际私法特有的正义形态，其根本任务和价值有两个：一是协调各国法律冲突，分配管辖权。二是为涉外民商事纠纷的解决提供最适当的法律。这两项价值，不同于以民主为内容的程序正义，也不同于以利益为内容的实质正义。在该正义标准下，法院在做出任何决定时，都应确保尊重当事人能够充分知晓各种诉讼程序的后果、举证责任、辩论后果等。协调法律冲突和分配管辖权，以及确定准据法，均不直接涉及当事人参与诉讼的权利保障，也与最终裁判的利益是否公平无关。

随着国际私法的发展，越来越多的"非冲突规范"被纳入冲突法的范畴。首先是公共秩序保留、法律规避、外国法内容的查明等法律制度逐渐规定到冲突法中去。这些制度并不解决法律冲突，它们本不是立法层次上要考虑的问题，而是法院针对司法中遇到的问题做出的认定。这种法律适用问题的立法化被有的学者称为"冲突法上的实体法"[1]。在众多法律适用问题的立法化过程中，识别问题的立法具有重要意义。识别问题在国际私法中的立法以海牙国际私法会议1973年《产品责任法律适用公约》为典型。该公约在第一条至第三条分别对产品的定义、损害来源及类别和产品责任的当事人作了规定，"统一"了识别。法律适用问题的立法化使各国法院对相关问题的识别不能依传统的"法院地法"进行，而代之以公约的实体规定。这不仅增加了公约的可操作性，而且避免了因对有关问题定性不同可能产生的适用冲突规范的混乱。

实际上，在冲突规范中，对冲突正义与实体正义价值的共同追求是并行不悖的"双螺旋"结构。[2]现代冲突法更是有意向实体正义靠近。自二十世纪五六十年代以来，"弱者权益保护""选择适用、重叠使用冲突规范"等在冲突法中的引入，使冲突规范的立法已经不局限于管辖权分配的传统方式，而开始考虑对国际民商事交往中当事人权利的保护。

（三）实体正义

涉外民事纠纷解决的实体正义标准，在目前的国际社会是不存在的。法律具

---

[1] 李旺：《冲突法上的实体法导论》，《法商研究》，2003年第2期。
[2] 宋晓：《当代国际私法的实体取向》，武汉大学出版社2004年版，第348页。

有阶级和国别的属性，国际社会尚不存在一个具有最高权威的民事立法机构，也不存在可以平衡或协调不同国际民事主体的组织。例如，对涉外婚姻的结婚条件和婚姻效力做出规范，就面临各国国内法规定不一的冲突。在涉外婚姻效力认定上，有效婚姻的标准是否只能是婚姻缔结地的法律规定？显然，选择任一标准都只是建立个体已经形成的主权概念上。但从婚姻的属性，或自然人属性这一角度出发，可以得出这一结论：人类几千年来的婚姻，大多数历史时期不受婚龄的规定。它取决于人类繁衍的需要，以及男女生理和心理的成熟程度。现代以来，国家才根据种族、文化和社会政策等去规范、引导公民的婚姻。各国法定婚龄中 18 岁、20 岁或是 14 岁的规定，无疑都与该特定国家在政治、经济、文化、教育等领域的法律和政策分不开。因此，合法缔结的涉外婚姻应采取"有利于婚姻"的原则。其背后的正义观在于：国际交往是不可避免的。而各国的法律、道德、宗教等规则会在国际交往中产生冲突。一国婚姻法年龄的规定或婚姻效力的规定，没有任何理由会比另一个国家的规定更合理。当冲突产生时，应综合考虑主权、个体的自然属性、司法主权等因素，做出最符合实质正义的优先价值选择。

尽管实体正义这一概念没有统一标准，但各国在涉外民商事纠纷的解决中，总是尽可能追求公平、公正：（1）允许当事人意思自治。在涉外合同、侵权等领域，允许当事人协议选择纠纷解决的准据法，实际上即尊重当事人对自己实体权利的处分。直接体现了实体正义。（2）有利于弱者权益保护的准据法选择。为平衡冲突规范中规定单一连结点的不足，一些国家在扶养、监护等领域引入"最有利于保护弱者权益的法律"这一立法模式，允许法院在于案件相关的多个连结点中做出最有利于弱者权益保护的选择。不仅克服了冲突规范的僵化，而且在涉外民事领域实现了当事人权利和义务的平衡。（3）反致、公共秩序保留、法律规避等制度，使法官可以在具体的案件中，评判冲突规范或准据法适用的结果，决定是否启动这些"安全阀"来对特定当事人给予更多保障。

第二节　诉讼管辖权的确立对纠纷解决正义的影响

早期的涉外民事纠纷解决，由于交通、信息等不畅，也由于纠纷发生和解决的即时性，某一纠纷在法院受理，当事人很少有机会选择其他法院，也无从比较其他诉讼渠道可获救济的有效性。在某种程度上，当事人寻求法院救济是有限选项，而法院受理案件也是被动管辖。在二十世纪后半期以来，得益于交通工具的快速发展，人员国际流动的周期缩短，频率加快，选择诉讼法院开始成为当事人解决涉外民商事纠纷的考虑之一。与此同时，各国开始重新审视涉外民事纠纷解决中的国家利益问题，私权的保护，尤其是本国人民事权利的保护，成为法院决定是否行使管辖权的重要因素。当事人挑选法院、法院竞相行使管辖，扩大行使管辖权等现象，使诉讼管辖冲突日益加剧。

司法管辖权的行使是诉讼程序启动的前提。管辖关系到涉外民事纠纷的法律适用，也关系到判决能否在其他国家被承认和执行。冲突规范的适用面临来自管辖权选择方面的考验：如果当事人可以选择不同的法院管辖案件，则意味着案件的适用冲突规范将会不同，根据冲突规范所指引的准据法以及据此做出的裁判结果也就不同。

一国法院行使涉外民商事案件管辖权的背后，除基于属地和属人管辖的因素，维护本国国家和国民利益的考虑，还与该国或地区对特定民事纠纷的公共政策相关。从当事人的视角，其选择不同国家的法院起诉，往往基于法院是否有管辖权、管辖法院是否便利诉讼、管辖法院是否更易于支持诉求、管辖法院是否更有效率以及管辖法院的司法公正等方面考虑。显然，当事人的价值需求在某些情形下会与特定管辖法院的利益主张产生冲突。近代以来，不方便法院原则的广为接受、允许当事人在特定案件中协议选择法院管辖、国际商事仲裁和调解制度的发展，均在一定程度上缓解了上述冲突，使案件的解决朝着有利于当事人期望而又不损害国家利益的方向进行。

一、法院管辖权行使的考量：国家或国民利益的维护

理论上，一国可以基于当事人的国籍、住所、行为地、财产所在地等行使管辖，管辖的目的在于保护本国国家利益、社会秩序、当事人权益等。但如果有更方便的管辖法院，或者案件的管辖对于国家或本国国民利益的维护和实现并不明显，一国可以基于不方便法院原则，放弃行使管辖权。

（一）管辖权行使的依据：维护国家或国民利益

传统的涉外民事纠纷的解决，法院基于一定的因素（国籍、住所、行为地等）行使管辖权被视为理所当然。因管辖权系主权的重要内容，此种管辖权的设置也较少被其他国家的法院质疑。在"鲍富莱蒙王子妃"案中，法国王子妃通过加入德国国籍来规避法国不准离婚的法律，并在德国起诉离婚，且在离婚后再婚并返回法国居住，通过法院管辖来达到对自己有利诉讼结果的目的。从管辖权行使的角度，尽管法国法院以公共秩序为由认定王子妃的离婚无效，不承认德国法院的离婚判决，但对于其加入德国国籍的效力没有做出认定。因为该事项不属于法国法院的管辖范围。法国法院基于保护本国国民（王子）和国家（不允许离婚的公共政策）利益，恰当地行使了诉讼管辖。

在英美法的管辖权理论上，法院的管辖权意味着法院对诉讼主张的事项有管辖权，对与该事项有关的被告有人身管辖权。[①] 这可以简单称为属事管辖权和属人管辖权。属人管辖在国内法具体表现为被告住所地法院管辖，在涉外民事纠纷中，则以被告经常居所地或国籍作为属人管辖的依据。在大多数国家，还有基于纠纷特定属性而规定的专属管辖。就属事管辖权来说，由于现代各国民事法律体系的完备，很少有事项是法院缺乏管辖权的。例如，根据英国法律，法院无权审理外国土地的所有权，因此也没有管辖权审理所有权归属问题的诉讼。不过，目前的法规修改了这一普通法规则，法院现在可以审理与外国土地有关的侵权索赔，除非它主要涉及该土地的所有权问题。[②]

我国的管辖权设置，尽管很难将其归入某一特定的"法系"范畴，但也主要基于事项和身份，或基于属地与属人来行使管辖。根据我国法律规定，基于身份的管辖一般以被告在中国有住所为行使依据。在离婚等涉外民事纠纷中，也以原告在中国有住所来作为管辖依据。基于事项的管辖，包括财产、行为等与中国有密切的联系，在我国具体分为特别管辖、专属管辖等。

（二）管辖权不行使的依据：不方便法院原则

不方便法院原则，是一国主动限制司法管辖权的体现。根据《最高人民法院

---

① Adrian Briggs, *The Conflict of Laws* ,Third Edition, Oxford University Press,2013,p. 50.

② Adrian Briggs, *The Conflict of Laws* ,Third Edition, Oxford University Press,2013,p. 50.

关于适用〈中华人民共和国民事诉讼法〉的解释》第532条规定，我国法院受理的涉外民事案件，同时符合下列情形的，人民法院可以裁定驳回原告的起诉，告知其向更方便的外国法院提起诉讼：（一）被告提出案件应由更方便外国法院管辖的请求，或者提出管辖异议；（二）当事人之间不存在选择中华人民共和国法院管辖的协议；（三）案件不属于中华人民共和国法院专属管辖；（四）案件不涉及中华人民共和国国家、公民、法人或者其他组织的利益；（五）案件争议的主要事实不是发生在中华人民共和国境内，且案件不适用中华人民共和国法律，人民法院审理案件在认定事实和适用法律方面存在重大困难；（六）外国法院对案件享有管辖权，且审理该案件更加方便。需要注意的是，第532条规定的条件必须同时满足，法院才可以拒绝行使管辖权。实际上，上述条件的第（四）项，即"案件不涉及中华人民共和国国家、公民、法人或者其他组织的利益"是不方便法院原则的实体性要件。

二、当事人选择法院的利益追求：程序价值与实体利益的诉求

现代复杂多样的涉外民事纠纷，改变了国家主导涉外民事诉讼管辖的格局。尽管法院管辖是主权行为，是否接受某一国家法院管辖，当事人也可以基于不方便法院原则提出质疑。但在主权原则之下，管辖是一般规则，不方便管辖是例外。在此种国际民事诉讼格局中，当事人采取的平行诉讼（原被告分别在不同国家的法院起诉）、挑选法院（当事人挑选适用冲突规范后对自己最有利的准据法的法院起诉）等，造成了管辖权的冲突。

（一）挑选法院与平行诉讼的程序价值：行使专属管辖权或保护国民利益

法院管辖冲突的最常见原因是任何一国都不放弃本国的管辖权。甚至于，在一国已经就同一涉外民事纠纷做出管辖或判决后，另一国仍继续行使管辖权或继续诉讼。其结果是，平行诉讼影响了判决的承认和执行。平行诉讼情形下，外国法院管辖且做出的判决，不会被本国法院认可。因此，当不同国家的法院均有管辖权时，当事人还可能在获得一份不满意的判决之后，寻求在另一国法院起诉，撤销裁判或重新获得判决。我国《最高人民法院关于适用〈中华人民共和国民事诉讼法〉的解释》第533条规定：中华人民共和国法院和外国法院都有管辖权的

案件，一方当事人向外国法院起诉，而另一方当事人向中华人民共和国法院起诉的，人民法院可予受理。判决后，外国法院申请或者当事人请求人民法院承认和执行外国法院对本案做出的判决、裁定的，不予准许；但双方共同缔结或者参加的国际条约另有规定的除外。这一规定表明，我国在平行诉讼问题上，不接受管辖权的自我限制。

平行诉讼的原理，在于管辖权的平等。在正式的判决做出之前，任何法院都有管辖权。一方做出裁判并不影响另一法院继续行使裁判权。平行诉讼，对于当事人权益的保护也非常必要。如果一国放弃平行诉讼的管辖权，任由其他国家的法院做出裁判，因国际就民事诉讼的复杂性，可能产生未充分调查取证或一方缺席的审判。并且，由于相关裁决在国际公约下的承认和执行或许是形式审查的，这会对在国内有经常居住地的一方当事人带来巨大的不公正。由此，平行诉讼堪比"阻断措施"，将因各种原因而产生的程序不完整的裁判结果阻断在国内的实施。这一措施虽不属于促进裁判结果一致性的制度，但在纠正裁判的片面性方面，具有积极的作用。

（二）挑选法院的实体价值：追求更有利的冲突规范和准据法的适用

挑选法院是当事人的另一个试图通过管辖权的选择，来影响案件实体判决结果的国际民事诉讼策略。挑选法院有时也用于"法律选择"的意义，指的是：当事人通过挑选法院而选择冲突规范和准据法，适用于其法律关系，而不是其他法院地国根据该国冲突规范可能适用的准据法。[①]

在平行诉讼和挑选法院的诉讼实践中，冲突规范是否能够实现实体正义的问题从理论走向了实践。当事人对不同国家法院管辖权的选择，除了司法效率和公正的考虑，还包括管辖权选择背后的冲突规范和准据法选择。由于各国冲突规范不一，选择一国的法院管辖权，就意味着选择了该国的冲突规范，以及根据该冲突规范所指引的准据法。在互联网时代，管辖法院的冲突规范的查明难度不大，案件的审判结果也能够得到初步预测。因此，现代冲突法必须考虑管辖权行使可能对适用冲突规范的影响，以及将要适用的准据法的不同处理结果。

---

① Geert van Calster, *European private international law* , Hart Publishing,2016,p.10.

（三）选择法院的程序价值与实体价值：当事人对司法效率和公正的追求

选择法院与挑选法院不同，它是当事人通过协议的方式选择案件的受理法院。选择法院源于当事人对司法机构的效率和公正性考虑。大多数国家的民事诉讼制度都允许当事人对涉及财产纠纷的案件选择法院进行管辖。我国《最高人民法院关于适用〈中华人民共和国民事诉讼法〉的解释》第531条规定，涉外合同或者其他财产权益纠纷的当事人，可以书面协议选择被告住所地、合同履行地、合同签订地、原告住所地、标的物所在地、侵权行为地等与争议有实际联系地点的外国法院管辖。这表明对于涉外财产权益纠纷，我国法律是允许双方当事人达成协议，就管辖法院做出选择的。我国法律对此做出两项限定：一是只能在"涉外合同或者其他财产权益"做出选择，其他财产权益纠纷包括侵权纠纷；二是只能选择"与争议有实际联系地点的外国法院管辖"。这一规定发生在一方已在外国法院起诉，但另一方反悔协议管辖的情形下，另一方当事人可向我国法院提出异议。

基于司法效率和公正来选择案件的管辖法院，是出于案件本身之外的因素。既然允许当事人在某些案件中选择仲裁或调解的方式来解决其涉外民商事纠纷，也应允许其选择某一国家的法院管辖其案件。对于所选择的法院是否应"与争议有实际联系"，我国法律规定的基本逻辑是：协议管辖的法院，只有对案件有管辖权，才方便案件的解决，也方便其他国家法院在承认和执行判决中，对案件的审查。

第三节　法律适用对纠纷解决正义的影响

对国家来说，当国际民事交往发展到一定程度，产生各种涉外民事纠纷，从而需要在国内法中明确这种纠纷应该如何解决时，便是制定国际私法的时机。只不过，各国采用的方式各有不同。例如，中国唐代《永徽律·名例律》"诸化外人同类自相犯者，各依本俗法；异类相犯者，以法律论"的规定，对涉外民事关系的处理，采取了适用相同国籍（或种族）者的本国法（同类自相犯者），以及适用国内法律（异类相犯者）相结合的方式，被学者视为中国最早的国际私法规范。[1]1804年《法国民法典》的第3条，也对涉外民事纠纷的解决规定了三项原则：有关警察与公共治安的法律，对于居住于法国境内的居民均有强行力（第1款）；不动产，即使属外国人所有，仍适用法国法律（第2款）；有关个人身份及享受权利的能力的法律，适用于全体法国人，即使其居住于国外时亦同（第3款）。法国的法律显示：在特定时期，对于涉外民事纠纷的数量和类型相对较少的国家，解决涉外民事关系的规范只需做出"原则性"的规定。例如法国民法典仅规定了不动产以及自然人的身份和权利能力争议应适用的法律。这表明，在很长一段历史时期，由于涉外民事关系数量相对较少，涉外民事纠纷类型的简单，国际私法学说中动辄形成的"三原则"（如胡伯的三原则、斯托雷的三原则等），虽然表述过于原则性，但有其产生和存在的社会基础。不过，十八世纪之后，随着国际民事交往的增多，买卖、物权、婚姻、家庭等纠纷不断增多，而各国在有关民事交往的国内法律体系也逐步建立，简单的国际私法处理"原则"显然无法满足复杂的涉外民事纠纷调整的需要，冲突法迎来法典化时期。成文化或判例化之后。法院在适用冲突规范调整涉外民事纠纷时，就不再需要在每个案件中都提供适用或不适用外国法进行裁判的理由了。

从适用国内法为主到主要根据冲突规范适用准据法来调整涉外民事纠纷，国际私法经过近十个世纪的发展，成为各国通过法院解决涉外民事纠纷的主要方式。时至今日，这两种方式在一国的国际私法中仍被采用，不过适用的领域各有不同。

一、直接适用国内法之正义

涉外民商事关系直接适用国内法来调整，在国际私法产生之前，就有极端属地主义的做法。而在冲突法成为主流调整方法后，各国仍在一些涉外民商事领域保留国内法适用的空间，国际私法理论上将其称为"直接适用法"或"单边冲突规范"。被保留的涉外民商事领域，无论采取直接适用国内法的形式，还是通过公

---

[1]　黄进：《国际私法》，法律出版社1999年版，第134页。实际上，《唐律疏议》解释说："名者，五刑之罪名；例者，五刑之体例。"由此可见，本条文并非是专门适用于"涉外民事关系"的法律规范。但由于古代民刑不分，一些民事纠纷会被作为刑事案件处理，"相犯"的含义可以包含"犯罪"和"侵权"，甚至包括"违约"。将该规范作为早期的国际私法规范并非完全没有道理。

共秩序保留，或是禁止规避国内强制性法律规定等形式，都属于具有公共政策的涉外领域。

（一）国内法之主导适用

古罗马时期，由于简单商品经济的高度发达，各国商人齐聚罗马，财产纠纷和商业纠纷日益增多。罗马国家制定专门的《万民法》来调整非罗马人之间相互关系。《万民法》主要采取裁判官告示或司法文件、法学家解答、皇帝敕令等形式。从内容上看，《万民法》具有一定程度的国际法和自然法的属性，也具有案例法的特点，方便灵活，克服了狭隘民族性的缺点。正如恩格斯所指出："在社会发展某个很早的阶段，产生了这样的一种需要；把每天重复着生产、分配和交换产品的行为用一个共同规则概括起来，设法使个人服从生产和交换的一般条件。这个规则首先表现为习惯，后来便成了法律。"[①] 因其采取了将商事领域的习惯上升为法律的做法，其中一些规则因具有普遍通用性，而被移用到市民法中，并逐渐统一起来。在今天看来，《万民法》之所以能够调整非罗马人之间的关系，并被其他国家和国民接受，一是由于当时罗马政治与经济地位的强大，二是当时各国尚不存在关于管辖权、本国法等被现代国家奉为主权、私权依据等的概念。

（二）国内法与外国法并用

发端于十三世纪的法则区别说本质上仍是以各国或各城邦的国内法来调整涉外民事关系的典范。该理论首先根据各城邦的法则对涉外民事关系进行定性，区分属于个体的身份和能力的，还是关于物权等财产方面的。如果属于前者，则根据个体具有身份的城邦的法律，无论当事人位于哪一城邦；属于后者，则适用财产所在地的法律，无论其所有人是谁，具有哪国公民身份。在法则区别说时期，不存在特定涉外民事关系应适用何种法律的"冲突规范"。也没有关于连结点选择的理论和方法。涉外纠纷的基本处理原则是：根据国籍和财产所在地找出可以调整或支配身份相关或财产相关的纠纷的国内法。法则区别说后期，法国学者杜摩兰还提出在契约领域适用意思自治原则，允许当事人就涉外合同纠纷选择其适用的法律，这进一步限制了涉外民事纠纷适用本国法（属地主义）解决的范围。

---

① 马克思、恩格斯:《马克思恩格斯选集》，人民出版社1995年版，第228页。

主权观念的逐渐增强，导致不分案件属性一概适用某一国国内法为主的方式不再被承认和接受。但如果法院在毫无根据的情况下适用外国法，则会被质疑为放弃本国司法管辖，或者屈从于他国法律。于是，以国内制定冲突规范的方式，将涉外民事纠纷的法律适用先行置于"国内法"的框架中，外国法的适用，就成为根据冲突规范指引的结果，即国内主权的允许或认可的结果。这种主张实际上是对法院适用外国法的辩护。既得权理论、本地法说等，均具有说服的效果。

（三）国内法之补充适用

当冲突规范逐渐被广泛接受为调整涉外民事纠纷的主要方法后，国内法调整的适用范围越来越有限。一方面，传统的依据"属人管辖"来适用国内法的情形，主要适用于与当事人身份、权利能力有关的领域，如婚姻能力。但在该领域，本国法对本国国籍的自然人在国内外的民事行为能力，并无强制适用效力。其仅在本国人涉及身份资格和能力认定的国内法院诉讼中，可能会被判定须适用国内法；另一方面，直接适用外国法的民商事领域，在现代社会结构变革中，往往涉及公共和行政等领域，如卫生、环境、垄断等。这一领域的法律适用，还可以通过法律规避、公共秩序保留等制度，在排除外国法使用后直接适用本国法。

在我国，涉外民商事关系可以直接适用中国法的领域包括：（1）《最高人民法院关于适用〈中华人民共和国涉外民事关系法律适用法〉若干问题的解释（一）》第八条的规定，即：涉及劳动者权益保护、食品或公共卫生安全、环境安全、外汇管制等金融安全、反垄断、反倾销等情形的，涉及中华人民共和国社会公共利益，不允许当事人不能通过约定排除适用，且无需通过冲突规范指引，而直接适用相关的法律、行政法规的规定。（2）《民法典》第467条的规定：在中华人民共和国境内履行的中外合资经营企业合同、中外合作经营企业合同、中外合作勘探开发自然资源合同，适用中华人民共和国法律。此外，以下三部法律的适用范围虽然主要为规定我国境内民事法律行为，但对主体间在中国境内或境外的特定涉外民事法律行为，也规定直接适用中国法。（3）《劳动合同法》第二条的规定：中华人民共和国境内的企业、个体经济组织、民办非企业单位等组织（以下称用人单位）与劳动者建立劳动关系，订立、履行、变更、解除或者终止劳动合同，适用本法。（4）《个人信息保护法》第三条的规定：在中华人民共和国境内处理自然人个人信息的活动，适用本法。在中华人民共和国境外处理中华人民共和国境内自然人个人信息的活动，有下列情形之一的，也适用本法：（一）以向境内自然人提供产品或者服务为目的；（二）分析、评估境内自然人的行为；（三）法律、行政法规规定的其他情形。（5）《反垄断法》第二条的规定：中华人民共和国境内经济活动中的垄断行为，适用本法；中华人民共和国境外的垄断行为，对境内市场竞争产生排除、限制影响的，适用本法。

综上所述，国内实体法对涉外民商事关系调整范围的逐步缩小，与涉外民商事关系之公私属性的不断变迁不无关系。一国对民商事关系的公共属性的认识，直接影响该国通过"直接适用法"来调整涉外民商事关系，或决定是否采取法律规避、公共秩序保留等方式来排除外国法适用。

简言之，在以冲突规范作为涉外民商事纠纷主要调整手段的时代，部分纠纷仍适用国内法来调整，其价值正是在于维护本国在卫生、环境、金融、市场、婚姻家庭等领域的公共政策。

二、（经由冲突规范）适用外国法之正义

通过法院诉讼方式解决涉外民商事纠纷，当准据法为外国法时，纠纷的解决在法院地国、当事人以及纠纷所涉的其他国家都会产生相应的影响和特定的利益。

（一）主权利益

涉外民商事纠纷的解决，在诉讼管辖权行使上，无疑符合法院地国的主权利益。但在准据法适用上以外国法作为实体事项的裁判依据，是否会损害本国的法律主权（立法管辖权）？承认和执行外国法院判决，是否违反了本国的诉讼管辖主权？为论证这些问题，国际私法学者提出了诸多理论和学说。

国际礼让说主张，如果一国的法律已在其本国的领域内实施，根据礼让，行使主权权利者也应让它们在内国境内保持其效力，只要这样做不损害自己及其臣民的权利或利益。[①]因此，适用外国法不是基于法律本身有什么域外效力，而纯粹是出于国家礼让来考虑的；每个国家应依据自己的裁量，在一定的条件去承认外

---

① 张潇剑：《国际私法论》，北京大学出版社 2008 年版，第 68—71 页。

国法的域外效力，这个条件就是不得与国内的利益相抵触。[①]显然，国际礼让说的前提是不损害本国国家和国民的利益。

具有相同论调的学说还包括英国戴西的既得权说和库克的本地法说。戴西主张，英国之所以承认和执行外国法的法律，并不是因为承认该国法律在英国的效力，而是因为英国法院承认当事人根据外国法所取得的"权利"。可见，"既得权说"的重点不在于承认当事人的"自然权利"，而在于英国所承认的不是"外国法在英国的效力"。库克的本地法说在既得权理论上走得更远，它认为，一国适用和执行外国法，并不是当事人依外国法所取得的权利，而是根据国内将当事人依外国法所取得的权利加以审查的结果，适用和执行的实际上是本国法。此外，美国的政府利益分析说等，也在涉外民事纠纷的解决上，偏重于对国家或政府利益的分析。

现代国际私法建立了以冲突规范为主要内容的法律体系，法院无须在每个具体个案中论证其适用外国法而不是本国法的合理性，也不必担心会遭受来自政治的或法律的诘难。在适用外国法是否损害本国主权或适用外国法是否维护本国主权这一问题上，理论上仍有各种不同的主张，但在实践中，允许根据冲突规范指引适用外国法，不仅是一国立法主权的直接体现，也是各国在平等互利基础上对等处理涉外民商事纠纷的普遍实践。

（二）管辖权分配正义

涉外民商事纠纷的国际性，不仅体现在管辖阶段，在体现在诉讼的其他环节。涉外民商事纠纷因主体、客体、行为涉及多个国家，同时受多国属地管辖、属人管辖或属事管辖的支配，并且因案件所涉主体、财产、证据可能遍布各地，在文书送达、调查取证、财产保全、裁判执行等方面需要寻求其他国家的司法协助。这意味着，涉外民商事纠纷的解决，在某种程度上是与纠纷相关的国家分工合作的结果，其中有的国家从事案件的管辖，有的国家提供争议解决的准据法，有的国家提供文书东大或调查取证方面的协助，有的国家提供判决的承认和执行协助。对多数涉外民商事纠纷来说，任何一个国家都无法独自完成从管辖权到法律适用

---

① 邹瑜主编：《法学大辞典》，中国政法大学出版社1991年版，第12页。

再到判决承认和执行的诉讼全过程。管辖权的分配行使，是纠纷解决的现实需要。

在国际私法产生早期，当涉外民商事纠纷与当事人的身份和能力有关且当事人具有外国国籍或住所在外国时，或纠纷与财产有关且财产位于外国时，法院将适用该外国法来确定。此即根据属地管辖权和属人管辖权的划分，来决定适用外国法还是本国法的"法则区别说"。及至十九世纪，萨维尼提出"法律关系本座说"，基于法律关系的属性而非财产所在地或主体所属国家来分配管辖权。法律关系本座说基于法律关系属性，分析特定法律关系中，当事人相互交往的本质特征，在此基础上，对纠纷所涉及的多个因素进行权重，选择其认为最有密切联系的因素，作为法律适用的准据法。

当代涉外民商事纠纷的解决，一方面沿袭了法律关系本座说"以与纠纷有最密切联系"的国家的法律为准据法的传统，另一方面，考虑到大多涉外民商事关系与多个国家有较为密切的联系，增加了可选择适用的准据法，为司法自由裁量提供了空间。这种管辖权的分配，不局限于唯一的"本座国"或"最密切联系国"，为冲突规范的发展注入了新的活力，从而使涉外民商事关系的法律适用，可以在多个有密切联系因素的国家中做出选择。

（三）案件的实体公正：从自然法正义到实在法正义

古罗马法学家乌尔比安认为：正义是使每个人获得其应得的东西。这一定义具有浓厚的自然法色彩。简单社会关系中，关于人身、财产、亲属等纠纷，可以根据人类社会简单的交往规则，做出是非曲直的判断，认定过错的存在，恢复正义秩序。在复杂社会关系中，"个人应得的东西"不再局限于采集的果子，捕捉的猎物，先占的土地，而是扩张到被高度法律化的各个社会领域，并衍生出复杂亲权、物权、合同等权利体系。尽管如此，在法律以成文法或判例形式在社会确立后，正义就由抽象的自然法转为具体的实在法形态。根据事实和法律，使争议双方各自获得其应得的东西，即实体正义的实现。

涉外民商事纠纷解决的实体正义，大致也经历从自然法到实在法的发展阶段。各国国内法关于侵权要件、违约构成、损害赔偿范围、婚姻能力等规定各不相同，涉外民商事纠纷适用行为地法、财产所在地法或法律关系发生地法的裁判结果可能相差甚远。在某一民商事领域的冲突规范产生之前，涉外民商事纠纷不存在统一的实体正义标准。例如，在二十世纪五六十年代，美国一些国际私法学者受到批判法学思潮的影响，对传统冲突法进行彻底批判，提出代之以实体法选择的学说，从案件实体公正的价值出发，选择涉外民商事纠纷的准据法。凯弗斯的"优先选择理论"或"结果选择说"，就是基于上述价值基础提出的。在该学说中，凯弗斯主张法官应对涉外民事纠纷所涉及的多个国家的实体法进行评估，从中选出对当事人最有利的法律并予以适用。这一学说的假设是：民事纠纷中存在鲜明的是非对错，法律应最大可能地对"受害者"提供救济。然而，现实情况是，在很多民事纠纷中，当事人之间的权利义务关系具有对等性，很难说纠纷发生后哪一方可以被明确地界定为"受害人"。在此情况下，如果对案件所涉各国的实体法进行比较，从中选择最优的处理方案，将不可避免地导致美国法律所确定的价值被美国法官接受。

冲突规范的产生，使涉外民商事纠纷解决的实体正义有了明确的实现路径：有管辖权的法院受理案件—依案件事实确定其应适用的冲突规范—根据冲突规范的指引适用准据法—查明准据法并予以适用。简言之，经由冲突规范适用准据法，即涉外民商事纠纷实体正义之实现。冲突规范在各国确立以来，涉外民事纠纷的法律适用成为"法律管辖权的分配"，例如，涉外侵权纠纷的实体法问题，通常被"分配"给侵权行为地法来调整；涉外合同纠纷，首先被"分配"给当事人协议选择的法律调整，如当事人无协议选择，则适用与合同有最密切联系国家的法律。在管辖权分配模式下，一旦司法主权和法律管辖权被具体化为"与法律关系具有本质性联系"或"最密切联系"地方的管辖权，主权和管辖权就不再是困扰法官适用外国法的因素，法官因此无须在判决中论述法律适用是否足以实现实体正义。

冲突规范的成文化，只是平息了涉外民商事领域实体正义"实现方式"的争议，对究竟何为最终实体正义的探索却一直未中断。不过，这种探究更多地在冲突规范的框架内进行。在二十世纪后半叶以来，国际私法界掀起了两股思潮。一是对传统冲突规范的解构和批判，主张通过结果选择、政府利益分析等直接选择"公正"的实体法来解决涉外民事纠纷；二是对冲突规范进行改造，增加可供选择的连接点和准据法，赋予法官在多个准据法中做出选择的权利，尽可能保护弱者权益。这些理论创新和法制改革，表明国际社会并不满足涉外民商事纠纷解决的现状，而始终行走在追求"实体正义"的道路上。

小结

涉外民商事纠纷的解决的复杂性和国际性表明，绝大多数纠纷无法在一个主权国家的法院或仲裁机构内独立完成。涉外民商事纠纷解决在管辖权、司法协助、法律适用以及判决的承认和执行方面，必然涉及不同国家关于管辖、诉讼程序、冲突规范、实体规则等的不同规则，这些规则的背后，是各国关于程序正义、冲突正义和实体正义的价值立场。

尽管已有诸多学者对正义提出各种衡量标准，其中不乏系统性和深刻性的论述[①]，但在可预见的未来，人类仍无法就正义标准达成终极性、统一性的意见。正义是社会建制的产物，是民主和文化的融合。在主权国家内，正义是通过法律等社会制度"规定"的，而不是可以客观"描述"的。涉外民商事纠纷解决过程涉及多国法律关于正义的"规定"：案件管辖国关于案件受理的规定、诉讼资格的规定、诉讼代理的规定、平行诉讼效力的规定、不方便法院的规定、冲突规范的规定等；被告所在国或其他相关国关于文书送达的规定、调查取证的规定、判决承认和执行的规定；准据法国关于实体法的规定，等等。这些程序的、实体的"规定"，都是涉外民商事纠纷解决过程"正义"实现的基准和保障。

正义具有多面性和立场性。主权国家视角下的涉外民商事纠纷的正义，与涉外民商事纠纷当事人对正义的追求会有所不同。具体到程序法、实体法和冲突法三个层面，又各有不同。尽管如此，在上述三个领域，仍可总结出共有的正义取向，即：（1）协商的正义。允许当事人协议选择纠纷解决方式，允许协议选择诉讼法院，允许选择争议适用的准据法，是涉外民商事纠纷解决首要的正义标准。（2）分配的正义，即建立在方便管辖基础上的协作正义。当一国基于住所、国籍或行为地等因素，确定本国法院对涉外民事案件享有管辖权，则法律适用、司法协助等诉讼程序的开展就有了正当性。相应地，根据法院地、司法协助国、准据法国的法律进行的诉讼活动及法律适用便符合正义标准。（3）校正的正义，如基于不

---

① 其中最负盛名的当属《正义论》，参见约翰·罗尔斯著，何怀宏等译：《正义论》，中国社会科学出版社 2002 年版。

方便法院原则不起诉，或允许当事人平行诉讼，或不予承认和执行判决等，均是一国法院对涉外民商事争议解决正义"偏离"的救济。

第二章 管辖权行使的价值考量

谁选择了管辖权，谁就选择了法律。

——古罗马法谚

各国民事和经济法律制度的差异，导致民商事纠纷裁判结果的不一致。这引发当事人对管辖权的选择、排除、挑选。而当事人对纠纷解决制度的选择，促进了国内和国际社会对争端解决方式的变革。《承认及执行外国仲裁裁决公约》《选择法院协议公约》《关于解决国家和他国国民之间投资争端公约》《承认与执行外国民商事判决公约》等都显示不同时期，国际社会对当事人选择的争端解决方式的认可或保障。

民商事案件管辖权的确定对案件的审判结果有直接的影响。从国际民商事纠纷解决的程序来看，各国法院在确定对案件的管辖后，适用本国的冲突规范，根据冲突规范指引的准据法来对案件做出实体裁判。因各国都可基于当事人的国籍、住所、行为等行使管辖，如果同一案件在不同国家的法院受理，适用的冲突规范就存在差异，最终适用的准据法也会因此不同。这意味着，在国际民商事纠纷发生后，当事人如果选择诉讼作为解决争端的方式，需要对管辖权和法律适用这两个因素综合考虑。在有关婚姻、扶养、监护等纠纷中，管辖权的重要性远超过法律适用。同一案件在 A 国管辖或 B 国管辖，实体裁判可能呈现较大的差异。由此可见，管辖权的选择和确立，既是一国立法或司法机关的职权行为，也是国际民事诉讼当事人基于各自权益的私法选择行为。

由于国际社会尚不存在对管辖权进行协调的国际公约或国际组织，一国根据其国内立法来设立管辖权，使管辖权的行使经常产生两种情形：积极冲突和消极冲突。管辖权的积极冲突是指不同国家的法院对同一国际民事纠纷主张管辖权；消极冲突则指同一民事纠纷，各个国家的法院均不受理的情形。为避免冲突，管辖权的立法肩负着多重程序和实体价值：它需要以维护法院地国的主权为重要目标，需要保护本国国民利益，还需要对其他国家管辖权的行使给予承认或做出拒绝。

现代国际民商事争端解决的一个趋势是，在商事领域，国际民事纠纷的解决，尊重当事人关于纠纷解决方式的选择，尊重当事人关于纠纷解决法院的选择。商事仲裁，包括一国与另一国的投资仲裁制度，其管辖的产生和纠纷解决的运行，都日益发展出独立于各个主权国家诉讼体制的因素。选择仲裁作为解决纠纷的方式，是当事人对自己商事权利的自由处分，已经被从事国际商事交易的当事人广泛接受。而在有关自然人的身份及法律能力、婚姻家庭、人身损害、海事责任、不动产物权等事项上，管辖权的设立和协调仍是国内立法的重心。一方面，各国的属地管辖和属人管辖在这些领域体现较为强烈，另一方面，这些领域往往与一国的社会公共秩序密切相关。如果允许协议选择管辖权或法律，将可能产生法律规避、社会公共道德遭破坏等情形。

在合同、侵权、物权、知识产权等财产纠纷案件中，很多国家不仅在法律适用领域允许当事人选择争议发生后可适用的准据法，而且允许当事人选择管辖的法院。不过，在法院选择上，是否要求当事人必须选择与纠纷有密切联系的法院，各国的立法不一。

第一节　国际商事仲裁的非当地化

国际民商事争端可以由不属于任何一国的司法机构来解决，是人类法治史上的重大进步。国际商事仲裁即是突破属地管辖与属人管辖的争端解决方式之一。它以纠纷解决的专业性、非司法性、非当地化、高效性等特点，成为从事国际商事活动的当事人首选的争端解决方式。

国际商事仲裁的管辖涉及可仲裁的事项、法院与仲裁的管辖划分两个方面的问题。仲裁中的法律适用则涉及仲裁协议的法律适用、仲裁程序的适用和仲裁实体法律适用。在我国国内仲裁中，仲裁协议和纠纷实体问题，都应适用我国的法律。在国际商事仲裁中，管辖权、仲裁协议、仲裁程序以及准据法等问题，均涉及到法律适用。

一、国际商事仲裁的管辖：纠纷解决的非当地化

仲裁，通常发生在合同纠纷和其他财产权益纠纷等商事领域。同诉讼制度相比，仲裁庭的组成不仅有从事法律工作的法官、律师等，还有从事经济贸易、科学技术等其他领域内的专业人士。仲裁不仅独立于行政机关，而且仲裁机构之间也不存在隶属关系，在纠纷的解决上侧重纠纷解决的快速化、专业化，也确保了仲裁的一裁终局性。

在纠纷受理方面，有关自然人之间的婚姻、收养、监护、扶养、继承等的纠纷，被排除在仲裁之外。其原因在于，合同和其他商事领域的纠纷，当事人处置自身权益的自主性较高，可以在纠纷处理的任何阶段达成协议。并且这些协议在大多数情形下仅与双方的权益相关。而人身领域的纠纷，具有较强的道德性，并且设有保护特定弱势群体的利益的强制性条款，不允许当事人或其代理人以协议的方式变更或减弱，纠纷因此必须依靠司法途径解决。

仲裁对法院的管辖既排除又利用。首先，仲裁排除了法院的管辖权。只要仲裁协议有效，法院对案件无管辖权；其次，裁决做出后，当事人就同一纠纷再向人民法院起诉的，法院不予受理。仲裁实现了纠纷解决的高度自治。当事人可以选择仲裁机构和仲裁员，可以选择仲裁规则，在国际商事仲裁中甚至可以选择仲裁的适用法律。仲裁解决纠纷的方式，是对传统的属人管辖和属地管辖的突破。国内仲裁不再受国内行政区划的限制，不实行级别管辖和地域管辖。国际仲裁更是可以允许当事人在世界范围内选择国内外仲裁机构。但另一方面，仲裁管辖和仲裁裁决效力的保证，均来源于一国的司法主权。尽管法律赋予仲裁较大程度的独立性和自主性，但仲裁机构管辖权争议的解决、仲裁裁决效力的司法确认、仲裁裁决的承认和执行等，均需要法院的权威和强制力来保障。在国际商事仲裁中，如果关于仲裁协议的效力问题被提交诉讼，法院在认定仲裁协议是否有效时，还

会适用冲突规范，根据准据法来确定。由此，仲裁在解决纠纷方面，是有限的独立和自主。在特定方面，仲裁不能脱离法院的诉讼管辖。

二十世纪后半期开始，在仲裁程序法的适用问题上，仲裁"非国内化"（denationalization）或称"非当地化"（delocalization）的理论在仲裁界引起了广泛关注。该理论产生于欧洲大陆，其含义是指仲裁应超越仲裁所在地国家法律的控制，当事人可在合同中约定，仲裁不受任何特定的国家的程序法或实体法以及任何特定国家的冲突规则调整，仲裁的程序规则将由当事人自由选定，或仲裁庭根据符合当事人利益之目的而选择适用于仲裁程序的法律而非仲裁地的强制规则。[1]

非当地化起源于二十世纪七十年代末，学界和司法界对英国仲裁法中允许法院对仲裁程序和仲裁裁决行使司法审查权的"特别案件说明程序"的批判。[2]批评者指出，仲裁地国法院对仲裁的干预与当事人所追求的中立的、非司法权性质的争议解决方式不符，"特别案件说明程序"（"case stated" procedure）更多地被不利方当事人用来作为阻止仲裁程序进行的工具。反对意见迅速发展成要求实现国际仲裁的非当地化以及仲裁裁决独立于裁决做出国的主张。紧接着，一场关于仲裁是不是需要"非当地化"的争论就爆发了。支持"非当地化"的学者希望对国际商事仲裁的司法审查仅限于对裁决的执行方面，反对者攻击这是一种"危险的学说"，他们认为，任何可执行的法律义务只能产生于裁决做出地国。[3]

自"非当地化"的争论开始，世界各国在新制订或修订的仲裁法中大多允许

---

[1]　张斌生：《仲裁法新论》，厦门大学出版社 2002 年版，第 453 页。对于非当地化的范围，西方学者有不同理解。一种观点认为，非当地化包括仲裁程序的非当地化也包括仲裁适用的实体法的非当地化，另一种观点则只主张仅指仲裁程序的非当地化。参见赵健：《国际商事仲裁的司法监督》，法律出版社 2000 年版，第 34 页。我国学者倾向于仲裁程序的非当地化，另见陈治东：《国际商事仲裁法》，法律出版社 1998 年版，第 213 页。

[2]　英国 1950 年仲裁法第 21 条（1）款规定，对于仲裁审理中产生的任何法律问题及仲裁裁决或其中的任何部分，法院有权下令仲裁庭以所谓特殊案件的形式加以说明，由高等法院对其做出判决。施米托夫：《国际贸易法文选》，中国大百科全书出版社 1993 年版，第 603 页。

[3]　Jan Paulson, *Demoralization of International Commercial Arbitration: when and why it matters*, 32Unt'l &comp.L.Q.153. 1983. 也有学者认为非当地化最早源于二十世纪六十年代两个涉及以国家为一方的国际仲裁案，参见陈治东前引书 213 页，郭玉军、陈芝兰《论国际商事仲裁中的非国内化理论》，《法律与社会发展》，2003 年第 1 期，第 105 页。

当事人对程序法做出选择。就欧洲来看，这种"非当地化"的趋势尤为明显。奥地利的仲裁法给当事人意思自治留下很大的空间，仲裁法中只有个别条款不能通过协议排除。荷兰 1986 年仲裁法对国内和国际仲裁不加区分，规定如果当事人没有选择，则由仲裁员决定适用其认为合适的法律。[1] 瑞士 1987 年《国际私法法典》规定了较宽泛的意思自治，当事人可以选择几乎与所有争议事项有关的法律，[2] 当事人甚至可以通过协议限制司法审查。[3] 瑞典 1999 年仲裁法规定，如仲裁协议具有国际性因素将受制于双方当事人约定的法律。[4] 此外，法国 1981 年民事诉讼法典，英国 1996 年仲裁法，1998 年《比利时司法法典》也都有相关"非当地化"的规定。

由此，"非当地化"已不仅仅是学者所提倡的理论，在欧洲一些国家，它已成为一种制度。无论是理论还是立法实践，"非当地化"无不是通过当事人"意思自治"体现的。作为"国际仲裁的基石"，当事人的意思自治意味着可预见性。商事交往中的当事人希望能够预见并控制他们面对的风险，并且不愿受到其所不熟悉的法律支配，因而在各国产生了允许当事人选择法律的作法。但在国际商事领域，长期以来，这一"选择"主要涉及争议双方具体权利义务的实体法领域（在国际商事仲裁领域，也指可以选择适用仲裁协议的实体法）。随着国际商事仲裁逐渐成为当事人解决争议的首选方式，根据传统的"场所支配行为"要求仲裁地的程序法自然地适用在某一特定国进行的仲裁的作法受到了挑战，首当其冲的是法院地过度的司法干预。因而以意思自治原则为根据，要求取消或限制仲裁地的司法监督的呼声越来越高，并进而导致了近三十多年来"非当地化"的发展。意思自治原则是"非当地化"这一理论得以在国际商事仲裁中确立的最根本原因，各国的立法既是对这一理论存在的合理性的积极回应，也是推动其向前发展的动力。

"非当地化"也并非仅为法学界所提倡。西方的商业界对仲裁的"非国内化"基本上持肯定态度，他们渴望摆脱国内法的限制。[5] 因此，"非当地化"在当代既

---

① 荷兰《民事诉讼法》第 1054 条第 2 款。

② 该法典 178 条 2 款。

③ 该法 190 条 2 款。

④ 瑞典《1999 年仲裁法》48 条。

⑤ 韩健：《现代国际商事仲裁法的理论与实践》，法律出版社 2000 年版，第 272 页

具有形式上经立法确认的合理性，又因符合当事人意思自治原则能够体现商业界的要求而具有实质上的合理性。

（一）各国仲裁非当地化的立法

虽然欧洲各国重新制定或修改仲裁法的动机是复杂多样的，但总体上都是为了吸引更多的国际商业，或甚至是国际商事仲裁本身。[①]"非当地化"在理论上主张仲裁可以适用仲裁地以外国家的程序法，但体现在立法上不仅涉及赋予当事人选择程序法的权利，更重要的是同时规定限制司法监督的根据以保证这一权利得以切实实施。表现在各国立法上，这些限制司法审查的根据大致可以归为两类：（1）规定可行使司法审查的情形；（2）规定撤销或执行的适当依据。[②]英国1979年仲裁法的修改可归入第一类。1979年仲裁法删除1950年仲裁法中"特别案件说明程序"这一条款，规定当事人可以通过协议排除这一条款的适用，法院只能在当事人没有约定时行使司法审查权。1996年仲裁法第4条第3款规定，当事人可约定适用仲裁机构的规则或提供可对该事项做出决定的方式。该法保留了1979年仲裁法关于司法审查权的规定，在第69条"对法律问题的上诉"中第1款规定，仲裁程序的一方当事人可就仲裁程序中所做的裁决的法律问题向法院上诉，但当事人另有约定的除外。并且该条第2款和第3款进一步规定了当事人上诉以及法院准许上诉的条件。[③]从而，英国仲裁法在规定法院行使司法监督权的依据时，也限制了其对仲裁的过度干预。法国1981年《民事诉讼法典》第1494条规定：仲裁协议可以直接或通过仲裁规则确定审案时所要遵循的程序，也可以确定所要遵循的仲裁程序法。而且，重要的是，法国仲裁法第一个在立法上规定，如果当事人未能达成选择法律的协议，将由仲裁庭决定适用相关的商业惯例或是其认为合

---

① Theodore C. Theofrastous, International Commercial Arbitration in Europe: subsidiarity and supremacy in light of the De- localization Debate case western, *Reserve Journal of Int Law*. 1999.

② William W. Park, *National law and Commercial justice: Safeguarding Procedural Integrity in International Arbitration*, 63 Tul.L .Rev 1989.

③ 如对于当事人上诉的条件规定：除非仲裁程序的所有其他当事人一致同意；或法院准许对法院准许上诉的条件规定：问题的决定将实质性地影响一方或多方当事人的权利；仲裁庭对问题的决定有明显的错误；或问题具有普遍的公共重要性等。

适的法律。[1] 由于法国允许当事人自由选择仲裁程序法，法国巴黎已成为最受欢迎的国际仲裁中心地之一。[2] 实际上，法国法最能体现"非当地化"的条款反映在该法典的 1052 条，该条对法院行使撤销权规定了仅有的几条、且极为严格的依据。[3] 也即前述第二类司法监督的依据。比利时的立法别具特色。1998 年《比利时司法法典》1717 条第 4 款规定，如任何一方既非有比利时国籍或在比利时有住所个人，或者也非总部或分支机构设立在比利时之法人，当事人得依仲裁协议中之明之声明或随后达成之协议排除撤销仲裁裁决之申请。同法国相比，比利时似乎在"非当地化"上又向前进了一步，因为其允许同比利时无实质联系的当事人通过协议排除司法审查。

从上述英、法、比、欧洲三国的立法可以看到，虽然各国的仲裁法均有关于"非当地化"的因素，但程度却各不相同。有学者认为，"非当地化"理论包括两种主张，一是仲裁程序的非当地化；二是仲裁裁决的非当地化。仲裁程序的非当地化包括使国际商事仲裁从仲裁地的强制性规则中解放出来，从而排除当地法院的司法介入。仲裁裁决的非当地化包括取消（或限制）当地法院做出使仲裁裁决在全球范围内无效的决定的权力。[4] 一般而言，对于仲裁程序的非当地化，由于大多国际性的仲裁机构都有自己的仲裁规则，同时也由于联合国贸法会制定的《国际商事仲裁示范法》以及《国际商会仲裁规则》的广泛影响，大多数国家都允许当事人选择仲裁的程序规则。仲裁裁决的非当地化大多表现为"限制"当地法院撤销仲裁裁决的权力，如法国的作法。"取消"当地法院撤销仲裁裁决权力（包括"允许"当事人协议取消）的国家除了比利时还包括瑞士、突尼斯。[5]

（二）国际条约的规定

1961 年《关于国际商事仲裁的欧洲公约》和 1975 年《美洲国家间关于国际

---

① Theodore C. Theofrastous, International Commercial Arbitration in Europe: subsidiarity and supremacy in light of the De- localization Debate case western, *Reserve Journal of Int Law*, 1999.

② 韩健:《现代国际商事仲裁法的理论与实践》，法律出版社 2000 年版，第 257 页。

③ 这些依据包括无仲裁协议或仲裁协议无效、终止；仲裁庭的组成不合法或超越职权；违反正当程序；违反公共秩序。

④ Okenzie Chukwumerije, *Choice of law in International Commercial Arbitration*,1994.

⑤ 郭寿康、赵秀文主编:《国际经济贸易仲裁法》，中国法制出版社 1999 年版，第 357 页。

商事仲裁的公约》都明确规定，仲裁庭的组成和仲裁程序未按当事人之间签订的条件进行是拒绝承认与执行有关裁决的理由之一。[①]1975年《国际商事仲裁规则》规定，仲裁庭审理案件的程序适用本规则，本规则没有规定的适用当事人约定，或当事人未约定时仲裁庭确定的规则，无论仲裁庭是否援用仲裁适用的国内法程序。[②]1985年联合国贸法会《国际商事仲裁示范法》第19条第1款"程序规则的确定中"规定：在不违背本法规定的情况下，当事各方可以自由地就仲裁庭进行仲裁所应遵循的程序达成协议。此外，有学者认为《纽约公约》第5条第1款第4项间接表明了仲裁当事人选择程序法的权利。[③]该项规定，仲裁庭的组成或仲裁程序与各方当事人协议不符，或无协议而与仲裁地所在国法律不符的，受理承认以及执行裁决的法院有权拒绝承认与执行有关裁决。另外，公约第5条第1款第5项规定，申请撤销或停止执行只能由"裁决所在地或裁决所依据法律之国家"的法院做出。根据美国法院的判例，"裁决所依据之'法律'"不是指实体法，而是程序法。[④]

显然，国际公约关"非当地化"的规定主要表现在仲裁程序的非当地化，由于关于执行仲裁裁决的公约本身的目的就是确定有关执行或承认裁决的统一标准，因此，从这个意义上很难说有关执行的依据是基于"非当地化"的考虑。

（三）公共秩序在国际商事仲裁中的体现及其重要作用

在各国的仲裁立法中，几乎都无一例外地规定了公共秩序（或公共政策）可以作为撤销仲裁裁决的根据。由于"公共秩序"概念的不确定性，"任何企图给公共政策下一个详尽无遗的定义的努力都注定要失败"。[⑤]但与国际商事仲裁的民间性（或"涉及私人利益性"）相比，公共秩序最显著的特点就是公共性，这种表现为对社会或第三人利益保护的公共性主要体现在以下有关仲裁进行的三个阶

---

① 1961年《公约》第9条第4款；1975年《公约》第5条第4款。

② 1998年《国际商事仲裁规则》第15条保留了该条规定。

③ 陈治东：《国际商事仲裁示范法》，法律出版社1998年版，第208页。

④ 郭寿康、赵秀文主编：《国际经济贸易仲裁法》，中国法制出版社1999年版，第377页。

⑤ A.N.Zhilsov, *Mandating and Public Policy Rules in International Commercial Arbitration*,1995.

段。一是对可仲裁事项的强制性规定上。[1]强制性规定是公共政策的具体表现方式之一。[2]从仲裁发展的历史看，凡涉及国家公共利益的事项，国家一般不允许仲裁的介入。因此，各国出于对本国国情和公共利益等方面的考虑，对于哪些问题可以通过仲裁裁决，哪些问题不能通过仲裁裁决，均做了不同的规定。例如：美国司法实践长期以来就曾将证券争议及反托拉斯项下的请求权排除在可仲裁事项之外。[3]二是在撤销程序中规定司法监督的根据。仲裁的非司法性和一裁终局原则是仲裁独立、效率的保证，而适当的司法监督既是基于仲裁公正性的考虑，也是维护裁决地公共政策的需要。仲裁的"准司法性"决定了如果对这种活动不加丝毫控制，必然形成仲裁机构与法院同等的司法地位，从而有可能影响法律的权威。因而，从保护裁决地"法律的基本原则"这一公共政策出发，允许当事人对仲裁中发生的违反正当程序（如未给当事人陈述意见的机会或仲裁庭的组成不合法）或超越了仲裁与司法界限的行为（如仲裁庭无管辖权或超越当事人授权范围）提出异议（challenge），同时可以达到保障仲裁公正性的目的。三是在承认执行程序中规定司法审查的依据。承认与执行地法院通常是败诉方当事人财产所在地，其承认与执行的根据能间接反映该国对国际商业交往中当事人财产保护的标准，同时，也直接关系到本国的公共政策。综上，公共秩序虽然在目的是为了保护社会公众或第三人的利益，但在适用上也体现了司法对仲裁的监督，起到了"安全阀"的作用。公共政策在撤销及承认与执行依据中的体现是不同的，就公共政策的抗辩来说，每一具体的抗辩理由都可视为是对公共政策的违反，同时，公共政策还可作为一个独立的抗辩理由使用。"尽管公约《纽约公约》规定的两种抗辩理由都可以说是植根于公共政策观点，但公约的目的，显然是创制一个独立的拒绝承认

---

[1]　虽然在撤销和执行程序中可仲裁性也是其中一项理由，但由于可仲裁事项涉及在程序进行时，仲裁庭能否取得管辖权，故将之独立。

[2]　M. Rubino- Sammartano, *International Commercial Arbitration law*, 1990, 转引自朱克鹏：《国际商事仲裁的法律适用》，法律出版社 1999 年版，第 292 页。

[3]　参见郭寿康、赵秀文：《国际经济贸易仲裁法》，中国法制出版社 1999 年版，第 174—176 页。也有学者认为，并非每个强制性规则都可构成公共政策的一部分，因为强制性规则并不必然反映法院地国广泛的公共政策原则，参见 A.N。Zhilsov, 前引。

与执行裁决理由，而不是由它来取代其他抗辩理由。"①

"非当地化"要求排除或限制司法对仲裁的干预，而仲裁地国又需要行使必要司法监督权以维持本国的公共政策，这就使意思自治原则与公共秩序保留之间产生了矛盾，这种矛盾直接体现在非国当地化裁决能否在有关国家得到承认与执行。非当地化裁决能否得到承认与执行的关键在于它是否适用《纽约公约》。②实际上，如果从广义上理解"非当地化"，《纽约公约》本身可以说是非当地化的最有力保证。因为"纽约公约成功地尽可能能缩小了法院协助的范围，同时也减少了仲裁当事人求助法院干预的可能性"。③

如前所述，"非当地化"包括仲裁程序和仲裁裁决的非当地化两种主张。"非国内化理论并非一概否认国家对仲裁的司法监督，所谓"非国内化"即取消所有国家对仲裁监督是对"非国内化"理论的一种误解。④非当地化在各国立法中体现为一种趋势或过程，即限制或取消对仲裁程序的司法控制权并将仲裁裁决交由裁决的承认及执行地国审查的过程。从承认与执行已被外国法院撤销的仲裁裁决来看，"非当地化"的程度在一国的立法和实践上在致可以分为四个层次：执行地国法院必须拒绝承认与执行已被外国撤销的仲裁裁决，如意大利与荷兰；执行地国法院通常会尊重外国法院的撤销裁定，但是否执行则允许法院自由裁量，如英国、墨西哥、德国、瑞士；外国法院撤销仲裁裁决不是执行地国拒绝承认与执行的理由，因为国际商事仲裁裁决是无国籍的，其效力不是来源于仲裁地法或其他任何特定国家的法律，而只是来源于当事人的意思表示，如法国。对于与仲裁地没有什么实际联系的仲裁裁决，仲裁地法院可不对其行使撤销裁决的管辖权，该裁决实际上成了无国籍的裁决，如比利时。在上述四个层次中"非当地化"的程度是递进的。⑤

尽管如此，在"非当地化"中，公共秩序的运用较传统上有很大的不同。首

---

① 朱克鹏：《国际商事仲裁的法律适用》，法律出版社 1999 年版。

② 赵健：《国际商事仲裁的司法监督》，法律出版社 2000 年版，第 43 页。

③ 雅克·沃纳著，黄雁明译：《〈纽约公约〉应否修订以增加法院介入仲裁程序的规定》，《仲裁与法律》，2002 年第 2 期，第 79 页。

④ 赵健：《国际商事仲裁的司法监督》，法律出版社 2000 年版，第 47 页。

⑤ Roy Goode, *The Role of the Lex Loci Arbitri In International Commercial Arbitration*, 2000.

先，"非当地化"意味着国际化。现代各国司法实践表现，越来越多的法院承认，狭隘的民族主义的公共政策理由，或许可以适用于国内性质的案件，但在国际性质中就不合适了。[①]荷兰学者桑德斯鲁非常简明地概括了这一发展趋势："我们越来越多地看到，作为抗辩理由的国内公共政策与国际公共政策之间的区别，后者的概念比前者受到更多的限制。"[②]其次，公共秩序的保留在裁决地和承认与执行地有不同的效力。《纽约公约》规定，裁决经裁决地国或裁决所依据法律之国家的主管机关撤销或停止执行者，可以拒绝承认与执行。这就意味着裁决做出地国基于本国公共秩序所做出的对裁决的撤销具有域外效力。由于各国对公共秩序的理解各不相同，或即使是对同一公共秩序的理由（如不具有可仲裁性）也有不同的认识，因而可能导致同一裁决要受两个国家各自基于本国公共秩序的审查。但实际上，近年来一些国家的司法实践已经表明，仲裁裁决在裁决做出地已经被撤销并不是拒绝承认与执行的当然理由。英、法等国的法院已经在实践中承认与执行了已被外国法院撤销的裁决，从而也使前者的撤销权实际上形同虚设。[③]而且，最近一些法院的裁定表明，《公约》缔约国的法院极少撤销仲裁裁决，并趋向于对《公约》的条文作有利于仲裁裁决执行的解释。[④]最后，由于公共秩序保留是包括国际商事仲裁在内的国际民商事交往的基本制度，而且仲裁也需要一些最起码的司法支持，以保证其正常运作，因而非当地化并不排斥公共秩序保留。但从另一方面来说，非当地化确实在某种程度上"限制"了公共秩序保留，通过这种限制，非当地化在当事人意思自治与国家公共政策之间重新划了一道界限。

综上所述，非当地化的提出是对传统上强制性规则（公共政策的重要体现）适用的挑战。但从各国的立法实践来看，非当地化随各国对允许当事人意思自治事项的范围不同而与公共秩序存在此消彼长的关系。非当地化理论是尊重当事人意思自治与"限制"仲裁裁决地过多司法干预的产物，它起到了统一国际商事仲

---

① H. Hotelman, *"commentary" in 60 years of ICC Arbitration——A Look at the future*,1984,p.364.

② 韩健：《现代国际商事仲裁法的理论与实践》，法律出版社 2000 年版，第 445 页。

③ 郭玉军、陈芝兰：《论国际商事仲裁中"非国内化"理论》，《法律与社会发展》，2003 年第 1 期，第 108 页。

④ 曹丽军编译：《根据〈纽约公约〉执行外国仲裁裁决的最新发展》，《仲裁与法律》，2003 年第 1 期，第 60 页。

裁法律制度的作用。它的产生和发展存在合理性。而且这种合理性已为立法所确认。"非当地化"本身不是使"非当地化"裁决被撤销的理由。[①]正如有学者指出："非国内化"仲裁是实现仲裁国际化所涉及的诸多方面之一。[②]

二、我国国内仲裁的非当地化

仲裁也是司法主权的体现。因而，在我国，国内民商事合同纠纷，不允许当事人约定外国仲裁机构仲裁。所谓非涉外合同，可以根据最高人民法院关于适用《中华人民共和国涉外民事关系法律适用法》若干问题的解释（一）关于涉外民事关系的认定来界定。即：不属于该解释第一条规定的"涉外"情形的，都属于国内民商事纠纷，如当事人选择仲裁方式解决，只能选择国内仲裁机构。[③]

尽管法律没有明确规定，但国内民商事纠纷的仲裁，只能选择中国仲裁机构。合同法第 128 条规定，仅涉外合同的当事人可以根据仲裁协议向中国仲裁机构或者"其他仲裁机构"申请仲裁。由此，国内纠纷的当事人，不能选择国外的仲裁机构。[④]

北京市第二中级人民法院在民事裁定书中认为：根据《中华人民共和国民事诉讼法》第二百七十一条[⑤]及《中华人民共和国合同法》第一百二十八条第二款规定，我国法律未授权当事人将不具有涉外因素的争议交给境外的仲裁机构管辖，此类仲裁条款应当认定为无效。且根据《承认及执行外国仲裁裁决公约》第二条、第五条第一款（甲）项，即使拿到了仲裁裁决，国内法院也不应承认和执行该仲

---

① Minmetals Germany GMBH, 1999, 1A11 E·R·(comn)315, 330(j) –331(b), 引自 Olakunle o. Olatawura, Delocalized Arbitration under The English Arbitration Act 1996. An evolution or a revolution, *Syracuse journal of International law and commerce* 2003.

② 郭玉军、陈芝兰：《论国际商事仲裁中"非国内化"理论》，《法律与社会发展》，2003 年第 1 期，第 107 页。

③ 这些涉外情形包括：（1）当事人一方或双方是外国公民、外国法人或者其他组织、无国籍人；（2）当事人一方或双方的经常居所地在中华人民共和国领域外；（3）标的物在中华人民共和国领域外；（4）产生、变更或者消灭民事关系的法律事实发生在中华人民共和国领域外；（5）可以认定为涉外民事关系的其他情形。

④ 该条在民法典中没有对应条款。

⑤ 民事诉讼法 2012 年；现民事诉讼法 278 条。

裁。[①]最高人民法院在《关于江苏航天万源风电设备制造有限公司与艾尔姆风能叶片制品（天津）有限公司申请确认仲裁协议效力纠纷一案的请示的复函》中对这一问题也做出明确回答："由于仲裁管辖权系法律授予的权力，而中国法律没有规定当事人可以将不具有涉外因素的争议交由境外仲裁机构或者在中国境外临时仲裁，故本案当事人约定将有关争议提交国际商会仲裁没有法律依据。"[②]《最高人民法院关于江苏航天万源风电设备制造有限公司与艾尔姆风能叶片制品（天津）有限公司申请确认仲裁协议效力纠纷一案的请示的复函》[③]《最高人民法院关于北京朝来新生体育休闲有限公司申请承认大韩商事仲裁院做出的第 12113-0011 号、第 12112-0012 号仲裁裁决案件请示的复函》[④]等案件复函中明确指出：仲裁管辖权系法律授予的权力……当事人将不具有涉外因素的纠纷约定提交境外仲裁机构进行仲裁的仲裁协议无效，中国法院不予承认与执行相应仲裁裁决。

在仲裁程序要适用的规则上，当事人是否可以选择适用其他机构的仲裁规则，包括国外仲裁机构的规则？根据国内多数仲裁机构的《仲裁规则》，当事人约定适用其他仲裁规则的，从其约定。[④]从字面上看，当事人不仅可以选择适用国内其他仲裁机构的仲裁规则，而且可以选择外国仲裁机构和国际仲裁机构的仲裁规则。甚至于，一些仲裁机构还规定，当事人可以对仲裁规则做出简化处理，只要不违反法律的强制性规定。仲裁，之所以在仲裁规则的适用上持开放态度，主要是因为仲裁规则的适用，通常是仲裁管辖确定后，在仲裁庭的组成、仲裁审理、裁决做出等方面的程序性规则。这些规则多为技术性规则，在不违反一国的司法主权和仲裁基本原则的情况下，允许当事人选择，更有利于通过程序规则的协商一致，促进实体纠纷解决的效率与公平。尽管如此，但实践中当事人选择其他仲裁机构的程序规则非常少见，因为一旦选择某一仲裁机构，就意味着对该机构的仲裁规则、仲裁审理和仲裁裁决的信任。而且，由于仲裁规则并非完全独立于法院地的司法管辖，选择非仲裁机构的仲裁规则，存在违反仲裁地法律强制性规定的风险。

---

① 北京市第二中级人民法院（〔2013〕二中民特自第 10670 号）民事裁定书。
② 最高人民法院（〔2012〕民四他字第 2 号）裁定书。
③ 最高人民法院（〔2012〕民四他字第 2 号），2012 年 8 月 31 日发布。
④ 最高人民法院（〔2013〕民四他字第 64 号），2013 年 12 月 18 日发布。
④ 如武汉仲裁委员会、上海仲裁中心等《仲裁规则》。

国内仲裁对争议进行审理时，依据的实体法包括哪些？在国内仲裁中，当事人是否有权选择外国实体法作为纠纷解决的依据？根据《民法典》第12条的规定，中华人民共和国领域内的民事活动，适用中华人民共和国法律。法律另有规定的，依照其规定。由此，国内仲裁审理的民事活动，如果不具有涉外情形，则应适用中国法律。

三、我国国际商事仲裁的法律适用

在我国，国际商事仲裁是指具有涉外因素的民商事纠纷。其既包括在中国境外的国际商事仲裁，也包括在中国境内进行的国际商事仲裁。相比于国内仲裁，国际商事仲裁更重视当事人对仲裁机构、仲裁规则、仲裁准据法的意思自治。这不仅表现在当事人意思自治的范围更广泛，而且在仲裁协议的形式、效力的认定上，各国普遍采取了相对于国内仲裁的较为宽松的态度。例如，2022年《全国法院涉外商事海事审判工作座谈会会议纪要》第93、94条关于仲裁协议效力的认定中，对于仲裁协议是否约定了明确的仲裁机构时，要求法院按照有利于仲裁协议有效的原则予以认定。当事人在仲裁协议中约定争议发生后"先仲裁、后诉讼"的，不属于仲裁法司法解释第七条规定的仲裁协议无效的情形。仲裁协议的效力不受影响。

国际商事仲裁中，由于当事人可以任意选择各国的仲裁机构，案件较少涉及仲裁与法院在程序管辖权方面的冲突。仲裁所涉及的法律问题主要包括两类，一类是仲裁协议的法律适用，另一类是仲裁实体问题的法律适用。第一类问题，产生于仲裁机构对案件管辖的合法性和正当性，需要通过独立于仲裁机构的法院来确认，体现了法院对仲裁制度的保障。

（一）仲裁协议的法律适用

仲裁协议的法律适用，产生于仲裁协议的成立、生效、失效以及是否约束特定当事人等的争议。[①] 仲裁协议是否成立并生效，是仲裁机构取得对案件管辖的前提条件。在逻辑上，当产生仲裁协议的存在和效力争议时，除非当事人协商一致同意提交仲裁机构确认，任何一方有权将该争议作为一项单独的"民商事争议"，

---

① 2022年《全国法院涉外商事海事审判工作座谈会会议纪要》第90条。

并寻求诉讼途径解决。因此，我国仲裁法第 20 条规定：当事人对仲裁协议的效力有异议的，可以请求仲裁委员会做出决定或者请求人民法院做出裁定。一方请求仲裁委员会做出决定，另一方请求人民法院做出裁定的，由人民法院裁定。

在涉外仲裁中，法院在受理当事人有关仲裁协议效力的纠纷时，涉及法律适用问题。最高人民法院 2005 年 12 月发布的《第二次全国涉外商事海事审判工作会议纪要》第 58 条规定："当事人在合同中约定的适用于解决合同争议的准据法，不能用来确定涉外仲裁条款的效力。当事人在合同中明确约定了仲裁条款效力的准据法的，应当适用当事人明确约定的法律；未约定仲裁条款效力的准据法但约定了仲裁地的，应当适用仲裁地国家或者地区的法律。只有在当事人未约定仲裁条款效力的准据法亦未约定仲裁地或者仲裁地约定不明的情况下，才能适用法院地法即我国法律作为确认仲裁条款效力的准据法。" 2006 年施行的最高人民法院《关于适用〈中华人民共和国仲裁法〉若干问题的解释》第 16 条规定："对涉外仲裁协议的效力审查，适用当事人约定的法律；当事人没有约定适用的法律但约定了仲裁地的，适用仲裁地法律；没有约定适用的法律也没有约定仲裁地或者仲裁地约定不明的，适用法院地法律。" 2011 年施行的《中华人民共和国涉外民事关系法律适用法》第 18 条规定："当事人可以协议选择仲裁协议适用的法律。当事人没有选择的，适用仲裁机构所在地法律或者仲裁地法律。" 2013 年施行的最高人民法院《关于适用〈中华人民共和国涉外民事关系法律适用法〉若干问题的解释（一）》第 14 条规定："当事人没有选择涉外仲裁协议适用的法律，也没有约定仲裁机构或者仲裁地，或者约定不明的，人民法院可以适用中华人民共和国法律认定该仲裁协议的效力。"

可见，一旦纠纷涉及仲裁协议或仲裁条款的效力，如果当事人不能达成由仲裁庭审理的协议，只有法院才有管辖权。我国法院在审理此类纠纷时，根据我国的冲突规范确定准据法予以适用。

（二）仲裁机构审理涉外商事纠纷的法律适用

仲裁机构在审理涉外商事纠纷过程中，根据何种法律做出裁决？通常情况下，当事人会在仲裁协议中约定纠纷解决的实体法。只要此种约定不违反法律的强制性规定，仲裁机构均会承认并适用。在当事人没有约定准据法的情况下，仲裁机构可以适用冲突规范所指引的准据法。《联合国贸易法委员会国际商事仲裁示范法》第 28 条规定:"适用于争议实体的规则:(1)仲裁庭应按照当事各方选择的适用于争议实体的法律规则对争议做出决定。除非另有表明,指定适用某一国家的法律或法律制度应认为是直接指该国的实体法而不是其法律冲突规范。(2)如当事各方没有任何选择,仲裁庭应适用其认为可适用的法律冲突规范所确定的法律。"

我国《涉外民事关系法律适用法》第 41 条规定:"当事人可以协议选择合同适用的法律。当事人没有选择的,适用履行义务最能体现该合同特征的一方当事人经常居所地法律或者其他与该合同有最密切联系的法律。"该法第 10 条规定:"涉外民事关系适用的外国法律,由人民法院、仲裁机构或者行政机关查明"。由此可见,该法不仅适用于法院审理的涉外民事纠纷,而且适用于仲裁机构受理的案件。

北京仲裁委员会 2019 年《北京仲裁委员会仲裁规则》第 69 条规定:"法律适用:(一)仲裁庭应当根据当事人选择适用的法律对争议做出裁决。除非当事人另有约定,选择适用的法律系指实体法,而非法律冲突法。(二)当事人未选择的,仲裁庭有权根据案件情况确定适用的法律。(三)根据当事人的约定,或者在仲裁程序中当事人一致同意,仲裁庭可以依据公平合理的原则做出裁决,但不得违背法律的强制性规定和社会公共利益。(四)在任何情况下,仲裁庭均应当根据有效的合同条款并考虑有关交易惯例做出裁决。"

需要注意的是,我国的仲裁机构审理涉外民事纠纷时,还要受到法律强制性规则的约束。《涉外民事关系法律适用法》第 4 条规定:"中华人民共和国法律对涉外民事关系有强制性规定的,直接适用该强制性规定。"第 5 条规定:"外国法律的适用将损害中华人民共和国社会公共利益的,适用中华人民共和国法律。"最高人民法院《关于适用〈涉外民事关系法律适用法〉若干问题的解释(一)》第 9 条规定:"当事人在合同中援引尚未对中华人民共和国生效的国际条约的,人民法院可以根据该国际条约的内容确定当事人之间的权利义务,但违反中华人民共和国社会公共利益或中华人民共和国法律、行政法规强制性规定的除外。"第 10 条规定:"有下列情形之一,涉及中华人民共和国社会公共利益、当事人不能通过约定排除适用、无需通过冲突规范指引而直接适用于涉外民事关系的法律、行政法规的规定,人民法院应当认定为涉外民事关系法律适用法第四条规定的强制性规定:

（一）涉及劳动者权益保护的；（二）涉及食品或公共卫生安全的；（三）涉及环境安全的；（四）涉及外汇管制等金融安全的；（五）涉及反垄断、反倾销的；（六）应当认定为强制性规定的其他情形。"第 11 条规定："一方当事人故意制造涉外民事关系的连结点，规避中华人民共和国法律、行政法规的强制性规定的，人民法院应认定为不发生适用外国法律的效力。"

第二节　国际民事诉讼管辖权的协作

管辖是纠纷解决的前提。诉讼管辖权的行使，在很大程度上影响着案件裁判的结果。纵观国际民商事纠纷解决的历史，管辖权的竞争是常态。同一涉外民事诉讼，当事人可能在不同的国家提起诉讼，而各国会基于以下因素行使诉讼管辖权：当事人的国籍、当事人的住所或经常居住地、财产所在地、营业所在地、行为地、损害发生地、协议管辖地等。尽管各国普遍确立了以被告住所地为主的普通管辖，但管辖冲突时有发生。如果当事人未就管辖达成有效协议，就有可能发生双方在不同国家的法院起诉的情形。在国际民事诉讼中，这种情形被称之为平行诉讼。而一旦发生平行诉讼，法院需要根据条约或国内法规定，对管辖权行使的"便利性"做出裁判。在特定涉外民事纠纷中，一国会基于公共利益、弱者权益保护等行使管辖权，从而导致管辖权的竞争与冲突。在缺乏统一的国际条约对国际民事管辖权做出协调的情形下，管辖权的冲突在很大程度上依靠管辖法院对管辖权行使的克制。如果案件不涉及本国国家或公民的利益，或案件争议的主要事实未发生在本国境内，则法院通常不会行使管辖权。

管辖权的竞争和冲突，不仅在程序上影响当事人寻求司法救济，而且因管辖的不当可能影响案件实体争议的处理。国际社会很早就注意到这一问题，并一直致力于管辖权合作和协调领域的立法。早在二十世纪六十年代，第十次海牙国际私法会议上就通过《协议选择法院公约》。但由于签字国数量较少，公约未能生效并发挥协调管辖的作用。2005 年通过的《选择法院协议公约》，是各国于商事领域协调管辖权的再一次努力。在涉及人身、婚姻家庭等领域，欧盟《布鲁塞尔条约》体系为各国民事管辖权立法提供了可资借鉴的范例。

一、竞争还是合作：诉讼管辖权行使的价值主张

美国国际关系学者霍夫曼将国际法分为"政治框架的法律""共处的法律""合作的法律"和"共同体的法律"。"共处的法律"属于互惠的国际法，其存在符合各国的基本利益。"合作的法律"本质上也属于互惠的国际法，其中"互惠"更多指向合作收益的分配性。[①] 按此观点，国际私法目前的发展阶段处于"共处"与"合作"之间。在国际私法产生的早期，涉外民事交往受时空的限制，在一国法院起诉的案件，其管辖权往往被视为具有当然的合理性。这一时期的涉外民事纠纷，主要侧重冲突规范的制定及准据法的确定。平行诉讼、管辖权异议、不方便法院等问题都很少发生在交通和信息都不发达的时代。近代以来，各国经济和民事交往的频繁开展，包含诉讼和管辖在内国内法体系更加健全，管辖权成为影响案件裁判和执行结果的重要因素，国际社会加快了在管辖权协调领域的条约制定，管辖权成为新时期国际民商事纠纷的焦点问题。

（一）管辖权的竞争：主权独立的体现

管辖权是一国主权的重要内容和表现。独立行使管辖权被视为是主权独立的重要体现。主权国家产生之前，领土的观念在土地主、城邦和封地之间就已经盛行。为了领土主权者维护统治和权威的主要方式是对所辖领域合居民行使管辖。管辖权的概念可谓根深蒂固。在国际私法产生的早期，就产生协调各城邦之间法律管辖权的学说。本质上是主权者对自我领土主权的维护，也是对其他领土主权的尊重。工业革命后，资本主义国家通过战争和入侵，占领发展中国家和不发达国家的领土，通过不平等条约侵蚀这些国家的主权，包括对涉外民商事纠纷的司法管辖权。广大殖民地半殖民地国家深受其害，对完整的司法管辖权向往已久。

管辖权平等及不容侵害的主要理论和原则，在二战后很长一段时间主导发展中国家涉外民商事纠纷管辖的理念。在此种理念的支配下，发展中国家在管辖权理论上采取了防御性策略，对于西方国家扩张涉及管辖权行使的理论和实践始终保持警惕，无论是通过反致制度的"实体法管辖权的扩张"，还是通过法院诉讼程

---

① 徐崇利：《中国国际法立场的演进：以国家角色变化为视角》，《中国社会科学报》，2022年5月12日，第005版。

序的"长臂管辖权"的行使,都视其为管辖权扩张而予以抵制。本国在管辖权的行使上,发展中国家也极度克制。在属地管辖权和属人管辖权等行使上,较少有针对本国领域外的外国自然法或法人行使诉讼管辖的立法和实践。另一方面,在管辖权国际合作领域,发展中国家也持有谨慎态度。有关法院选择、管辖权分配的国际公约,较少有发展中国家加入。

但随着国际民商事交往的日益深入,管辖权的冲突和竞争渐趋激烈。一味地采取防御性策略,不仅不利于本国国家和国民利益的维护,而且对外国扩张管辖也丝毫不能起到制约作用。一旦发生平行诉讼或挑选法院等,不仅无法实现基于司法管辖的主权利益,而且也会损害涉外民商事纠纷当事人的利益。

(二)管辖权的合作:促进国际民商事交往

国际民商事纠纷解决的管辖权冲突,间接限制了国际民商事交往。因各国在冲突法的制定上各自立法的特点,产生了诸如冲突规范不统一、法律规避、公共秩序保留、识别、反致等法律适用的问题,这些问题的解决结果因管辖权的差异而有所不同,而且直接影响到案件裁判的承认和执行。在经济全球化、人员跨国交流频繁的背景下,一国法院审理的具有涉外因素的民商事案件越来越多。这些判决在另一国能否得到承认与执行,对当事人合法权益的保障、国际交往的顺利进行具有重要影响。就民商事管辖权和相互承认与执行判决问题制定全球性公约的必要性日渐凸显。如果国际社会能在管辖权问题上缔结普遍性的国际公约,则法律适用方面的"竞争"或"排斥"将会大大减少。虽然全面协调管辖权的国际公约目前尚难以达成,但可喜的是,国际社会已经在"协议管辖"方面迈进一大步。实践证明,一些在国际民商事争端解决方面走在前列的国家,通过提供争议解决的仲裁或调解服务,不仅提升了本国的法治环境和营商环境,而且间接扩大了本国法院或争端解决机构对案件的管辖权,以及本国国内法作为准据法在纠纷中的适用。

显然,管辖权的合作已成为国际民商事纠纷解决发展的方向之一。目前,中国对外缔结的有关承认与执行民商事判决的司法协助条约仅三十余项。[①] 我国已于 2017 年签署《选择法院协议公约》，目前尚未批准该公约。公约如果在将来得到批准，将有利于弥补我国民商事司法协助机制的不足，为民商事判决承认与执行领域的国际合作提供新的法律基础。

二、管辖权合作的典范:《选择法院协议公约》

传统观念认为，诉讼管辖是一国主权的重要组成，系公法的范畴。在实体法和程序法不分的年代，在实体法中规定属地管辖和属人管辖，就意味着法院对相关案件拥有诉讼管辖权。因而，在早期的国际民事诉讼中，当事人可以选择准据法，但不能选择管辖法院。当事人也不能通过协议排除当地法院的管辖权。随着经济全球化和国际民商事交往的日益频繁，仲裁开始成为国际民商事纠纷解决的重要方式之一。各国接受仲裁制度一方面是出于促进和便利国际经济交往，另一方面是对当事人意思自治的进一步尊重。诉讼管辖在纠纷的解决方面，具有仲裁不可替代的作用。如果能够克服或减少国际民事诉讼的不足，法院诉讼不仅在公正解决纠纷方面，而且能在营商环境、政府效率等方面发挥更大的作用。

《选择法院协议公约》的产生及其生效，从国际层面上看，有多方面的原因:首先，是主权观念的演变。只有当特定领域的诉讼管辖权不再被视为不可协调或让渡时，才会产生管辖权协调的国际公约。其次，是管辖权冲突的消极影响。由于国际民商事纠纷管辖因素众多，容易产生平行诉讼、挑选法院、法律规避等情形，进而导致相关国家在管辖权行使上的冲突和竞争，影响了案件的裁判结果和判决的承认与执行。一些案件在管辖权和诉讼程序上的拖延，致使案件实体正义无法实现。协调管辖权成为国际社会在促进经济贸易争端合理化解决方面的共识之一。最后，是争端双方的需求反映。相对于仲裁，诉讼在程序和复查方面具有其自身的优势，从而在国际商事仲裁程序之外，具有大量的需求群体。争端双方

---

① 截至 2023 年 8 月 1 日，中国对外缔结的以"民事司法协助""民事、商事司法协助""民事和刑事司法协助"为名称的条约共有 37 个。参加中华人民共和国条约数据库，http://treaty.mfa.gov.cn/web/search.jsp?title_name=&chnltype_param=2&country_name=&areaName=20&qsdateS=&qsdateE=&sxdateS=&sxdateE=&qk_name=&nPageIndex_=15，最后访问时间 2023 年 8 月 1 日。

如果能在纠纷发生前后，就法院管辖达成一致，并就适用的法律做出选择，将会加快诉讼和裁决的程序。一些国家为提升国际营商环境，缩短法院审理国际民事诉讼案件的时限，也有利于法院诉讼的方式以新的形式服务于国际民商事交往。

我国目前签署了该公约，但尚未批准。加入该公约有利于我国涉外法治环境的建设，为国际民商事主体的经贸争议提供争端解决服务，促进经贸发展和民商事交往。不过，由于我国目前的涉外民事诉讼管辖在协议管辖的事项、协议的形式、协议管辖的限制等方面与《公约》不完全一致，加入公约前，仍需要对公约的规定进行深入的研究。

（一）国际条约的规定

协调各国法院管辖权的国际公约，可追溯至欧盟成员国的《布鲁塞尔一号规约》和《卢加诺公约》（即《关于民商事管辖权和判决承认的卢加诺公约》）。由于这两个公约的适用的地域范围有限，海牙国际私法会议在二十世纪九十年代开始，就致力于管辖权和判决承认与执行的多边公约的起草，期间于2003年和2004年召开会议进行磋商，最终于2005年6月通过了《选择法院协议公约》（以下简称"公约"）。该公约是涉及国际民商事管辖权和判决承认与执行的全球性的国际公约。公约于2015年10月1日生效。2017年9月12日，中国签署了《选择法院协议公约》。目前尚未批准。

在国际商事仲裁领域，早在1958年就缔结了《承认及执行外国仲裁裁决公约》（即：《纽约公约》）。但在《选择法院协议公约》之前，国际社会却无多边性的判决承认和执行的公约。这极大地限制了各国民商事判决在其他国家的承认与执行，也影响了诉讼这种纠纷解决方式在改善国际经贸交往，促进国际民商事交往中所能发挥的作用。因此，公约制定的最初目标就是形成与《纽约公约》并行的判决执行体制。如果国际商事纠纷允许当事人选择法院管辖权，则不仅能够避免挑选法院或平行诉讼，而且可以确保一国法院做出的判决在其他国家的承认与执行。

哪些类型的国际民商事纠纷允许当事人协议选择管辖法院，是公约的首要问题。为此，公约采取了否定式清单的做法。在第二条"范围的排除"中，将消费合同（自然人为个人、家庭或者家务目的）、劳动合同、有关人身家庭继承遗嘱的纠纷、破产、运输、海事、竞争与垄断、核损害、侵权、不动产、法人、知识产权（除著作权和邻接权外）、公共登记效力、仲裁等排除在协议管辖之外。这种列举式排除的做法，明确了不能协议选择法院管辖的各类纠纷，意味着一旦条约的某一成员国成为被选择法院，就不能以该争议应由另一国家的法院审理为由拒绝行使管辖权。

选择法院管辖的另一个重要问题是，当事人所选择的法院是否与案件具有"实际联系"？该问题在《公约》制定过程中曾引发广泛争论。要求被选择管辖的法院必须与案件存在实际联系，在某些案件中，有助于诉讼过程中的事实查明和法律适用，有利于案件的公正和效率解决。但对于一些事实清楚、证据充分的纠纷案件，"实际联系"的要求，限制了当事人意思自治的范围。为此，公约第19条规定：如果除被选择法院的所在地之外，一国与当事人或者争议并无联系，该国可以声明，其法院可以拒绝受理一项排他性选择法院协议适用的争议。因此，一国可以自行决定是否要求当事人所选择的法院与案件具有"实际联系"。

在管辖权的实施方面，《公约》的第5、第6和第8条第（1）款对协议选择法院的管辖权的行使做了进一步规定。第5条规定被选择的法院必须审理案件。当事人在向其协议选择的法院提起诉讼时，该法院必须审理所涵盖的案件。法院"不得以争端应在另一国法院裁决为由拒绝行使管辖权"，这意味着法院不能以不方便或未决案件为由拒绝审理此案。在国际经贸纠纷中，有的当事人会在非选定法院提起诉讼，以阻止协议选择的法院稍后审理案件，这种策略最终往往会大大拖延诉讼期限。《公约》的这一规定，协调了首先起诉的法院和协议选择的法院间的管辖冲突，结合第6条的规定，明确了协议选择法院的管辖权。《公约》第6条规定，如果有效的法院选择协议将特定法院确定为解决争议的法院，则成员国的任何其他法院必须中止或驳回当事人向其提起的任何诉讼。不过，《公约》允许在涉及公共政策问题或被选定的法院拒绝审理案件的情况下，其他法院可以行使管辖权。

协议管辖权，或法院选择条约的目的是促进判决在各成员国的自由流通或普遍承认。其最终目标是建立一个跨国界的统一的民商事诉讼体系。该目标的基础是各国彼此的"相互信任"，只有在互相信任其他国家的民事诉讼程序公正的前提下，才能只进行形式上的审查。《公约》第8条第（1）款规定了判决在成员国的承认和执行。协议选择的法院做出的判决将在所有其他成员国得到普遍承认和执行。被请求法院不应对原审法院做出的判决的实质问题进行审查。除非判决是缺席做出的，被请求法院应受原审法院基于其管辖权所认定的事实的约束。

《公约》对承认或者执行判决的最重要的例外是《公约》第11条的规定。根据该规定，如果判决确定的损害赔偿，包括惩戒性或者惩罚性赔偿，并未赔偿当事人的实际损失或者所受的伤害，被请求法院则可以在该限度范围内拒绝承认或者执行该判决。被请求法院应考虑原审法院判定的赔偿是否以及在何种程度上涵盖诉讼所涉及的费用和开支。这一例外对于美欧国际争端中的美国索赔人特别重要，因为其将一般的公共秩序原则纳入损害赔偿的承认和执行中。①

《选择法院协议公约》还对当事人协议选择法院管辖的内容和形式的规定。规定采取了"排他性选择法院协议"的表述方式。根据《公约》第三条，"排他性选择法院协议"是指双方或者多方当事人签订的、为解决与某一特定法律关系有关的、已经或者可能发生的争议，而指定某个缔约国的法院或者某个缔约国的一个或者多个特定法院并排除任何其他法院管辖的协议。排他性选择法院协议可以采取"书面形式或与书面具有同等功能"的证明方式。"选择法院协议"具有独立性，构成合同一部分的排他性选择法院协议应被视为独立于合同其他条款的一项协议，其有效性不能仅因合同无效而受到影响。

（二）我国法律的规定及完善建议

我国国内关于涉外民事纠纷协议选择法院的规定，仅有一个条文。最高人民法院《关于适用〈中华人民共和国民事诉讼法〉的解释》第531条规定，涉外合同或者其他财产权益纠纷的当事人，可以书面协议选择被告住所地、合同履行地、合同签订地、原告住所地、标的物所在地、侵权行为地等与争议有实际联系地点的外国法院管辖。此外，根据民事诉讼法第34条和第266条规定，属于中华人民共和国法院专属管辖的案件，当事人不得协议选择外国法院管辖，但协议选择仲裁的除外。

从协议管辖的原则、目标和关键问题看，我国协议选择法院管辖的规定，需

---

① The Hague Convention on Choice of Court Agreements, A Discussion of Foreign and Domestic Points, *Reproduced with permission from The United States Law Week*, 80 U.S.L.W. 1803, 06/26/2012. by The Bureau of National Affairs, Inc. (800-372-1033) http://www.bna.com.

要注意以下几个方面：其一，可以选择管辖法院的涉外民事纠纷采取了概括式的立法模式，笼统地规定"涉外合同或其他财产权益纠纷"的当事人可以协议选择法院管辖。这与《公约》采取排除法的模式不同。并且，"涉外合同或其他财产权益纠纷"的范围过大，诸如劳动合同、运输合同、消费合同等被《公约》明文排除的纠纷，也都可以归入到我国涉外合同的协议管辖中。我国将来一旦批准《公约》，类似的涉外合同协议管辖协议的效力将成为问题，相应的判决也可能面临其他成员国的不予承认和执行。其二，我国涉外民事纠纷的协议选择法院管辖，仅涉及"外国法院"，而不涉及"国内法院"。但这并不是说涉外民事合同或其他财产权益纠纷的当事人不能协议选择国内法院。涉外民事纠纷的当事人可以根据民事诉讼法第 35 条，选择与争议有实际联系的地点的人民法院管辖。其三，协议选择管辖的法院，必须与争议"有实际联系"，其实际联系的地点包括当事人的住所地、标的物所在地、行为地等。需要注意的是，根据最高人民法院的裁定，在"上海衍六国际货物运输代理有限公司案"中，"与争议有实际联系地点的外国法院"指的是"与争议有实际联系地点"的外国法院，不能扩大到与争议有实际联系地点所在国的其他"法院"。① 最后，协议选择应当以"书面"协议方式做出。对于何谓书面形式，我国相关法律和司法解释已经有详细规定，这点与《公约》的规定总体一致。

对于上述第三点，表面上看与《公约》第 19 条的规定不冲突，但进一步分析可知，公约第 19 条规定有权以"无实际联系"拒绝受理案件的，只能是被协议选择的"内国法院"。因此，最高人民法院《关于适用〈中华人民共和国民事诉讼法〉的解释》第 531 条的逻辑似乎应当是涉外合同或者其他财产权益纠纷的当事人，可以选择与争议有实际联系地点的"中国法院"管辖。而且，一旦中国批准《公约》，当事人选择某一成员国的法院管辖，若该成员国对公约第 19 条未作出保留的声明，则民诉法司法解释的规定形同虚设。不过，目前来看，考虑到当事人一

---

① 最高人民法院（〔2011〕民提字第 301 号）民事裁定书。

方可能提出管辖权异议①，并且判决有可能需要中国法院承认和执行，该规定仍然能够约束涉外民事纠纷中协议选择管辖权的当事人。

笔者认为，当事人协议选择法院是否应与案件有"实际联系"的问题，在公约已经允许成员国做出任意选择的情形下，这一问题涉及被协议选择的成员国的法院是否有能力和意愿去解决与本国当事人或与案件无实际联系的涉外民事纠纷。无论是从提供纠纷的争端解决服务还是从提升国家的国际声誉，或是从营商环境的优化的角度，不以"实际联系"作为本国法院受理涉外民事纠纷，都是利大于弊的。另一方面，要求我国涉外民事纠纷的当事人协议选择"外国法院"时需要有"实际联系"，则因《公约》的生效而与国际通行做法不合时宜，建议尽快修改民事诉讼法及相关司法解释，废除该限制性条件。

允许当事人对特定案件的管辖法院做出选择，实际上也意味着应扩大对涉外民事纠纷准据法的选择范围。类似于国际商事仲裁，选择法院管辖的当事人，通常同时也选择了纠纷要适用的准据法。通过管辖权和法律适用的协商一致，当事人就能在裁判结果的认同上取得一致。我国现有的法律，在当事人协议选择准据法的范围上设定了限制条件。根据《最高人民法院关于适用〈中华人民共和国涉外民事关系法律适用法〉若干问题的解释（一）》第四条的规定，中华人民共和国法律没有明确规定当事人可以选择涉外民事关系适用的法律，当事人选择适用法律的，人民法院应认定该选择无效。这实际上与最高人民法院《关于适用〈中华人民共和国民事诉讼法〉的解释》第531条的宗旨相悖。《民诉法司法解释》第531条允许当事人选择外国法院管辖的"涉外合同或者其他财产权益纠纷"，范围相对广泛，所有可归入"涉外合同或其他财产权益"的纠纷，当事人均可协议选择法院管辖。但《最高人民法院关于适用〈中华人民共和国涉外民事关系法律适用法〉若干问题的解释（一）》第四条的限制，使得涉外民事纠纷当事人可以协议选择"准据法"的争议，只能是《涉外民事关系法律适用法》全文52条中明文规

---

① 在山东聚丰网络有限公司与韩国 MGAME 公司、天津风云网络技术有限公司网络游戏代理及许可合同纠纷管辖权异议案中，最高人民法院认为："本案当事人协议选择适用的法律也并非新加坡法律，上诉人也未能证明新加坡与本案争议有其他实际联系。因此，应当认为新加坡与本案争议没有实际联系。"参见最高人民法院（〔2009〕民三终字第4号）民事裁定书。

定的可以选择的争议。一般认为，管辖权相对于准据法而言，更能体现一国司法主权。允许当事人就管辖权做出选择，就意味着当事人可以协议选择准据法。因此，建议修改《最高人民法院关于适用〈中华人民共和国涉外民事关系法律适用法〉若干问题的解释（一）》第四条的规定为，除涉外合同或者其他财产权益纠纷，涉外合同与中华人民共和国法律没有明确规定当事人可以选择涉外民事关系适用的法律，当事人选择适用法律的，人民法院应认定该选择无效。

三、管辖权协调的范例：布鲁塞尔条约体系

在国际民事诉讼中，各国基于国籍、住所、财产所在地、行为地等行使管辖权，出于保护本国国家、国民、居民或其他与本国有民商事交往的主体的利益，不同国家的法院可能针对同涉外民事纠纷行使管辖权，这就产生同一个纠纷在两个或两个以上国家进行诉讼的现象，这在国际法上被称为国际民事诉讼竞合。国际民事诉讼竞合导致管辖权的竞争，如果不对此加以协调，将会产生管辖冲突、多国裁判、拖延诉讼、执行僵局等问题，增加当事人诉讼成本，浪费司法资源，降低诉讼作为争端解决方式的权威性和公信力。

随着交通和信息的便捷，诉讼竞合问题在二十世纪以来逐渐显现。国际社会制定了一系列条约，试图通过协调管辖权来解决该问题。在国际层面，解决诉讼竞合的重要方法首先是对管辖权行使的一般原则和特殊规则作出统一规定，其次是对竞争或冲突管辖权作出协调，规定了先诉法院排他性管辖的原则。

（一）布鲁塞尔条约的管辖权

1968 年订于布鲁塞尔《关于民商案件管辖权及判决执行公约》（简称《布鲁塞尔公约》），该《公约》第二条规定了管辖权。其中确立了以住所为主要因素的"普

通管辖"①、特别管辖②（在一个缔约国有住所的人得在其他缔约国被诉）、保险事件的管辖权、赊卖和租购的管辖权、专属管辖权③、协议管辖权。

期望通过国际条约对各类案件的管辖权做出排他性分配，既不可行也不科学。不仅因为各案的属地管辖和属人管辖是主权的体现，而且因为管辖权的行使因案而异。住所地法院的管辖，兼具属人管辖和属地管辖的特征，其作为普通管辖，系管辖权行使的一般性规则；特别管辖和专属管辖，出于特定案件法院受理、审理和执行的方便，以及特定国家及其国民对某类案件具有的特殊利益，是住所管辖的例外。尽管如此，这并不能排除管辖权的冲突。当同一案件在不同国家基于不同管辖依据诉讼时，管辖冲突就产生了。为避免管辖冲突，公约规定了专属管辖绝对优先④、普通管辖有条件优先⑤等原则。依据这些原则，当一国法院在受理案件时，对他国具有而本国不具有专属管辖连结因素的案件或不具有住所管辖以及其他特别基础的案件，应放弃行使管辖权。而对于已经实际产生的管辖权冲突，公约规定了先诉管辖的原则。当同一案件在不同缔约国法院起诉时，非首先受理诉讼的法院，均应主动放弃管辖权，让首先受诉法院受理。该原则不仅适用于同

① 《公约》第二条：除本公约另有规定外，凡在一个缔约国有住所的人，不论其所属国籍，均应在该国法院被诉。
② 《公约》第五条：在一个缔约国有住所的人得在其他缔约国被诉：（一）有关合同案件，在债务履行地法院；（二）有关强制扶养案件，在被扶养人住所地或惯常居所地的法院；（三）有关侵权行为或准侵权行为案件，在侵权行为发生地的法院；（四）根据产生刑事诉讼的行为而提起的损害赔偿或要求恢复原状的民事诉讼，在刑事诉讼审理法院，但以该法院按照其本国法律有可以受理的民事诉讼管辖权者为限；（五）由于公司、商行的分支、代理或其他机构经营业务而引起的争端，在该分支、代理或其他机构所在地法院。
③ 《公约》第十六条下列法院将有专属管辖权而不问住所何在：（一）以不动产物权或其租赁权为标的的诉讼，专属财产所在地的缔约国法院；（二）以在某一缔约国有其注册事务所的公司或其他法人组织的有效成立、撤销或歇业清理，或以有关其机构的决议是否有效为标的的诉讼，专属该公司、法人组织所在地的缔约国法院；（三）以确认公共登记效力为标的的诉讼，专属保管登记簿的缔约国法院；（四）有关专利、商标、设计模型或必需备案或注册的其他类似权利的注册或效力的诉讼，专属业已申请备案或注册或已经备案或注册，或按照国际公约视为已经备案或注册的缔约国法院；（五）有关判决执行的事项，专属执行地的缔约国法院。
④ 《公约》第十九条：如果某一缔约国法院受理一件诉讼，其所涉及的主要争点，按照第十六条规定（专属管辖），另一缔约国法院应有专属管辖权时，则该某一缔约国法院应依职权宣布无管辖权。
⑤ 《公约》第二十条：如在一个缔约国有住所的被告在另一缔约国法院被诉而并未出庭应诉，除按本公约规定管辖权应属受诉法院者外，该另一缔约国法院应依职权宣布无管辖权。

一诉讼①,而且适用于关联案件的多个诉讼②,还适用于数个法院均有专属管辖权的诉讼。③

《布鲁塞尔公约》确立的有专属管辖、先诉管辖优先等基本原则,在欧盟1988年《关于民商事管辖权和判决承认的卢加诺公约》、2000年《民商事管辖权及判决承认与执行条例》(简称《布鲁塞尔条例》)中也被确立下来,并被条约的成员国转化为国内法,任一缔约国法院的判决在满足《布鲁塞尔公约》和《卢加诺公约》要求的情况下在成员国境内可以得到无条件的承认。

(二)布鲁塞尔条例的管辖权

1997年10月欧盟通过的《阿姆斯特丹条约》赋予欧共体以直接立法方式协调或统一成员国国际私法的权力,自此,欧盟的国际私法立法可以避开公约谈判、签署、批准等程序,而以条例来统一成员国的相关立法。在国际民事诉讼管辖及判决的执行领域,欧盟通过一系列"布鲁塞尔条例",即《布鲁塞尔条例I》《布鲁塞尔条例II》和《布鲁塞尔条例IIa》,取代了之前的《布鲁塞尔公约》《卢加诺公约》等。

《布鲁塞尔条例I》④在先诉管辖、特别管辖和专属管辖方面,统一了各成员国的国内国际私法,并直接使成员国间签订的24个多边和双边的管辖权和判决执行的条约终止。其中最早的条约追溯至1899年法国和比利时订立的《关于管辖权和判决、裁决及合法文件的效力和执行的公约》⑤。《条例》在很大程度上综合了上述

---

① 《公约》第二十一条:相同当事人间就同一诉因在不同缔约国法院起诉时,首先受诉法院以外的其他法院应主动放弃管辖权,让首先受诉法院受理。需放弃管辖权的法院,在其他法院的管辖权被提出异议时,得延期作出其决定。

② 《公约》第二十二条:如果有关联的诉讼案件在不同的缔约国法院起诉时,除第一个受诉法院外,其他法院在诉讼尚在审理时,得延期作出其决定。首先受诉讼法院以外的法院,也得由于一方当事人的申请而放弃管辖权,如果该法院的法律允许有关联的诉讼案件合并审理,且首先受诉法院对两件诉讼都有管辖权时。

③ 《公约》第二十三条:属于数个法院有专属管辖权的诉讼,首先受诉法院以外的法院应放弃管辖权,让首先受诉法院审理。

④ Council Regulation (EC) No 44/2001 of 22 December 2000 on jurisdiction and the recognition and enforcement of judgments in civil and commercial matters.

⑤ 《布鲁塞尔条例》第69条。

条约的规定。考虑到在合同履行地法院管辖在各国间存在着不同的理解，《条例》第 5 条第 1 款（b）项规定了货物买卖和服务合同的履行地，使管辖更加明确：就货物买卖而言，履行地为成员国国内货物的交付或应交付地；就服务提供而言，履行地为成员国内服务提供地或应提供地。如果双方当事人对债务履行地有明确的约定，则应从其约定。在公司或法人的住所管辖方面，《条例》第 60 条将公司或法人的法定住所地、管理中心所在地或主要营业地作为确定法人住所的三个可选标准，明确在上述三种情形下，成员国的法院均可行使管辖权。从而代替了《布鲁塞尔公约》框架下援引法院地国冲突规范来确定法人住所的做法，也避免了有关法人管辖权的冲突。[①] 此外，由于合同双方当事人、第三人等国际化因素复杂，《条例》在保险合同、消费合同、雇佣合同等领域，针对不同情形，对住所地法院管辖权做了细致规定。特别重要的是，《布鲁塞尔条例》第 30 条对法院受案时间给出了定义，避免了各管辖法院在"首先受理的时间"方面的争议，使未决诉讼问题在管辖上得到解决。根据《条例》第 30 条规定，案件应被视为已在某一法院起诉:（a）在起诉书或同等效力之文书提交到法院时，只要原告随后采取必要的措施以对被告完成送达服务；或者（b）如果文书必须在向法院起诉前提供，则为文书负责送达的机关接收之时，只要原告随后采取必要的措施以将文书提交法院。两个时间点均为法院受理案件的时间，以时间在前的作为先受理的标准。反映出条例对两大法系有关法律行为的生效时间标准（即：大陆法系的送达和英美法系的邮寄标准）的同等尊重。[②]

《布鲁塞尔条例 I》在其序言部分，使用多达二十九段的"鉴于"条款，对条例的宗旨、目标和基本原则进行阐述。这些条款的作用在于当条例的具体条文的解释、适用存有歧义时，或在疑难案件发生导致法条适用不足时，为有权机构提供立法者的共识，以进行司法解释。《条例》序言的第（8）段是关于管辖权与领土的"实际联系"的规定。该规定指出：本条例适用的程序与受本条例约束的成员国领土之间必须有联系。因此，原则上，当被告居住在其中一个会员国时，应

---

① 黄进、邹国勇:《欧盟民商事管辖权规则的嬗变——从〈布鲁塞尔公约〉到〈布鲁塞尔条例〉》,《东岳论丛》, 2006 年第 5 期, 第 8 页。

② 刘昕苗:《国际民事诉讼竞合的国际法规制》,《人民法院报》, 2021 年 11 月 5 日。

适用关于管辖权的共同规则。序言第（11）段强调了住所作为普通管辖权行使依据的基础性地位。该段规定：管辖权规则必须具有高度可预测性，并基于以下原则：管辖权通常以被告的住所为基础，而管辖权必须始终以此为根据。除非在少数明确界定的情况下，诉讼标的物或当事人的自主权明确了不同的联系因素。法人的住所必须自主界定，以使共同规则更加透明，避免管辖权冲突。第（12）段指出被告住所管辖的行使还应考虑到其他联系因素。该段规定：在被告住所这一管辖权之外，还应有基于法院与诉讼之间，以及为促进健全的司法行政之目的的密切联系的替代管辖权理由。《序言》第（13）段对保险合同、消费合同和雇佣合同的管辖权行使设定一般原则。该段规定：在保险、消费者合同和雇佣方面，弱势一方应受到比一般管辖权规则更有利于其利益的管辖权规则的保护。《序言》第（14）段重申协议管辖应被认可：除保险合同、消费合同或雇佣合同外，在符合本条例规定的专属管辖权的情况下，合同当事人确定具有管辖权的法院的有限自主权必须被尊重。

2000年5月29日，欧盟理事会颁布了《布鲁塞尔条例Ⅱ》，其全称为:《关于婚姻事项和夫妻双方对于共同子女的父母亲责任事项的管辖权及判决的承认与执行的第1347／2000号条例》[1]。《布鲁塞尔条例Ⅱ》第2章规定了婚姻争议和父母亲责任的管辖权。根据条例第2条第1款的规定，有关离婚、法律分居和婚姻无效的诉讼，应由下列成员国的法院管辖:（a）夫妻双方的惯常居所所在的成员国法院；或夫妻双方最后的惯常居所所在的成员国法院，且夫妻一方目前仍居住在惯常居所地；或被告惯常居所地的成员国法院；或在共同请求诉讼中，夫妻任何一方的惯常居所地的成员国法院；或原告在提起诉讼之前居住至少满1年的惯常居所地的成员国法院；或原告在起诉之前的至少6个月之内居住在此的惯常居所地的成员国法院，且原告为该成员国的国民，或者对于英国和爱尔兰两个国家，原告的住所在该成员国。（b）夫妻双方的共同国籍国法院，对于英国和爱尔兰，由夫妻双方的共同住所地法院行使管辖。

《布鲁塞尔条例Ⅱ》第3条规定了父母责任的管辖法院。基于条例第2条的离

---

① Council Regulation (EC) No 1347/2000 of 29 May 2000 on jurisdiction and the recognition and enforcement of judgments in matrimonial matters and in matters of parental responsibility for children of both spouses.

婚、法律分居或婚姻无效诉讼而行使管辖权的法院，如果子女在该国有惯常居所，该法院应对配偶对子女的父母责任有关事项行使管辖权。当该子女在该国没有惯常居所时，则基于条例第 2 条的离婚、法律分居或婚姻无效诉讼而行使管辖权的法院，也可就父母责任行使管辖，如果该子女在下列成员国有惯常居所，并且（a）至少配偶中的一方对子女有父母责任，而且（b）法院的管辖权被配偶双方接受且符合子女利益。上述管辖权在下列情形下应终止：（a）：关于允许或拒绝离婚、法律分居或婚姻无效诉讼的裁决是最终的；或（b）：在（a）项所述日期，与父母责任有关的多个诉讼仍在审理中，其中一个判决已成为终审判决；或（c）：（a）和（b）中提到的诉讼程序由于其他原因而结束。此外，《布鲁塞尔条例Ⅱ》第 4—6 条对儿童诱拐、反诉以及法律分居转为离婚诉讼等管辖权进行了规定。

2003 年 11 月 27 日，欧盟理事会颁布了《关于婚姻事项与父母亲责任诉讼的管辖权及判决的承认与执行并废除第 1347 / 2000 号（欧共体）条例的第 2201 / 2003 号条例》（简称《布鲁塞尔条例Ⅱ a》)[①]。《布鲁塞尔条例Ⅱ a》在离婚、法律分居或者婚姻无效等事项的管辖权规则，基本上延续了《布鲁塞尔条例Ⅱ》的有关规定。《条例》第 8 条规定了对于父母责任诉讼的管辖权的一般原则，即由法院受理案件时的子女的惯常居所地国的法院管辖。该一般性原则受第 9 条、第 10 条和第 12 条的限制。《条例》第 9 条第 1 款规定，如果儿童合法地从一个成员国迁往另一个成员国，并在那里获得新的惯常居所，则该儿童前惯常居所的成员国的法院应作为第 8 条的例外，在移居后的三个月内保留管辖权，以便修改该成员国在儿童移居前所做出的关于探视权的判决，且根据判决享有探视权的一方继续在儿童原惯常居住地的成员国拥有惯常居所。如果第 1 款所述探视权人通过参加儿童新惯常居所地成员国的法院诉讼程序而接受了法院的管辖权，且没有对其管辖权提出异议，则第 1 款不适用。《条例》第 10 条对儿童被拐卖情形下的父母责任的管辖权做了详细规定。《布鲁塞尔条例Ⅱ a》在第 2 章第 2 节还对各种亲子关系（包括婚生子女、非婚生子女和父母离婚后的子女）中父母亲责任诉讼的管辖权规

[①] Council Regulation (EC) No 2201/2003of 27 November 2003 concerning jurisdiction and the recognition and enforcement of judgments in matrimonial matters and the matters of parental responsibility, repealing Regulation (EC) No 1347/2000.

则进行了详细规定。

（三）布鲁塞尔条约体系之外的管辖权规则

布鲁塞尔条约的缔约国主要限于欧洲国家，其后的布鲁塞尔条例体系的发展，因欧盟统一立法的特殊性，对一般的多边条约立法也不具有参考性。

在双边条约层面，国家与国家之前签署的司法协助条约的内容主要体现在四个方面：司法文书的送达、调查取证、承认与执行法院裁决、承认与执行仲裁裁决。很少有涉及对诉讼竞合问题的处理。对于一些领土并不毗邻的国家来说，合同等商事领域的纠纷，当事人往往选择法院管辖或选择仲裁的方式来解决正义，婚姻家庭等民事领域，因纠纷的数量有限，在短时间内也没有协调管辖权的必要。在两个国家毗邻的区域，即便类似的纠纷较多，也往往因相邻区域的居民在文化、习俗方面具有同质性，比较能够接受任何一国法院判决在另一国承认和执行，管辖权的协调的立法问题并不显得急迫。

四、我国涉外民事诉讼管辖权的价值选择实践

采用诉讼方式解决涉外民事纠纷，以在一国法院提起诉讼并经受理为前提。法院是否决定行使管辖权，通常根据案件与本国国家、国民是否具有实质利益，或以案件争议事实是否发生在中国领域内为考虑①。《民事诉讼法》关于法院受理案件的管辖权的规定，主要以被告住所、原告住所、财产所在地、事实或行为发生地等为管辖依据。

我国《民事诉讼法》在管辖权方面，仅有两条规定，即第 272 条和 273 条。第 272 条是关于涉外合同或者其他财产权益纠纷的管辖规定。该条规定采取了原告就被告的一般原则。对在中华人民共和国领域内没有住所的被告提起的诉讼，如果合同在中华人民共和国领域内签订或者履行，或者诉讼标的物在中华人民共和国领域内，或者被告在中华人民共和国领域内有可供扣押的财产，或者被告在中华人民共和国领域内设有代表机构，可以由合同签订地、合同履行地、诉讼标的物所在地、可供扣押财产所在地、侵权行为地或者代表机构住所地人民法院管辖。第 273 条是对外商投资企业合同管辖权的规定，即在中华人民共和国履行中

① 《关于适用〈中华人民共和国民事诉讼法〉的解释》第 532 条的规定。

外合资经营企业合同、中外合作经营企业合同、中外合作勘探开发自然资源合同发生纠纷提起的诉讼，由中国法院管辖。

显然，这两条规定不足以解决所有的涉外民事诉讼管辖权。考虑到《民事诉讼法》第 266 条的规定，《民事诉讼法》第二章有关级别管辖、特别管辖、专属管辖等的规定①，也适用于涉外民事诉讼管辖。但涉外民事诉讼的管辖，在很多方面不同于国内诉讼管辖。尤其是在经济全球化、资本国际化的今天，消费合同、国际运输、保险责任、产品责任等涉及的当事人在国籍、住所或其他方面的国际化程度也非常高，产品的销售者、服务提供者、消费者、受害者等可能位于不同的国家，如果当事人挑选法院或平行诉讼，需要我国法院做出相应的处理。为此，最高人民法院《关于适用〈中华人民共和国民事诉讼法〉的解释》第 533 条和第 532 条规定了平行诉讼和不方便法院的处理。

在涉外婚姻管辖权方面，我国法律对管辖权的行使做了充分细致的规定。《民事诉讼法》第 13 条至第 17 条规定，在国内结婚并定居国外的华侨，如定居国法院以离婚诉讼须由婚姻缔结地法院管辖为由不予受理，当事人向人民法院提出离婚诉讼的，由婚姻缔结地或者一方在国内的最后居住地人民法院管辖。在国外结婚并定居国外的华侨，如定居国法院以离婚诉讼须由国籍所属国法院管辖为由不予受理，当事人向人民法院提出离婚诉讼的，由一方原住所地或者在国内的最后居住地人民法院管辖。中国公民一方居住在国外，一方居住在国内，不论哪一方向人民法院提起离婚诉讼，国内一方住所地人民法院都有权管辖。国外一方在居住国法院起诉，国内一方向人民法院起诉的，受诉人民法院有权管辖。中国公民双方在国外但未定居，一方向人民法院起诉离婚的，应由原告或者被告原住所地人民法院管辖。已经离婚的中国公民，双方均定居国外，仅就国内财产分割提起诉讼的，由主要财产所在地人民法院管辖。上述规定在一定程度上解决了涉外离婚案件当事人无法在国外诉讼的难题。对于双方当事人各自在不同国家的法院起诉，我国法律也出于保护居住在中国国内一方的利益，规定国内一方住所地的法院有权管辖。表明在涉及婚姻家庭等公共政策的案件中，我国司法主权及对本国

① 《民事诉讼法》第 18—39 条。

国民利益的保护。

小结

国际私法的价值具有多元性。由于目前国际社会尚未对法院管辖权问题缔结国际公约或形成国际惯例，因此，除非涉外民事纠纷当事人已经就案件的管辖做出合法选择，当事人可以基于国籍、经常居所地、行为地、标的物所在地等，在多个国家法院提起诉讼。因各国冲突规范的不一致，法院根据冲突规范指引，适用的准据法因而会有所不同。考虑到现代网络技术的快速发展，一国法律制度可通过互联网快速检索并翻译，在冲突规范的指引下，准据法的内容和适用结果将不难预测。这导致挑选法院现象将会愈演愈烈。加上各国在涉外民事诉讼制度的规范建设逐渐完善，管辖权的扩张行使也将不可避免。由此，管辖冲突以及在判决承认执行程序中可能产生的审查，将导致其他有管辖权的法院对法律适用进行审查，并可能做出平行管辖或不承认判决的裁定。

管辖权的行使如果结合国际私法的一些特殊制度，如识别、反致、先决问题、实体问题与程序问题等，可以在一定程度上纠正或缓解"挑选法院"带来的问题。不同国家的理论和实践主张中，一国法院基于裁判结果一致性、案件处理的实体公正、案件处理的程序正义等都是其中重要的依据和理由。这些理由在多数情况下，能够有效避免"挑选法院"的问题，也能够为判决的承认和执行扫清障碍，还可以在一定条件下扩大法院地实体法的管辖权。

第三章　法律选择的价值考量

> 立善法于天下，则天下治；立善法于一国，则一国治。
>
> ——（北宋）王安石

　　法律选择是涉外民事纠纷解决的关键。法律选择立法的结果是冲突规范的制定，连结点则是冲突规范的核心要素。连结点的选择关系到国际私法立法和司法的科学性，也关系到冲突正义和实体正义的实现。它是整个国际私法的基石。连结点的选择，是法律关系本座说、最密切联系原则等现代国际私法理论和方法的本质所在。诸如系属公式、冲突规范的类型、法律选择的方法等问题，本质上都与连结点有关。它也是关联国际私法发展的历史、现在和未来的核心要素。国际私法的理论和实践争议，本质上都与连结点的选择相关。不夸张地说，了解连结点选择的方法，就能掌握国际私法立法和司法的方法。也能对国际私法的理论有彻底深入的认知。

　　有关连结点的论述，我国法学界有两次相对集中讨论。一是二十世纪九十年代关于连结点的样式的讨论。其中以李双元教授在 1989 年中国法学发表的《论冲突规范的软化处理》为代表。[1] 该论述关于连结点软化处理的四个途径，直到目前仍被作为《国际私法》教科书的重要论断。[2] 随后，肖永平教授于 1993 年在《法学》发表《冲突规范连结点的发展方向》。[3] 这两篇文章，基本上代表了这一时期关于连

---

[1]　李双元、张明杰：《论法律冲突规范的软化处理》，《中国法学》，1989 年第 2 期，第 115 页。

[2]　李双元、欧福永：《国际私法》，北京大学出版社 2018 年版。

[3]　肖永平：《冲突规范中连接点的发展方向》，《法学》，1993 年第 9 期。

结点论述的顶峰。第二次讨论是关于经常居所地连结点的应用的讨论。该讨论从二十一世纪初开始，一直持续到《涉外民事关系法律适用法》颁行后一段时间。

如果各国在特定涉外民事关系调整中，都选择某一国家的法律作为准据法，则判决可实现较大程度的一致性。例如，在不动产物权的纠纷中，不动产所在地法已成为各国普遍接受的准据法。其结果是，不动产物权纠纷，无论情形怎样复杂，涉及当事人的数量如何众多，享有管辖权的国家有哪些，最终适用的都是同一冲突规范指引的准据法。

然而，从各国的立法实践来看，在国际私法发展的任何时期，冲突规范在世界范围内都远没有形成统一。例如，在现代，当古老的基于管辖权分配的冲突法原则（诸如侵权适用侵权行为地法；婚姻适用婚姻缔结地法等）开始被一些初次制定冲突法的国家采纳时，一些国家已经开始考虑冲突法的正义价值，引入更能体现公平的冲突规范（例如合同自体法；侵权自体法；选择或重叠适用的冲突规范等）。各国国内民法的差异、民事交往的国际化程度不一、纠纷解决的价值侧重不同等，都影响着冲突规范连接点的选择和准据法的确定。

尽管如此，由于一些国际组织在国际私法统一化上的长期努力，以及国际法学界和实务界的长期研究和总结，冲突规范的统一虽然目前仍是一个美好的目标，但在科学原则的指引下，这一目标的不断接近却是不争的事实。本章的主题是：在连接点的选择方面，是否有科学的方法？对于已经具有一定国际影响力的连接点，在借助国际组织或国际条约推广的同时，也应不断反思其正当性与科学性。

连接点的选择是获取裁判结果一致性的一个重要因素。如果各国冲突规范的连接点一致，撇开法律适用中的其他因素，则有管辖权的法院在很大程度上可以做出相同的判决。如果冲突规范的连接点不同，则当事人可能在管辖法院方面进行选择，即通过"挑选法院"，进而选择对自己有利的冲突规范和准据法来适用，取得对自己有利的判决结果。尽管一些国家可以通过"反致"等制度对此予以纠正，将管辖权问题和法律适用问题合并考虑，但反致却仅在婚姻家庭等特定的领域以及在特定的可以形成反致的连接点中（如本国法和住所地法）产生，并不能用于所有的涉外民事纠纷中。

需要注意的是，目前，大多数国际私法的教科书对国际私法学说的介绍，是以时间发生先后为标准，分为萌芽、法则区别说时代、近代、现代等时期，选择不同时期世界范围内具有代表性的学者或法官的主张，予以介绍和评析。然而，由于学者对国际私法的认识不同，各国国际私法的立法进程不一，国际私法的学说和立法并非遵循"直线上升"的发展趋势，时间在后的学说，未必较时间在前的学说先进和科学。

第一节 法律选择的传统模式及价值关切

在涉外民事关系的相对单一的时期，冲突规范的"范围"具有"可列举性"：法律区别说时期的"人法"和"物法"的区分，在今天即人身权和财产权两类；国际礼让说、属地原则等学说，甚至不区分涉外民事关系的具体类型，而是侧重对"承认外国法在本国具有效力"的条件进行规定，也反映出在其本国法院涉外民事关系的调整上，采取的是属地原则，而对于是否适用外国法则闭口不谈。

传统模式的连接点选择，对涉外民事关系的调整，采取"分配管辖权"的做法。即规定某一涉外民事关系由哪一国的法律去调整。这种分配管辖权的做法，本质上侧重对"涉外"因素的分析，而不是当事人之间的民事法律关系本身。具体表现为，涉外民事关系连接点的选择中，以国籍和行为地为主。其结果是，法律的属人效力和属地效力仍占主导地位。因各国仅关心自己的法律对域内和域外的涉外民事纠纷的管辖，缺乏国际民事关系调整的国际视野，不会主动地避免管辖权的冲突，更不会主动追求裁判结果的一致性。一国主张的属地管辖与另一国主张的对海外本国人的属人管辖之间，难免发生冲突。结果不言而喻：同一案件如果在不同国家管辖和审理，适用的法律将会不同，裁判结果自然各异。

一、规则的属性分析：法律管辖权的单纯实现

早期的国际民事交往，以物权和侵权纠纷为主。究其原因，一是商事关系的发展尚处于雏形阶段，以合同为主，而公司、代理、海事等现代法律制度还未建立；二是而婚姻家庭等法律制度，也是现代社会的产物。在早期的涉外民事交往中，尽管可能存在相关纠纷，但除了个人身份有关的制度，并不存在系统的婚姻

制度的冲突，因而无需对此加以规定。

早期涉及合同、物权和侵权等民事纠纷，由于交通条件和通信工具的限制，也远没有今天复杂。可以推论，当涉外民事纠纷发生时：(1) 涉外民事纠纷的当事人，尽管国籍或住所不同，但大多位于法院地国；(2) 引起纠纷的事实和行为，也大多是在法院地国发生。因此，在上述涉外民事关系场景下，纠纷的解决适用法院地法，也是理所当然的；(3) 涉外民事纠纷的数量总体不多。

由此可见，尽管法则区别说作为国际私法的早期形态，以区分本国民事法律规则的属性入手，将其区分为"人法"和"物法"，并作为识别民事关系属性的依据，以确定其是否适用于本国领域内的非居民和本国领域外的本国居民。据此，法则区别说是单边冲突规范的理论基础，而单边冲突规范是法则区别说的立法实践。

然而，法则区别说没有对管辖权进行分配，也不去对实体法律的管辖权进行协调，相反，其造成了法律管辖的竞争：本国法律对域外本国居民的属人管辖和另一国法律的对域内非居民的属地管辖的适用冲突。

（一）简单涉外民事纠纷场景下的法院管辖权

从本质上来说，法则区别说是一种基于本国法院管辖权的单边的法律适用。如果用今天的冲突规范加以表述，则其表现为两种单边冲突规范：(1) 本国领域内发生的物权的纠纷，适用本国法；(2) 本国居民，即使在本国领域外，也适用本国法。也就是说，法则区别说并不关注外国法院对发生在该外国的涉外民事关系的法律适用。这一学说的冲突规范形态——单边冲突规范，集中表现在法国民法典中。

尽管法则区别说及其立法实践单边冲突规范可能造成"制度上"的民事法律适用冲突，但由于各国民事法律制度发展程度不一（例如，法国民法典制定时，欧洲大多数国家的民事法律制度还处于未成文、无体系的状态），这种冲突是否实际发生，是否会因案件管辖的不同而变得更不确定，都因案而异。

法则区别说最早在意大利产生，有其经济和社会基础。在十三世纪中叶以后，意大利北部的一些城邦国家，如热那亚、威尼斯、比萨、米兰、博洛尼亚、佛罗伦萨等，这些城邦之间以及各城邦与阿拉伯、西班牙和法国南部间商业关系发展繁盛,人民往来密切,民商事纠纷时常发生。由于意大利各城邦国家都编纂了自己的法典,法院在审理该类案件时,不同城邦和不同国家的人民会主张适用各自的法律,国际私法问题由此产生。在某种程度上,如果没有意大利各城邦之间的法典差异,没有涉外民事交往的发生,就没有适用哪国法律的难题,法则区别说也就会推迟产生。

根据上述,法则区别说很有可能是以解决"区际"法律冲突为目的的。因为法则区别说是以城邦法院管辖权的行使为前提,以本城邦的法律规范的"区别"为方法的。例如,佛罗伦萨的法院在受理佛罗伦萨的商人和威尼斯的商人之间的合同纠纷,如果按照巴托鲁斯(1314—1357)的法则区别说,在佛罗伦萨的法典中,关于物的法则适用于在佛罗伦萨域内的一切不动产,但不适用于域外。关于人的法则适用于佛罗伦萨的居民,包括域外居民,而不适用于域内非居民。

因此,在法则区别说中,本国法院的管辖权与本国法的适用效力是紧密相关的两个问题。换言之,对本国法则的"区分",前提是本国法院对相关案件行使管辖权。而一旦本国法院行使管辖权后,对案件的解决最终以本国法则是否适用于本国领域内的物和人,以及是否适用本国领域外的居民,但不涉及是否适用外国法的问题。

(二)国内法的适用与法律冲突

严格说来,在上述学说和法律实践中,由于没有系统地采用连接点作为"分配管辖权"的方式,而是简单地划分属地管辖和属人管辖的事项,并原则性地规定可以基于"国际礼让"或"既得权属性"适用、承认和执行外国法。结果是,是否适用、承认和执行外国法,完全取决于对个案的政治考量。而一旦不适用外国法或承认外国法判决,必将适用本国法对相关涉外民事关系进行调整,法律冲突由此产生。在中国国际私法教科书中,对于国际民事法律冲突的定义是:两个或两个以上不同法域的民事法律对某一民事关系的规定各不相同,而又竞相要求适用于该民事关系,从而造成的该民事关系在法律适用上的抵触的现象。[1] 在一国尚未对涉外民事关系进行精细化区分,并选择相应的连接点,法律冲突确实存在。

---

[1] 李双元、欧福永:《国际私法》,北京大学出版社 2017 年版。

但在双边冲突规范被用于涉外民事关系的调整之后，外国法的适用得以明确，法律冲突在相当范围内得以避免。

因此，考虑到法院的管辖权不同，单边冲突规范是造成法律现实冲突（非假想冲突）的一个原因。而双边冲突规范则可能避免法律的实际冲突，但也有其前提：即各国均采纳相同的连接点。在此情况下，即便案件可能在不同国家起诉，但经冲突规范的指引，仍会适用相同的准据法，从而避免法律冲突，并可能取得裁判结果的一致。

（三）单边冲突规范的连接点

"本国法"在什么情形下适用，是法则区别说要回答的核心问题。以本法律的域内效力和域外效力的区分作为解决涉外民事争议的方法，并不回答法院是否适用外国法的问题，也不回答外国法是否在本国法院被适用、承认和执行。因为"区分"仅针对本城邦的法典进行。尽管一国的"人法"，适用于域外的本国居民，不适用于城邦内的非居民，这似乎会在城邦内的居民和非居民间产生法律冲突，但由于存在"混合法"（适用"物法"的规则）的情形，而"人法"多数是解决"混合法"的前提性条件，因此，城邦内的非居民的身份和行为能力等问题，只需依各自的"人法"来认定，这在多数情况下不涉及权利和义务的确认问题，不会成为纠纷的焦点问题。

表现在冲突规范的连接点上，"本国法"的连接点在大量的涉外民事关系中，尤其是本国领域内发生、表现为"物法"或"混合法"的纠纷中，得以普遍适用；与此同时，对于法律的域外效力，即有关人的身份能力和行为能力的规则，适用于在国外的本国人，则同样是以"本国法"为连接点。这类冲突规范和连接点的模式，符合单边冲突规范的特征。

除了法则区别说，在近代国际私法的学说中，美国学者斯托雷的属地学说、英国学者戴西的既得权理论等，也以域内效力和域外效力为论证的核心。这些学说对主权和属地管辖的强调，和对适用或承认外国法的谨慎，与其理论的中心思想是一脉相承的。及于一切本国领土和本国人（无论是在国内还是在国外）的主权观念，是该类学说的核心关切。

（四）本国法连接点与裁判结果的一致性

单边冲突规范的适用，在涉外民事纠纷的解决中，具有排他性。它是将管辖权和适用本国法合并处理的纠纷解决方式。如果统一涉外民事纠纷在另一相关国家起诉，则该国也根据法则区别说的方式适用其本国法，则除非两国的实体法相同，裁判结果不可能相同。

二、法律关系的属性分析：管辖权与实体权的兼顾

法则区别说孕育了单边冲突规范及国籍法（法院地法）的连接点。然而，这一涉外民事纠纷解决方式，不仅未能有效地避免法律冲突，反而是法律冲突的产生原因。尽管如此，由于涉外民事纠纷发生的概率低、地域集中，且该学说和方法以民事法律制度的建立为前提（人法和物法体系相对完整的国家并不多），故该方法在当时尚能调整多数的涉外民事纠纷。然而，随着各国民事交往在近现代社会呈几何倍数的增长，以及民事法律在欧洲国家的普及和推广[①]，单边冲突规范的纠纷解决方法就逐渐显现出不足，进而被双边冲突规范为主的国际私法立法模式所取代。

双边冲突规范，是在萨维尼提出法律关系本座说被提出之后，在实践中不断发展而来的。法律关系本座说时期，法国、普鲁士、奥地利、巴伐利亚等欧洲国家的民法典已渐成体系，发展出人格、物权、侵权、合同、婚姻、家庭、继承等民事领域，各国民事法律制度的法典化带来规则的体系化和完备化，也使"制度上"的法律冲突愈加明显。这种制度上的冲突又因欧洲城邦和地域间居民的融合，并因纠纷的实际发生，而演变为"实施上"的法律冲突。随着婚姻家庭制度在现代法律体系中的确立，传统法则区别说"各依本国法"的纠纷处理模式，更是无法满足国际民事交往的需求。在此情形下，提供更为科学的解决方法，通过解决民事纠纷，实现当事人权利义务的公平配置，是保障涉外民事关系正常开展的基本要求。

---

① 例如，欧洲国家到十八世纪末期开始出现成文民法典。如 1756 年的《巴伐利亚民法典》、1794 年的《普鲁士国家的普通邦法》、1804 年的《法国民法典》和 1811 年的《奥地利民法典》。

（一）法律关系本座说之工具价值的普世性

法律关系本座说首先是一种关于法律关系属性的分析工具。

人与人之间的社会关系的调整，从立法的角度，是行为规范和裁判规范的设置。即法律对特定社会关系中的双方主体，做出"应为""可为""禁为"的行为规定，引导当事人实施合法的行为，制裁损害他人利益的行为。从司法的角度，是基于"应为""可为""禁为"的行为准则，做出"是非""对错"的判断。

尽管各国的法律制度存在差异，但通过法律调整社会关系的目标却是一致的。而法律的工具价值运用，也是不分国界的。基于此，法律关系本座说具有国际属性的第一个特性是其被普遍接受的工具价值。

例如，对于侵权关系的属性的分析。在侵权关系中，一方是否要承担责任，最终的决定性因素是过错，而不是行为和结果。判断一行为是否具有过错，对于大多数行为，各国的规定差异不大，但对于特定的行为，如自甘风险参加文体活动，其过错的认定有所不同。因此，以行为地作为过错认定的地点，将其作为侵权法律关系的"本座所在地"和"连接点"，对于纠纷的解决具有科学性。

（二）法律关系本座说之连接点的非具体指向性

法律关系本座说通过"行为地""物之所在地""住所地"等连接点，把涉外民事纠纷的解决与案件具体事实相联系，从而将准据法的选择，从机械地区分规则的"人法"和"物法"的属性，转向"法律关系属性（本座）"的分析和认定。

尽管人们可以对特定时期的民事法律关系的种类做出大致的区分，例如物权、合同、婚姻、继承、收养等，并对其中具体的领域做出相对完整的分类，例如将合同分为买卖合同、运输合同、借贷合同等，但对于具体的纠纷形态，却是无法概括完整的。买卖合同中，双方当事人主体地位、买卖标的物市场稀缺程度、交易环境、缔约地点、履行地点、支付条件等，都影响着法律关系本座的认定。借用现代国际贸易术语中国际货物买卖双方的义务形态，仅交货义务方面，就有11种表现。因此，试图对某一大类的民事法律关系设定单一连接点，不符合法律关系本座说的内涵和原理。

但是，如果"法律关系本座说"仅停留在工具或方法层面上，需要司法者的具有极高的法律素养。也需要大量的司法资源，以便于在每件涉外民事案件中，都能精雕细琢，挖掘出法律关系背后的原因和理性。这显然不符合司法效率原则，也不符合法律规范应具有稳定性和可预见性的要求。或许是基于这个原因，萨维尼对法律关系本座说进一步阐述，提出人的身份能力、物权、债、程序等的法律适用，将住所地法、行为地法、物之所在地法、法院地法等作为连接点。这些连接点在涉外民事关系的事实尚未明朗前，不具有具体的指向性。各个涉外民事纠纷的行为地或物之所在地不一，有的位于国内，有的位于国外，这为适用外国法来裁判案件提供的可能。

（三）双边冲突规范连接点设置的逻辑

双边冲突规范的连接点是国际私法发展史上的第一次突破。在双边冲突规范被引入国际私法之后，"法律冲突"仅具有"制度冲突"的含义。涉外民事关系的调整，在双边冲突规范时代，真正实现了"管辖权的分配"。即：冲突规范并不直接指明某一涉外民事纠纷适用本国法（物法），或是规定某一主体身份或资格需依外国法认定（人法），而是规定一个待确定的连接点（如国籍、住所、行为地、财产所在地等），根据涉外民事案件的事实或行为，在明确该连接点所在地之后，适用其法律。

如果双边冲突规范的连接点能取得各国的广泛共识，则基于连接点一致的裁判结果一致便可实现。事实上，在不动产、侵权等的法律适用中，不动产所在地、侵权行为地等连接点一度成为相关冲突规范连接点选择的国际惯例。不过，后来，由于特殊侵权责任的发展，以及特殊侵权纠纷解决形态的确立，侵权行为地等不再是唯一的连接点。

对我国《涉外民事关系法律适用法》冲突规范的类型进行梳理，双边冲突规范或本质上属于双边冲突规范的（是指允许当事人协议选择，但如果当事人没有选择，只规定一个连接点的冲突规范）有第11条（自然人的民事权利能力）、12条（行为能力）、13条（宣告失踪、宣告死亡）、15条（人格权）、16条（代理）[①]、27条（诉讼离婚）、31条（法定继承）、34条（遗产管理）、35条（无人继承遗

---

① 该条规定了代理法律适用的三种情形。一是代理的外部关系，适用代理行为地法律；二是代理的内部关系适用代理关系发生地法律；三是委托代理，适用代理关系发生地法律或当事人协议选择的法律。第一种情形和第二种情形，是双边冲突规范。第三种情形，是无条件选择适用的冲突规范。

产）、36 条（不动产）、37 条（动产）、38 条（运输中的动产）、40 条（权利质权）、42 条①（消费者合同）、43 条（1—2）②（劳动合同）、44 条③（侵权责任）、45 条④（产品责任）、46 条网络侵权、47 条⑤（不当得利、无因管理）、48 条（知识产权的归属和内容）。重叠适用的冲突规范仅有第 28 条第 1 款（收养的条件和手续）。

　　双边冲突规范和重叠适用的冲突规范具有确定性。其限制了法院自由裁量的权力。中国《涉外民事关系法律适用法》第二条第二款规定"本法和其他法律对涉外民事关系法律适用没有规定的，适用与该涉外民事关系有最密切联系的法律"，在上述双边和重叠适用的冲突规范中，由于这些冲突规范所调整的涉外民事关系的法律适用已有明确的规定，法院不能根据最密切联系原则进行法律适用。

　　选择适用的冲突规范，在中国《涉外民事关系法律适用法》中有第 14 条（法人的行为能力等）、17 条（信托）、18 条（仲裁协议）、21 条（结婚条件）、22 条（结婚手续）、23 条（夫妻人身关系）、24 条（夫妻财产关系）、25 条（父子子女人身财产关系）、26 条（协议离婚）、28 条（收养关系的解除）、29 条（扶养）、30 条（监护）、32 条（遗嘱方式）、33 条（遗嘱效力）、39 条（有价证券）、41 条（合同）、43 条（3）（劳动合同）、45 条（2）（产品责任）、49 条（知识产权转让和许可）、50 条（知识产权侵权），其中，无条件选择适用的冲突规范有 14 条、16

① 该条区分了三种情形：一是经营者在消费者经常居所地没有从事相关经营活动的，适用商品、服务提供地法律；二是其他情形，适用消费者经常居所地法律；三是消费者选择适用商品、服务提供地法律，适用商品、服务提供地法律。因此属于区分情形的双边冲突规范。

② 该条区分了三种情形：一是难以确定劳动者工作地的，适用用人单位主营业地法律；二是能够确定劳动者工作地的，适用劳动者工作地法律；三是劳务派遣，适用劳务派出地法律。该条的第三种情形，使用"可以"的表述，意指可以适用劳动者工作地，也可以适用用人单位主要营业地，还可以适用劳务派出地。因此属于无条件选择适用的冲突规范。

③ 该条区分了三种情形，为三个双边冲突规范。一是事人有共同经常居所地的，适用共同经常居所地法律；二是当事人无共同经常居所地的侵权责任，适用侵权行为地法律；三是当事人协议选择适用法律的，按照其协议。

④ 该条包含一个双边冲突规范和一个无条件选择适用的冲突规范。区分了三种情形，一是侵权人在被侵权人经常居所地没有从事相关经营活动的，适用侵权人主营业地法律或者损害发生地法律；二是被侵权人选择适用侵权人主营业地法律、损害发生地法律的，适用侵权人主营业地法律或者损害发生地法律；三是除上一种情形之外的其他情形，适用被侵权人经常居所地法律。上述三种情形中，第一种情形是无条件选择适用的冲突规范，第二种情形是两个并列的双边冲突规范；第三种情形是双边冲突规范。

⑤ 该条对不当得利和无因管理分别规定了三种情形的双边冲突规范。

条（委托代理）、17条、18条、22条、28（3）条、32条、33条、39条、41条、43（3）条、45（2）条、49条、50条。有条件选择适用的冲突规范为第21条、23条、24条、25条、26条、29条、30条、37条、38条、41条、42条、44条、49条。

有条件选择适用的冲突规范，实际上属于区分情形的双边冲突规范，是可以分解为多个类型的双边冲突规范的。例如，以夫妻财产关系为例。《涉外民事关系法律适用法》第18条规定：当事人可以协议选择仲裁协议适用的法律。当事人没有选择的，适用仲裁机构所在地法律或者仲裁地法律。该条实际上并非是同一类型的仲裁协议纠纷对不同准据法的选择。而是"不同类型"的仲裁协议纠纷对"不同准据法"的适用。即：有选择仲裁协议适用法律的纠纷和无选择仲裁协议适用法律的纠纷两种。该条可以分解为两个独立的冲突规范。即：（1）当事人协议选择仲裁协议适用法律的，仲裁协议适用其协议选择的法律。（2）当事人没有选择仲裁协议适用法律的，仲裁协议适用仲裁机构所在地法律或者仲裁地法律。

第二节　连接点选择的价值多元及其冲突

在各国民法体系尚不完备的时期，一国在法律的属地和属人管辖方面的扩张，可能并不会产生实质性的"法律冲突"。但二十世纪以来，各国民事法律体系逐渐完备，民事法律渗透到社会生活的方方面面。与此同时，涉外民事交往也因交通方式的变革而不断增多且日益复杂。人类个性的差异，行为的多样性，使立法者不可能制定出可以适用于任何时候、所有问题的规则。[1] 涉外民事关系调整上的"法律冲突"逐渐显现：从事涉外民事交往的当事人会各自主张依据本国法或经常居所地法来解决纠纷；或者在有利于自身利益的国家提起诉讼；或者要求本国法院对不利的判决和裁定不予执行。在此情况下，仍然采取传统的双边冲突规范的形式，在涉外民事纠纷的解决上，难免捉襟见肘，具体表现在以下几个方面：（1）双边冲突规范在调整对象（范围）上的单一性和高度概括性上，逐渐显现出不足。

---

[1]　埃德加·博登海默：《法理学：法哲学及其方法》，邓正来等译，中国政法大学出版社2017年版，第8页。

各种复杂的涉外情形，特别是典型的涉外情形，如双方当事人具有共同国籍、共同经常居所地等情形，在传统的双边冲突规范中没有考虑到，这需要制定更为细致的规范来确定准据法，以实现更为公正的纠纷解决。（2）对于难以细分的复杂涉外情形，如果均适用最密切联系原则，则容易造成法院自由裁量过大。而统一的连接点及指向的准据法适用，却忽视了个案正义的要求。（3）随着双边冲突规范成为各国涉外民事纠纷的基本规范，但各国冲突规范连接点的不同，又带来新的问题：是如果根据本国冲突规范指向另一国法律，而该国的冲突规范又将案件指引回法院地国，是否可以适用本国法？

上述双边冲突规范在涉外民事关系发展中出现的问题表明：试图对各类冲突规范的连接点作出统一安排，只能作为一种理想。随着国际民事交往在不同国家的开展程度不同，各国冲突规范连接点的差异将会进一步加剧。

如果我们对涉外民事纠纷解决的目标追求，不限于"分配管辖权"和指定准据法，而是更有利于国际民事交往，更有利于本国的营商环境和人居环境，就必须具有国际性视野，在个案公正的基础上，追求能实现裁判结果一致的其他办法。当然，也有学者指出，选择连结点，应从人本价值出发，并将其作为涉外民事纠纷解决的基本原则，作为指引连结点选择的基本方法。[①]

传统的冲突规范在二十世纪受到批评，并引起国际私法学界有关实体正义和冲突正义的讨论。从十七世纪开始到十九世纪，冲突规范经历其第一次重要变革，即对连结点的软化处理，它是国际私法对不断发展的国际经济贸易的必然反映。[②]批评认为传统的冲突规范只做管辖权的分配，而不考虑涉外民事纠纷解决的实体公正。以单一连接点作为确定准据法的依据，没有考虑到二十世纪以来涉外民事关系的复杂化和纵深化发展。同一大类的涉外民事关系都适用同一连接点指向的准据法，实际上抹杀了涉外民事纠纷的差异性，也背离了以分析法律属性来确定其应适用的准据法的"法律关系本座说"的初衷。在此背景下，冲突规范迎来了第三次变革。

---

① 梅傲、罗迪：《"人本"语境下连结点选择方法论》，《武大国际法评论》，2021年第4期，第90页。

② 李双元、张明杰：《论法律冲突规范的软化处理》，《中国法学》，1989年第2期，第114页。

一、连接点选择的现代困境：价值多元及冲突

连接点的选择在现代社会受到民事关系涉外因素复杂性、变动性的影响。诸如国籍、住所、共同经常居所地、财产所在地等连接点，一方面亟须国际社会制定最低限度的统一标准，另一方面，也需对具有身份属性的连接点重新认识，以在具体冲突规范的使用中，具有与案件最密切联系的特征。

（一）连接点的确定性和任意性问题

自双边冲突规范诞生以来，就在调整涉外民事关系方面发挥了相对于法则区别说和国际礼让说的优越性。双边冲突规范的连接点，尽管存在着动态连接点（住所、国籍等）可能因变动而影响准据法选择的情形，但多数的静态连接点（如行为地、物之所在地等）却具有唯一性，准据法的确定较为明确。这一形式的冲突规范，在限制了法院自由裁量权的同时，也给涉外民事纠纷的解决带来一定的可预见性。一旦确立了管辖法院，无论是当事人协议选择的法律，还是根据冲突规范可明确指引的准据法，都能对当事人的行为提供一定的指引作用。这在信息通讯异常便捷的现代，更是如此。但连接点的确定性也在一定程度上造成了法律适用的僵化。例如，自然人的身份和能力的法律适用，传统的冲突规范以国籍为连接点。而现代国际私法则改为住所或经常居所地为连接点。但单纯选择国籍或是经常居所地作为连接点，都是将某一类别的涉外民事关系统一适用一种准据法，而可能没有考虑到民事关系的多样性。

二十世纪以来，对涉外民事关系进行统一概括调整的双边冲突规范，循沿国内法规范的发展大致相同的路径，逐渐分化为多类型、多连接点、多情形的选择适用冲突规范或重叠适用冲突规范。具体来说，其或者表现为"一般情形＋例外规定"，例如《法律适用法》中涉外侵权的法律适用；或者对一民事关系区分不同的情形（例如收养的法律适用区分为收养条件和手续、收养的效力、收养关系的解除；再如涉外结婚的法律适用，区分为结婚条件和结婚手续）；或者列举非完全的情形（如结婚条件的规定即非完全的情形）；或者增加一民事关系的连接点和准据法（例如结婚手续的法律适用）。从规范的角度，这被称之为"连接点的软化"。从事实的角度，也可以称之为"涉外民事关系的类型化"。涉外民事关系的类型化

和连接点的软化，增加了法律选择的多样性，避免了双边冲突规范对单一涉外民事关系规定单一连接点的僵化。

但无条件选择适用的冲突规范，增加了连接点，带来了灵活性，但同时也使冲突规范重新陷入不可预见性。封闭型的连结点和开放型的连结点代表着两种不同的法律价值观，前者代表稳定性，明确性和可预见性，后者则代表灵活性而法律必须是具有稳定性又具有灵活性，必须是二者的统一。[①]哪一连接点被法院选择，取决于法院对涉外民事关系等涉外因素的分析。而有条件选择适用的冲突规范，大多数表现为情形的分化，但在本质上仍为各个双边冲突规范。

（二）冲突规范的国际化与纠纷的当地化的问题

双边冲突规范实现了法律适用的国际化。双边冲突规范，以及以双边冲突规范为基础的选择适用冲突规范、重叠适用冲突规范，在各国国际私法立法中，已经不再设定本国立场，——即仅规定本国人或与本国相关的涉外民事关系的法律适用（如前述法国民法典第 3 条；中国民法通则第 147 条）——而是采取"去本国化"的"范围"加"系属"的规范结构，使其可以用于本国法院管辖的所有涉外民事纠纷的解决。

然而，如果不考虑本国法院在哪些涉外案件中行使管辖权，选择站在"国际性的法院"的立场，容易造成一些冲突规范的国际化有余，而本地化的针对性不足的问题。换言之，在冲突规范用于解决与本国国民有关的涉外民事纠纷方面，显得针对性不足；而在用于解决与本国国民无关的涉外民事纠纷方面，又因管辖权行使的不便而可能"英雄无用武之地"。

解决涉外民事纠纷的国际私法，兼具国际法和国内法的属性。其国际属性体现在冲突规范的连接点应与国际接轨；国内属性则体现在对本国有关的涉外民事纠纷更具有针对性和精确性。目前，《涉外民事关系法律适用法》在后者方面，针对性和精确性尚且不足。

二、连接点选择的规范路径：从一般原则到特殊规则

法律规范结构的变化，总是遵循着"制裁"结构的发展——"行为模式"结

---

① 李双元、张明杰：《论法律冲突规范的软化处理》，《中国法学》，1989 年第 2 期，第 115 页。

构的发展——"前提条件"结构发展的路径。例如,"杀人偿命"这一规范中,对于"偿命"这一法律后果,"杀人"这一行为模式,在人类历史上经历了上千年的变迁,时至今日,现代法律根据行为的手段、动机、方式等,对法律后果做出监禁、死刑等的设定。

冲突规范的结构虽然只包含"范围"和"系属"两部分,但其规范结构与一般法律规范经历同样的发展。首先,是范围结构的扩张,表现为某一类型的涉外民事关系,分化为多个次类型的涉外民事关系,并分别规定其冲突规范。其次,是系属结构的扩张,以选择适用、重叠适用的冲突规范为特点。

系属结构的扩张,表现为同一涉外民事关系的调整,连接点的增多。例如,"遗嘱方式,符合遗嘱人立遗嘱时或者死亡时经常居所地法律、国籍国法律或者遗嘱行为地法律的,遗嘱均为成立"。这一冲突规范,规定了五个连接点供法院选择,极大地提高了遗嘱方式的有效性的概率。

在我国国际私法教科书中,连接点的增加,包括重叠适用和选择适用的冲突规范。然而,《法律适用法》针对同一涉外民事关系仅单纯增加连接点的,仅有重叠适用的冲突规范和无条件选择适用的冲突规范。其中重叠适用的冲突规范仅有收养的条件和手续的法律适用。在无条件选择适用的冲突规范中,包括信托的一般情形、仲裁的一般情形、结婚手续、收养关系的解除、遗嘱方式、遗嘱效力、合同、产品责任的特殊情形、知识产权的侵权责任等。因为这些冲突规范,仍采取了传统的、以不区分"民事领域"的具体类型来统一规定准据法的模式。而有条件选择的适用规范,虽然增加了连接点,但实际上是对某一民事关系区分不同情形,从而规定不同的连接点。例如,关于侵权的法律适用,表面上,《法律适用法》第44条仅规定了侵权关系的单一类型或单一方面,但该条仍可以分为三种情形:(1)一般情形:侵权责任,适用侵权行为地法律;(2)特殊情形一:当事人有共同经常居所地的,适用共同经常居所地法律;(3)特殊情形二:侵权行为发生后,当事人协议选择适用法律的,按照其协议。上述三种情形,每个连接点的适用条件和适用情形是特定的,不允许法院做出任意选择。

无条件选择适用的冲突规范增加了连接点,从而使相关涉外民事关系的法律适用更加灵活,尤其是人身关系的法律适用。相比于双边冲突规范在连接点选择上的唯一性，无条件选择适用的冲突规范对于法律关系的成立条件和手续等，采取了"与其使之无效，不如让之有效"的私法原则。但无条件选择适用的冲突规范在一国的冲突法中数量并不多。且主要分布在某些法律行为的要件的认定方面。

进一步观察可见，无条件选择适用的冲突规范所调整的涉外民事关系，大多数是关于某一民事关系的内部方面（如结婚手续、遗嘱方式等），这些具体领域内的涉外民事关系，实为某一大类涉外民事关系（如结婚、遗嘱继承）的细化。这与有条件选择适用的冲突规范不同，后者多数表现为某一涉外民事关系的不同情形的准据法（如上述侵权）。

相比于一般法律规范的结构，冲突规范的结构较为简单。因而，试图通过规范立法质量的提高来增强涉外民事调整和涉外民事纠纷解决的公平性，最终都集中在连接点的选择上。如果特定涉外民事关系所选择的连接点所指向的国家，与该涉外民事关系的解决，与涉外民事关系的当事人并无实质性联系，且存在着其他具有同样或更密切联系的国家时，该连接点的选择就可能存在问题。

然而，由于涉外民事关系的复杂性，主体、标的、行为的涉外表现不一，任何冲突规范连接点的选择都无法照顾到所有的情形。这对立法者提出了挑战。明示其一即排除其他。根据《法律适用法》第二条的规定，如果该法对涉外民事关系应适用的法律有明确规定的，应依照该法确定。只有在该法和其他法律对涉外民事关系的法律适用没有规定的，才适用与该涉外民事关系有最密切联系的法律。传统的有限数量的冲突规范，虽然在很多领域没有明确具体的冲突规范，但当涉外民事纠纷发生时，法院可以根据最密切联系原则，结合案件事实，在诸多相关连接点中做出选择。但随着立法者对法律适用的确定性的要求增强，冲突规范在各国国际私法中的数量得以扩充，各种与涉外因素或多或少存在关联的连接点都被置于考虑之中。在特定的时期，基于当时特定涉外民事关系的主要表现形式，选择一个连接点，在将来就可能失去对另一些情形的调整。

三、连接点选择的事实视角：从简单概念到复杂事实

范围结构的扩张，直接导致了冲突规范数量的增多。粗略地说，法则区别说的范围只有两种，即（1）有关个人的身份和能力；（2）有关财产的。用今天的民

法话语即：关于人身关系的和关于财产关系的。法律关系本座说的范围虽然有所扩充，但仍是以物权、合同、侵权、婚姻、继承等民事法律"领域"为调整的"社会关系"。表现在立法上，以"法则区别说"为理论基础的法国民法典，在涉外民事关系调整上，仅有三条冲突规范。而我国 1986 年《民法通则》中的冲突规范，规定了自然人行为能力、物权、合同、侵权、结婚、扶养、继承的法律适用，可以视作法律关系本座说的立法实践。

二十世纪后半期以来，随着涉外民事关系调整精细化的要求，对民事具体"领域"内的社会关系的深化调整，成为各国冲突法的一大特色。具体有两种形式：其一，将某一"类型"的社会关系分化为条件、手续、方式、效力等方面。例如，结婚不再只有一个冲突规范，而是分为结婚条件和结婚手续；收养在我国也分为收养条件和手续、收养的效力、收养的解除；遗嘱在一些国家甚至还分为遗嘱解释、遗嘱撤销的准据法。其二，对某一涉外民事关系，根据主体、行为、标的物等的涉外"情形"的不同，规定不同的连接点。例如，侵权法律适用中，根据主体间的协议、主体间的经常居所地或国籍、侵权行为地等的不同，而规定适用不同的准据法。在立法实践中，我国《民法通则》所规定的 9 条冲突规范，被《法律适用法》扩充至 52 条[①]，便是情形分化在冲突规范"范围"结构扩张中的直接体现。

范围结构的扩张，大多采取有条件选择适用的冲突规范的形式。而有条件适用的冲突规范，可以重述成两个或多个双边冲突规范。其并非连接点的增多，而是情形的区分。例如，"劳动合同，适用劳动者工作地法律；难以确定劳动者工作地的，适用用人单位主营业地法律"这一冲突规范，可以表述为：（1）劳动合同，适用劳动者工作地法律；（2）难以确定劳动者工作地的劳动合同，适用用人单位主营业地法律。因此，有条件选择适用的冲突规范，实际上是"范围"结构的扩充。

但以情形区分为模式的范围结构的扩张，在立法中存在以下问题：（1）未规定一般情形。例如，《法律适用法》对涉外夫妻人身关系的法律适用，规定了两种情形，一是有共同经常居所地的，适用共同经常居所地法；二是有共同国籍的，适

---

① 需要注意的是，《法律适用法》中，一些规范时技术性规范和操作性规范，不属于对涉外民事关系适用何种法律的规定。属于冲突规范的条文数量为 40 余条。

用共同国籍国法。但如果当事人既没有共同经常居所地，也没有共同国籍国，适用何种法律，则不明确。尽管通说认为应适用与涉外民事关系有"最密切联系"的法律，但由于该规范并未明确规定上述两种情形外应适用最密切联系原则，立法者的意图值得探究。与此类似的条文，还有第21条结婚条件、第24条夫妻财产关系、第25条父母子女人身财产关系。（2）情形列举的不充分。例如，2007年《最高人民法院关于审理涉外民事或商事合同纠纷案件法律适用若干问题的规定》第5条列举了17中有名合同的法律适用，其中，大多数合同的连接点仅有一个。这与涉外合同因当事人住所、合同签订地、合同履行地、标的物所在地等的不同而形成的与某一国家的"连接"程度差异，明显不符。以买卖合同的特征履行为例，情形之复杂，远超过规范所列举。[①] 在无法精确划分情形的情况下，采用连结点堆积的方法，或者以最密切联系原则为兜底条款[②]，显然不是最好的方式。

四、连接点选择的实体化：结果导向的冲突规范

冲突规范的价值取向，一直是国际私法学者争论不休的。不过，在实现法律管辖权的分配的同时，最大程度实现实体正义，却是任何主张都无法反驳的冲突法价值目标。在冲突法发展的进程中，美国学者戴维·凯弗斯 (David Cavers)1933年在《哈佛法学评论》中发表《法律选择过程批判》一文，提出应比较与案件有关联的法律在内容上的异同，注意使用这些法律可能带来的判决结果，进而适用能够带来公平合理的判决结果的法律。凯弗斯的主张因此被称为"结果选择理论"。1965年，凯弗斯在其《法律选择程序》中进一步阐述该理论，并在侵权和合同领域提出7项"优先选择原则"。因由于公平的标准过于抽象模糊而难以做出价值评判，凯弗斯的"结果选择理论"一度被认为缺乏操作性。不过，在某些特定涉外民事关系领域，即婚姻家庭领域，当立法者对当事人的关系有预设的价值时，结果选择理论所倡导的公平就有了相对普遍接受的标准。

---

① 例如，以国际商会《国际贸易术语解释通则》在买卖合同中交货义务方面当事人权利义务的层级差异为例，买卖合同的情形区分少则4大类（E、X、C、D四组），多则13种（术语）。

② 尽管该条最后一款明确指出"如果上述合同明显与另一国家或者地区有更密切联系的，适用该另一国家或者地区的法律"，但该款规定的直接效果是上述特征履行地的规定无必要。

《法律适用法》首次引入此种新的规范，将其运用于父母子女人身和财产关系的一般情形（没有共同经常居所地的）、扶养、监护三个民事关系的法律适用。这三条规范不同于选择适用和重叠适用的冲突规范，在定性上有争议。但其既具有无条件选择适用冲突规范的特点，即都是就一类民事关系统一规定准据法；也符合有条件选择适用的冲突规范的某些特点，即只能在诸多连接点中选择其一，不允许任意选择。

这三条冲突规范，侧重于特定民事关系的"弱者"权益保护，是冲突规范回应实体正义缺乏之批判的立法实践之一。但如果置于"无条件选择适用"和"有条件选择适用的"这一类型范式下，就难以准确定性。实际上，"无条件选择适用"和"有条件选择适用的"重点在于"条件"，而条件即涉外民事关系的"情形"，"有条件"即根据涉外民事关系的不同情形来适用不同的连接点指向的准据法。"无条件"即不需要考虑具体情形，任意选择适用不同连接点指向的准据法。弱者权益保护的冲突规范，并非是对"条件"或"情形"的区分，而是对准据法适用结果的比较，其应当作为一种特殊的冲突规范类型。命名为"结果导向的冲突规范"。在适用这类冲突规范时，意味着法官"不仅要求法院对所有可能适用的法律进行查明，而且还要对相关的法律进行比较分析，从而适用对弱者一方当事人最为有利的法律"。[1] 然而，从实际运用来看，我国法院在适用"有利于"类型冲突规范时，基本上采用传统法律关系重心地的方法确定准据法，几乎没有案例是通过比较不同国家实体法得出准据法的。[2]

结果导向的冲突规范，给涉外民事关系的调整和冲突规范的变革注入了新的元素，但同时也增加了法院裁判的难度。在结果导向冲突规范的适用上，法院需要比较各方当事人经常居所地、国籍国、主要财产所在地国家的法律对弱者权利保护的力度，在此基础上做出选择。这对外国法查明提出了更高的要求。而关于有利于的"结果"的标准为何，则是众说纷纭。印度学者认为，结果判断是追求当事人权益的最优化而非最大化。最大化并不要求所有备选项都是可比较的，它

---

① 徐伟功：《〈涉外民事关系法律适用法〉实施研究》，法律出版社 2019 年版，第 339 页。
② 翁洋：《"有利于"类型冲突规范的适用模式及其论证方法》，《法律科学》，2021 年第 4 期，第 192 页。

只要求我们不去选择各备选项种更差的选项。[①]而且，在涉外扶养、监护等领域，扶养人与被扶养人、监护人与被监护人之间的人身和财产关系复杂，一些国家的实体规则仅适用于居住在国内的双方主体，而对涉外民事关系的当事人则不一定具有适用性。对不同国家的法律规则进行综合评估的难度可见一斑。

各国纳入结果导向冲突规范适用的涉外民事关系，大都是当事人地位差异悬殊的领域，例如成年父母对未成年子女的抚养、成年子女对年迈父母的赡养等。在其他领域，尤其是涉外财产关系领域，当事人大多具有平等的关系，结果选择的法律适用方法，缺乏需保护的"弱者"，因而不宜扩大适用。

第三节　连接点选择的正当化论证

基于涉外民事关系事实的多样化，而分别确立连接点，是冲突法立法进程中的重大发展，也是冲突规范结构的重大改革。这似乎暗示了冲突规范未来发展的一个可能方向：以实体法规则的事实情形作为冲突规范的"范围"的类型，例如，对涉外夫妻财产关系的法律适用，具体到婚前夫妻财产关系、婚后财产关系的具体类型。

但冲突规范具体化所带来的问题是，造成冲突规范间的重叠或冲突。例如，涉外收养的效力，包含收养的条件和手续，如果对收养效力、收养的条件和手续分别规定不同的准据法，就会产生适用的冲突。再如，夫妻人身关系和父母子女人身关系，与扶养，监护，收养等法律关系有重合之处。而委托代理与信托，也具有相同的属性。

连接点的选择充满了两难困境。通过对不同阶段的典型理论和实践的分析可知，属人法（国籍、住所）、行为地法、物之所在地法、当事人协议选择的法律，是大多数涉外民事关系的常用连接点。登记地、经常居所地、营业地、船旗国等属于属人法；婚姻缔结地、（代理、信托、不当得利等）关系发生地、侵权行为地、合同缔结地、合同履行地等属于行为地法；知识产权领域的被请求保护地法则兼

---

① 阿马蒂亚·森：《后果评价与实践理性》，应奇译，东方出版社 2006 年版，第 410 页。

具行为地或属人法（权利登记地、来源地）的特性。也就是说，无论涉外民事关系如何多样与复杂，只要涉外民事关系调整仍以间接方法为主，可选择的连接点数量实际上是非常有限的。

如此，涉外民事关系的调整的创新，以及法律适用法的发展，是否走到了历史的尽头？除了统一实体法，是否没有其他的发展空间？在可预见的将来，如果直接调整的方法仍然是一种非主要方法，当规范、事实、价值等连接点选择的路径都已被理论和实践尝试后，涉外民事纠纷解决的连接点选择，还能有什么方法？

连结点的选择，既是逻辑的，也是经验或实证的。所谓逻辑方法，就是运用辩证的、归纳、演绎等方法，对事物的类型、特征、属性、价值等进行分析，以改造事物、行为或塑造价值。在国际私法中，逻辑实证，就是通过情形的罗列，分析涉外民事关系当事人的关系，论证哪一方是关系的主导方，是己方规则的依赖方或利用方，进而将该方所在地作为连接点。所谓经验方法，也称实证方法，是指基于先前经验来做同样或类似的事情。连接点的经验选择方法，是根据涉外民事纠纷成功处理的案例，将其连接点作为同类案件的连接点。经验方法是英美普通法系的重要方法之一。此种方法的关键性问题是，同类案件的认定标准。找到连接点选择的科学方法，便可以实现我国国际私法立法技术上的"借鉴"到"内生"的转变。

一、连接点选择的逻辑方法

连接点主要有四大类，即属人法、行为地法、财产所在地法、协议选择的法律。进一步归类，可以分为属人连接点和属地连接点。当事人协议选择的法律，也可归入属人连接点。因该连接点由当事人自主选择，故接近于国籍、经常居所地等可由当事人自主意思而定的连接点。对属人连接点和属地连接点在涉外民事关系中的地位和作用的认识，有利于准确把握涉外民事关系调整的历史和发展趋势，也有利于在具体的涉外民事纠纷中，当法律没有明确规定准据法时，寻找与案件有最密切联系的连接点，适用该地点的法律。

（一）属人连接点

属人法连接点经历了从国籍到住所、从住所到经常居所地的演变。目前，各国冲突规范的属人法连接点，主要以经常居所地为主。

经常居所地作为调整人身关系，尤其是在婚姻、家庭、继承等领域的主要连接点，同国籍连接点相比，与争议的涉外民事纠纷具有更密切的联系。《法律适用法》引入经常居所地结束了旧法上冲突规范属人连结点表述混乱情况，统一了立法。①

但经常居所地连接点，在作为确定当事人的行为能力问题上，也存在着缺陷。与国籍和住所的概念相比，经常居所地概念具有不确定性。《法律适用法》采用"当事人生活中心地"来界定自然人的经常居所地，实际上是陷入概念界定的自我循环。② 经常居所地的认定往往较为宽松，例如，中国关于经常居所地的规定是"在涉外民事关系产生或者变更、终止时已经连续居住一年以上且作为其生活中心的地方"，这一规定与国内法经常居所地所规定的时间一致。但以较短居住时间的经常居所地作为确立某一主体权利能力和行为能力的连接点，可能会产生所选择之地点，与涉外民事关系的产生不具有实质联系的问题。例如，如果当事人在 A 国仅有一年期的经常居所地，且在 A 国发生某涉外民事关系（如订立遗嘱），此后到 B 国、C 国等，但都没有满足经常居所地标准，在此情况下，当事人的国籍或财产所在地可能更具有实质性的意义。

实际上，当国籍连接点让位于住所连接点后，国际民事关系的主体身份开始以"在某一地方是否居住较长时间"为标准的转向。但这一标准在不同的国家的实践不同。在海牙国际私法会议《关于定义以住所或者惯常居所为基础的连结点的一些建议》中，有对属人连结点进行界定的尝试。其中包括对惯常居所在居住时间、居住意图的规定。③ 从理论和国外法律实践中，住所的主观意愿非常重要。在某些情况下，即便当事人达到经常居所地的时间标准（客观），但其并无久居的意愿，也不能认定为住所或经常居所地。而在另外的情况下，即便当事人没有久居的意愿，但事实上却在某地长期居住，则仍可以认定为住所或经常居所地。由

---

① 杜新丽：《从住所、国籍到经常居所地——我国属人立法变革研究》，《政法论坛》，2011 年第 3 期，第31 页。

② 薛童：《论作为自然人生活中心的经常居所地》，《国际法研究》，2015 年第 6 期，第 114 页。

③ 薛童：《论作为自然人生活中心的经常居所地》，《国际法研究》，2015 年第 6 期，第 115 页。

此，就医、公务、劳务派遣等都因久居的意思欠缺，从而不能认定经常居所地。而游学，则需要结合当事人的主观和客观进行认定。

我国《民法通则》中曾有"定居"的概念。定居在现代国际私法上即取得某国的永久居住权。民法通则中的定居，是指具有中国国籍的公民取得另一国家或地区的永久居住权。与国籍连接点相比，定居显然更能体现出当事人的行为能力与特定国家间的实质性联系。与住所或经常居所地连接点相比，定居似乎在确定当事人的权利能力和行为能力方面，更具有稳定性，从而更适合作为属人法的主要连接点。然而，最终取代国籍作为涉外民事关系属人法连接点的却是"经常居所地"或"惯常居所地"，并且对作为经常居所地的"较长居住时间"这一标准的要求也较为宽松，例如，有的国家甚至要求半年以上即可。例如，在澳大利亚的一起案件中 3 个月的时间就能满足经常居所评估期间的要求；而在澳大利亚的另一起案件中 7 周的时间则不足以满足经常居所评估期间的要求。在英国 1998 年的一起案件中 1 个月的居住时间就能满足经常居所评估期间的要求；在英国 2001 年的一起案件中 161 天也能满足经常居所评估期间的要求；但在英国 2003 年的一起案件中 71 天则不满足经常居所评估期间的要求。[1]

从国籍到住所、再到经常居所地的转变，系一国主动避免将其本国法关于身份的规则适用于位于国外的本国人，是出于避免法律冲突的考虑。让位于该当事人的住所地或经常居所地或居住地法来调整，等于间接承认了住所地或经常居所地的属地管辖权。因此，从国籍到住所的转变，其实反映了属人管辖让位于属地管辖。住所地或经常居所地法，因此并非完全的属人法，其兼具属地法的特点。

那么，国籍作为确立当事人身份的连接点，在现代具有什么意义？什么情况下，涉外民事关系应适用当事人的本国法？笔者认为，除了在涉外婚姻家庭领域，一些涉外民事关系应根据当事人的共同国籍国法来处理外，在某些特定的情形，例如，当事人的国籍国和经常居所地国不一致时，如果当事人在选择以国籍国作为准据法，则应认可当事人的此种选择。属人法连接点的发展，经历了从国籍到住所、经常居所地的变迁。但在不同的涉外民事纠纷中，能赋予当事人身份、权

---

① 何其生：《我国属人法重构视阈下的经常居所问题研究》，《法商研究》，2013 年第 3 期，第 88 页。

利能力和行为能力的，并不能固定于某一特定的连接点。因为经常居所地在现代快节奏的生活中，已经逐渐降为于居住地、居所等同等属性的场所。实际上，在经常居所地之外，还有"定居地"的连接点。通常指在国外取得永久居留权的一国国民。在国籍和定居地之间，定居地更能表征民事主体的身份，但如果定居者回到其国籍国居住，则情况又有所不同；在国籍与经常居所地之间，国籍连接点具有相对的稳定性，而经常居所地则会发生变更。

（二）属地连接点

行为地法、物之所在地法是国际私法的属地连接点。此类连接点的选择通常与涉外民事案件的管辖以及判决的承认和执行直接相关。如果行为地法或物之所在地法同时也是管辖法院所在地，则适用法院地法的可能性就更大。

"场所决定行为"是传统的国际私法规则。这一规则的合理性在于，对于行为地国家的公民而言，其所在地的民事交往规则是受法律保护的，外国人一旦进入该区域，应"入乡随俗"地遵守行为地规则。涉外民事关系主体的行为有效性、应满足的条件、实施要求、法律责任等，均应依据行为地法。其中，对行为是否符合行为地法的构成要件（侵权要件、违约要件、产权转移要件、婚姻条件、遗嘱方式等）的考察尤为重要，因为这些要件的满足与否，直接影响到与外国人进行交易的本国人的权益。

另一方面，在公私法不分、实体法与程序法杂糅的历史时期，涉外民事关系的当事人所实施的行为，一旦产生纠纷，多数会被认为违反行为地国家的治安法律（强制性规范），又因纠纷发生后，管辖法院当事人大多位于行为地法，以行为地法或物之所在地法作为连接点，就更具合理性。

与此同时，因国际交通日益便捷，国际民事交往的场所不再是对行为地国的本国人和公共利益具有影响的唯一地点。外国人与外国人之间在本国发生的民事关系，民事关系发生后涉外民事关系的主体不在本国领域内，民事行为的构成要件是关系到交易进行的前提，等等，这些情形使各国对"场所决定行为"进行变通。

协议选择的法律，是对此进行变通的主要形式之一。在属地管辖和属人管辖占主导地位的时期，一国承认当事人可以协议选择涉外民事合同适用的法律，除了促进和便利国际民商事交往的考虑，还意味着相关纠纷对当事人所属国和法律关系发生地国的社会公共利益影响有限。据此，在诸如合同、侵权等涉外财产纠纷中，不再主张合同缔结地、合同履行地、侵权行为地等行为地法或属地管辖优先，而是让位于当事人选择的其他有实质联系或无实质联系的地方的法律。不过，在婚姻、家庭、继承等人身关系领域，各国普遍采取谨慎的态度，这是因为人身关系往往涉及当事人国籍国、法律关系发生地的公共利益、风俗习惯，为保护公共秩序或特定弱势群体的利益，大都不允许当事人对法律适用做出选择。

二、连接点选择的实证方法

连接点的逻辑分析，是规范分析的方法。在现代，连接点的选择还有实证分析的方法，例如，基于国际涉外民事诉讼的数据样本，对涉外民事关系的类型和法律适用进行归集和分析。实证是更科学的方法。也是能够取得各国认同的途径。法学领域最早的实证分析方法，或许是基于不同主体、不同时间、不同空间的经验方法。而现代最流行的实证分析，即基于数据和信息的分析，本质上也是经验方法。数据和信息，是人类行为的产物。在涉外民事法律关系的调整上，对于立法和司法具有意义的数据和信息包括：涉外民事关系的主体的信息，包括国籍、经常居所地；涉外民事纠纷类型的信息，以及每一类型下的分类型信息；涉外民事纠纷管辖的信息，包括管辖的依据；涉外民事判决的法律适用的信息；外国法查明的信息；中国法院承认和执行外国法院判决的信息；中国法院判决需要外国法院承认和执行的信息；平行诉讼的信息；不方便法院管辖异议的信息等等。

基于信息和数据的实证，关系到冲突规范的制定，也关系到涉外民事纠纷的法律适用，并最终影响到涉外民事纠纷解决的公平与公正。从数据和信息中发现其法律意义和价值，是理论分析的目标所在。例如，涉外民事纠纷的类型，与冲突规范"范围"结构的扩充相关，也直接影响到连接点的选择。外国法查明的数据，与外国法查明的法律方式相关；涉外民事关系主体的信息，则广泛涉及管辖、连接点的选择、判决的承认和执行等各个环节。

（一）基于涉外民事纠纷类型的实证

例如，以知识产权的法律适用为例。连接点有权利来源国、被请求保护国、行为地等。在知识产权的侵权纠纷中，考察权利主体、侵权行为、侵权复制品的流向，等等。如果某一连接点可以涵盖百分之八十以上的纠纷，适用正当。反之，则是失当的。

连接点在冲突规范中的现代发展，以"软化处理"的形式呈现。选择适用的冲突规范，实际上是区分不同情形适用不同的准据法。其中，有条件选择适用的冲突规范，立法者对涉外民事关系的情形区分较为细致，并对其法律适用做了明确规定。无条件选择适用的冲突规范，或因立法者对情形的区分不细致，或因处于宽松调整特定涉外民事关系（如结婚手续）的需要，规定了多个任意选择的连接点和准据法，供法院自由裁量。

然而，涉外民事关系的情形之复杂，远超过国内民事关系。因为其不仅涉及当事人之间因合同、侵权、婚姻等而形成的民事权利义务关系，而且还因主体、事实、行为、标的物等因素的涉外，加剧了它的复杂性。国内民事法律关系的立法调整，是建立在立法者对民事关系各方主体权利义务进行平衡的基础之上。从立法技术上看，是对特定民事关系的进行分类，在类型化的基础上，进一步罗列、收集、整理需要调整的情形或行为。在此基础上，对不同的情形或行为进行评价，并赋予其不同的法律后果。调整不同情形的民事关系的法律规范由此产生。

涉外民事关系的立法调整，尽管在冲突规范的制定上，主要以"涉外"情形为考虑事项[①]，但在情形区分的处理上，显然采取了"一般情形加例外"的模式。这种模式的优点在于，一般情形（侵权适用侵权行为地法；不动产适用不动产所在地法等）大多为具有国际惯例属性的冲突规范。一般情形及其法律适用在特定的时期，甚至是某涉外民事关系法律适用的唯一冲突规范。而例外情形的处理，不采取完全列举的方式，而是采取明确一种或几种情形的方式，表明该一种或几种情形是"常见"或"多发"的情形，或者是不同于一般情形而需要特殊调整的情形。

但现有的冲突规范对涉外情形的区分及其调整，只是在立法技术上实现了"各

---

① 例如，我国的《涉外民事关系法律适用法》将消费者合同的情形区分为经营者在消费者经常居所地没有从事相关经营活动和有从事经营活动两种。将侵权责任的情形区分为当事人有共同经常居所地的和无共同经常居所地的。

案覆盖"和"个案区分对待",而远远没有达到对"涉外"的周密考虑。例如,就侵权责任的法律适用来说,假设侵权人是中国人,被侵权人是乙国人,侵权行为地为丙国。乙国人在中国提起诉讼,双方未能达成选择法律的协议,则根据我国的冲突规范,将适用侵权行为地法律。然而,侵权行为地与该涉外民事关系的关联并不强,其对案件的管辖权或许也无兴趣,案件甚至不会面临在丙国承认和执行的可能。以上述情形为例,并非是对侵权冲突法提出建议或批评,而是从某一方面提出涉外情形的复杂。如果涉外情形不能精确区分,或者难以精确区分,那么国际私法对涉外民事关系的精确调整就无法实现。

（二）基于各国立法经验的实证分析

不同国家对同一类型的涉外民事关系所适用的法律各有不同。例如,关于收养效力的法律适用,有的国家规定收养人的属人法;有的国家则根据不同情况,分别适用收养人和被收养人的属人法;还有的国家规定原则上适用收养人和被收养人共同的本国法或共同住所地法,以其他法律作为补充;更有的国家规定直接适用被收养人的本国法。哪种法律适用最为合理或科学?恐怕没有任何立法者能够做出明确回答。

但另一方面,一些不符合各国立法实践的做法,却可能在实践中产生不利的适用结果。例如,在涉外结婚和婚姻效力领域,各国通行的连结点是婚姻缔结地、住所地、国籍国。我国涉外民事关系法律适用法第21条规定了共同经常居所地、共同国籍国和位于一方经常居所地或国籍国的婚姻缔结地,与多数国家的连结点规定不同。这一规定,在实际适用中,将产生不利或错误的结果。例如,以我国司法部某年的司法考试题目为例:甲国公民玛丽与中国公民王某经常居住地均在中国,2人在乙国结婚。关于双方婚姻关系的法律适用,下列哪些选项是正确的?A. 结婚手续只能适用中国法;B. 结婚手续符合甲国法、中国法和乙国法中的任何一个,即为有效;C. 结婚条件应适用乙国法;D. 结婚条件应适用中国法。该题目的标准答案是BD。实际上,按照我国《婚姻登记条例》的规定,该结婚的手续和条件,均应适用中国婚姻法。

造成我国现有立法对涉外婚姻关系连结点选择的错误的原因在于,一方面,立法者没有准确区分涉外婚姻关系的不同情形,另一方面对涉外结婚条件的法律适用，未能区分国内缔结的涉外婚姻和涉外婚姻效力。因为如果将上述题目的情形修改，不难发现这一问题的回答充满了不确定性：（1）甲国公民玛丽与中国公民王某经常居住地均在甲国，2人在乙国结婚。后王某回到中国，在中国提起离婚诉讼，关于双方婚姻关系的法律适用，下列哪些选项是正确的？（2）甲国公民玛丽与中国公民王某经常居住地均在中国，2人在乙国结婚。结婚时，双方不符合甲国和中国结婚的实质条件。关于双方婚姻关系的法律适用，下列哪些选项是正确的？（3）甲国公民玛丽与中国公民王某经常居住地均在中国，2人在乙国结婚。婚后双方定居甲国。关于双方婚姻关系的法律适用，下列哪些选项是正确的？

通过上述情形的稍作改变，可以发现上述三种情形，或者涉及我国法院管辖权行使的正当性问题，或涉及适用法律的合理性问题，均无法给出明确的答案。显然，我国结婚条件的规定有相当的不完善之处。未能明确该条文适用婚姻行政登记还是婚姻效力，也未对双方共同经常居所地做出明确规定，即是结婚时双方共同经常居所地，还是婚后双方共同经常居所地？如果双方在结婚时具有共同经常居所地，却不在该共同经常居所地结婚的情形，也不应成为需要通过立法予以规范的"多数情形"。

小结

从历史的视角，涉外民事关系的调整方法，整体上呈现出精细化、科学化、公平化的发展趋势。从法则区别说对两种涉外民事关系（人身权、财产权）的调整开始，经过法律关系本座说接近于现代民法体系的冲突规范体例，再到今天各国体系日益丰满的冲突法和国际私法法规，国际私法的调整对象不断具体，规范形式逐渐多样，调整方法突破单一，调整效果更加公平。科学、公平的冲突法制度是国际私法实现普遍化、全球化的基本要求，是实现裁判结果一致性的路径之一。在主权与民主国家所构成的国际社会，国家的良好实践、国际组织的推动，以及国际民事主体对诉讼和法律适用制度的选择，都是未来国际私法统一化不可缺少的动因。

在国内层面，当面对主权、管辖权、法律适用、判决承认和执行等实体与程序交织、冲突与实体融合的法律问题时，不论立法还是司法，应首先将国际民事纠纷解决的各种价值进行排序，分析某一类型或某一个案的调整或处理上所面临的价值冲突，在案件处理不损害中国社会公共利益的基础上，以国际民事关系的促进为目标，考虑到因管辖权差异、连接点不同而可能造成的裁判结果不一的问题，在连接点的立法确立、司法选择方面，尽可能与国际接轨，与同样具有管辖权的其他国家保持一致（在无条件选择适用的冲突规范中）。

类型化的关键在于涉外民事纠纷的表现，而不在于根据国内民法规则，做假设性的立法。因此，在制定一条冲突规范时，首先要考虑的是，涉外民事纠纷有何具体呈现。法律的发展是建立在社会关系的需求之上。法律适用法不是引导型法律，不需要具有超前性。

第四章　司法自由裁量的价值考量

法生于义，义生于众适，众适合于人心，此治之要也。[①]

——（西汉）刘安

在确定准据法的过程中，频繁出现在法院面前的问题是：在根据冲突规范指引适用外国法作为准据法时，冲突规范中的概念（识别）、外国法的范围（反致）、涉外民事纠纷所涉及的其他问题（先决问题、程序性问题）、冲突规范和准据法的时效问题等，应根据法院地法来解决，还是根据准据法来解决？在各国立法和司法实践中，上述问题存在着较大的差异。有关识别、反致、先决问题等制度，在各国理论和实践中有多个价值追求，包括符合本国司法管辖权、利于查明案件事实、便于启动审理程序、扩大本国法的适用、有利于裁判结果的一致等。我国《涉外民事关系法律适用法》首次规定了上述三个冲突法制度，但并未充分论证这些制度适用哪国法律的立法理由。

从目前的国际立法实践看，国际社会对上述三个冲突法制度的法律适用并无统一做法，甚至也无相对多数的惯例可循。考虑到我国目前涉外民商事交往的"双向性"[②]，对这三个问题的立法，不应再采取保守主义的限制管辖立场：在反致问题上不承认反致；在识别问题上，以我国实体法为依据；在先决问题上，以我国冲

[①]　出自（西汉）刘安《淮南子·生术训》。释义：法产生于公众的正义价值观，正义则产生于公众适当的社会交往，公众适当的社会交往符合民众的意愿，这就是法治的关键。

[②]　所谓双向性，是指一国在涉外民商事交往方面，既有大量的本国人在国外，也有大量的外国人在本国居住、游学、旅行。形成国际民商事交往的双向交流性。

突法为依据。相反，我国应采取国际主义立场，赋予法院更大的自由裁量权，以"有利于裁判结果的一致"为原则，根据案件情形自主决定是否适用反致以及根据何国法律进行识别、处理先决问题。"有利于裁判结果的一致"是从管辖权的视角出发，即：案件如果不在本国法院起诉，而是在对案件同样有管辖权的准据法国的法院起诉，则准据法国会做出何种判决？实际上，这种假设预设的前提是：存在着对案件更方便管辖或具有同样便利管辖的法律。这意味着，法院在法律适用程序环节，仍需要对案件的管辖、法律适用以及判决的承认和执行进行通盘考虑，根据这些环节的程序和实体正义要求，自主裁量是否上述制度的法律适用。

第一节　识别过程中的价值选择

识别问题的经典案例，是英国上诉法院 1908 年判决的奥格登诉奥格登案（Ogden v Ogden）案件[①]。该案的基本情况如下：

1898 年，本案上诉人、住所在英国的妇女和法国人勒昂·菲利普在英国结婚。菲利普住所在法国，结婚时 19 岁，结婚在未通知双方父母的情况下举行。菲利普的父亲发觉了这次结婚后，将菲利普带回法国，在法国起诉，要求宣告婚姻无效。法国《民法典》第 148 条规定：男不满 25 岁，女不满 21 岁，非经父母同意，不能缔结婚姻。1901 年巴黎法院宣告上项婚姻无效。随后，菲利普重新结婚。1903 年 7 月，上诉人以其夫遗弃和通奸为理由向英国高等法院诉请解除婚姻和宣告婚姻无效。法院以其夫住所在法国，无权管辖，驳回申请。1904 年 10 月，上诉人与威廉·奥格登结婚。1906 年，奥格登以结婚时菲利普仍活着以及上诉人和后者的婚姻尚未宣告无效或解除为理由，诉请宣告与上诉人的婚姻无效。上诉人辩称：她与菲利普的婚姻不合法，且经巴黎法院宣告无效。初审法院许可了奥格登的请求，上诉人提出上诉。其代理律师提出：上诉人与菲利普的婚姻系依英国法缔结，但由于菲利普依其本国法也是住所地法无缔结婚姻的能力，因此上诉人和他的婚姻在英国和法国都是无效的。法国法院宣告该婚姻无效的效力及于法英两国。上

---

① Ogden v Ogden, [1908] P.46,Court of Appeal. 另见朱子勤编著：《国际私法案例研习》，中国政法大学出版社 2014 年版，第 117 页。

诉法院判决指出：（1）上诉人和菲利普的婚姻并非无效，而是可撤销。（2）上诉人的代理律师所提出的理由是基于外国法学家所主张而不为英国所采纳的观点。英国法院从来不承认一种取决于住所的、随人由一国旅行到另一国的身份能力属人法。有些外国法学家认为依住所地法为未成年者不论到何处都处于同样情况。这是基于认为规定能力的属人法一经附属于人，不论到何处都应绝对遵守的观念，而这种观念来自与英国普通法不同的渊源，以及在英国没有同样效力的考虑。（3）英国法中没有可使法院宣告上诉人和菲利普的婚姻无效的原则。（4）英国法院对法国法院关于此项婚姻无效的宣告不予承认。根据以上理由，上诉法院确认上诉人与菲利普的婚姻在英国有效，驳回上诉。①

　　法律关系的定性是任何纠纷解决的前提。在国内法上，将法律关系定性为物权合同侵权直接关系到权利救济的途径，诉讼的类型，举证责任等，并直接与案件能否胜诉相关。国内法的法律关系定性，可依国内实体法程序法等。国际私法上的识别问题，是指在解决某一涉外民事纠纷时，对该涉外民事纠纷的定性应根据哪一个国家的法律去进行。例如，就某一涉外民事纠纷是否属于法律纠纷，是否属于民事法律纠纷，以及属于哪一类民事纠纷（动产还是不动产，侵权还是非侵权），是根据法院地法，还是根据其他国家的法律进行定性。

　　识别是依据法律规范进行判断的过程。在西方国家，识别有分类(classification)、定性(characterization)、划归(qualification)等含义。从语言学的角度，定性这一词汇在法律上至少可以用于以下两种情形：（1）将事实、行为或事件归入某一法律事实。如将房屋或土地划入不动产；（2）将法律事实归入某一法律部门。如将诉讼时效归入实体法。

　　可见，识别不仅不是国际私法的专有术语，而且是一个非严格意义概念。仅在国际私法中，识别或定性就可在多个环节产生。一是案件的管辖。在这一环节，本国法院是否有权受理，是否方便受理，是否可以排除外国法院的管辖权，都涉及定性。具体又包括两个方面，一是是否具有涉外因素，二是案件应由哪个法院管辖。第一个环节是任何案件进入诉讼程序的步骤。第二个环节发生在法律适用。

---

① 王铁崖主编：《中华法学大辞典国际法学卷》，中国检察出版社 1996 年版，第 13 页

即主要针对冲突规范的"范围"进行。这一环节是目前国际私法学界关注的重点。第三个环节发生在准据法确定环节。包括对程序问题和实体问题的定性，形式要件与实体要件的定性。

关于识别，有学者主张只宜强化理论指南，而不宜通过立法解决。[①] 但《涉外民事关系法律适用法》第八条明确规定：涉外民事关系的定性，适用法院地法律。在法律适用中，该条提出的问题是：是否所有涉外民事关系的定性（而不仅仅是对涉外民事关系"范围"的定性），都适用法院地法？可见，笼统规定"识别"的法律适用，不可避免地会涉及上述所有环节的"定性"问题，从而产生关于范围的定性和关于准据法中相关问题的定性的矛盾。例如诉讼时效的定性（定性为实体法，从而适用准据法）与一般识别的法律适用（一概适用法院地法）的冲突。

一、识别的对象：基于管辖权的考量

识别是冲突规范适用的问题，还是贯穿于涉外民事纠纷解决整个过程中的问题，这一问题决定，识别是仅针对冲突规范的"范围"进行，还是可能发生在其他环节。国际私法学界的主流观点认为，识别主要是对"范围"的识别，特殊情况下也包括对连接点的识别。也有观点认为，识别问题还可以上溯到管辖权阶段。[②]

（一）管辖权阶段的定性或识别问题

识别问题是否适用于管辖权阶段？这一问题在学者之间曾引起广泛讨论。有学者区分了管辖权阶段的识别与法律适用阶段的识别，认为在确定管辖权阶段，大部分案件无需定性，即使需要定性，也和法律适用阶段的定性或识别没有必然联系，从而法律适用阶段的识别不能适用于管辖权阶段。[③]

管辖权阶段的定性，是否属于一般识别制度的一部分？要使这一问题的回答具有实际意义，必须明确一般识别制度的核心。即：存在着根据哪国法律进行识

① 宋晓：《识别的对象与识别理论的展开》，《法学研究》，2009 年第 6 期。

② 韩德培主编：《国际私法》高等教育出版社、北京大学出版社 2007 年版，第 126 页；肖永平：《国际私法原理》，法律出版社 2007 年版，第 115 页；宋晓：《识别的对象与识别理论的展开》，《法学研究》，2009 年第 6 期。

③ 宋晓：《识别的对象与识别理论的展开》，《法学研究》，2009 年第 6 期。

别，并存在着影响案件的实体解决以及判决的承认和执行问题。换言之，如果管辖权阶段的定性，对上述两个问题并不产生影响，则不属于一般识别制度要解决的问题。

本书作者认为，在涉外民事纠纷是否构成法律纠纷领域，如果存在着根据哪国法律进行定性，从而影响法院是否受理案件并裁判的问题，就仍属于识别制度的一部分。例如，1986 年《民法通则》（已失效）关于涉外侵权的法律适用中，"中华人民共和国法律不认为在中华人民共和国领域外发生的行为是侵权行为的，不作为侵权行为处理"之规定，意味着法院可能在管辖权阶段对涉外民事纠纷做出识别处理。不过，这一规定与《涉外民事关系法律适用法》第八条的规定是一致的，即对涉外民事关系的定性，都适用法院地法。同理，对于某一涉外民事纠纷是否属于合同纠纷、人身权纠纷、产品责任纠纷等等，也都直接影响到法院关于管辖权的行使。而管辖权阶段的识别适用法院地法，则既符合"程序问题适用法院地法"的一般规则，也符合我国识别制度的法律适用规定。

（二）对冲突规范中"范围"的识别

从条文的字面含义看，《涉外民事关系法律适用法》第八条"涉外民事关系的定性，适用法院地法律"的规定，应视为对"涉外民事纠纷"具有何种法律属性的定性，而不是对"某一法律制度"属于哪一部门的定性，尽管诸如"诉讼时效"等法律制度最终都可以还原为涉外民事纠纷。由于冲突规范的"范围"即"涉外民事纠纷"，因此，对范围的定性，被作为识别制度的核心。

适用法院地法对涉外民事关系进行定性，即适用法院地的民事实体法。国内民法对民事纠纷的定性和类型化已经高度发达，相比之下，涉外民事纠纷的类型简单，甚至大多以国内民法的"编"的体系为冲突规范"范围"的内容①。而这种识别或类型化的过程，与管辖权阶段对相关纠纷是否属于民事纠纷，是否属于法院受案范围，可以何种诉由起诉等的定性，同样差别不大。

对"范围"识别的差异，首先将导致冲突规范的适用偏差。例如，如果法院

---

① 例如，《民法通则》有关涉外民事关系的条文，仅有 9 条。涉及民事主体、物权、合同、侵权、婚姻、扶养、继承。《涉外民事关系法律适用法》虽然条文数量上扩充到 52 条，但也仅是增加了某些涉外民事领域的法律适用规范，从根本上没有突破"一类涉外民事关系，一条法律规范"的立法模式。

地国采取识别制度的"法院地说",则根据法院地法,将某一涉外民事纠纷识别为违约(合同纠纷),则适用有关合同的冲突规范;但如果法院地国采取的是识别制度的准据法说,而准据法国家的民法体系将该类纠纷识别为侵权,则法院地国将适用有关侵权的冲突规范。再如,如果法院地国采取识别制度的"法院地说",则根据法院地法,将某一涉外民事纠纷识别为动产纠纷,则适用有关动产的冲突规范;但如果法院地国采取的是识别制度的准据法说,而准据法国家的民法体系将该类纠纷识别为不动产,则法院地国将适用有关不动产的冲突规范。而对于法院地国没有而准据法国有,或者法院地有而准据法国没有的法律制度,如取得时效,识别的依据除了影响案件的裁判,更可能影响到案件的受理。

（三）对冲突规范的"连接点"的识别

冲突规范中的连接点,例如经常居所地、行为地等,在不同国家会有不同所指。通常情况下,法院地国的冲突规范或其他国内法规范会对有关连接点的含义作出规定,以方便法院操作。在法院地国对有关连接点没有明确规定的情形下,就会产生根据哪国法律对连接点进行识别的问题。根据准据法对连接点进行定性有一定的理由,在特定的案件中也具有合理性。例如根据法院地冲突规范,适用当事人的国籍国法;而当事人具有多重国籍,根据法院地有关国籍的规则中,确定其中一国作为国籍国。但在其国籍国法中,并不承认该当事人具有本国国民身份,这可能会产生判决承认和执行的困难。在大多数案件中,根据法院地关于连接点的含义选择准据法,符合冲突规范适用的基本逻辑,且不会在准据法国的承认和执行中产生困难。因此,对冲突规范的连接点的识别,仅是识别制度的特例。

二、识别的依据：基于裁判结果一致的价值

根据法院地法还是可能适用的准据法进行识别,是识别理论和实践的分歧所在。而这种分歧的根本是涉外民事纠纷能否得到顺利解决。各国民事制度的差异,使涉外民事关系的定性存在分歧,依据哪国法进行定性的主张和学说各有合理性。法院地说和准据法说虽然各执一端,但对本派主张的不足也均有自知之明。法院地说存在的最大问题是无法解决依据法院地作出的定性,适用准据法但无法在准据法中找到解决方案(例如取得时效制度在有些国家无规定);而准据法说的不足

在于其颠倒了冲突规范适用的顺序。

从一国的立法来看，选择一种主张意味着回避另一种主张所指的情形。这在涉外民事纠纷尚不复杂的时期，或许不会产生法律适用的逻辑困境。但从立法技术来看，终究是存在缺陷的。并且，这种缺陷是在学界已经就此问题充分论证的基础上，有意回避的。当然，在法律价值目标多元且难以彼此协调的情形下，立法者选择其中一种方案，必然有政治、社会、主权、司法体制等的考虑。

识别依据不同带来的最大问题，是案件的公平公正解决。在诉讼程序上，如果识别问题处理不好，可能会导致当事人已经寻求的救济无效，而不能不重新启动诉讼程序。因为依据不同标准做出的识别，将引起适用冲突规范不同，进而产生适用不同的准据法，最终导致案件的处理结果不同，并可能影响到法院判决在其他国家的承认和执行等问题。

（一）识别依据选择的立法两难

识别的依据，是识别理论和制度的核心问题。由于涉外民事关系的复杂性，一种排他性的识别依据的制度，在处理某类特殊涉外民事纠纷时，可能产生法律适用的矛盾或冲突。例如根据法院地国对某类涉外民事关系的定性，在适用准据法时，发现准据法国对该民事关系的定性与法院地截然相反。尽管上述情形发生的概率很低，然而一旦发生，在相关涉外民事关系的法律适用中，对当事人的损害将是巨大的。由此产生的问题是：民事纠纷解决的正义，是大多数案件的公平公正解决，从而可以忽略制度刚性造成的少数不正义？还是选择制度弹性（不去规定识别的依据，留给法院自由裁量），从而放任较大的制度实施成本的产生？

确定性与灵活性始终是冲突规范立法左右摇摆的两极。选择了确定性，就意味着个案灵活处理的牺牲；而选择了灵活性，则可能会造成法官基于个人喜好而"合法"地进行法律操控。这种两难困境的解决，不应通过非此即彼的选择来解决，而应当将两种模式有效地结合。

（二）基于裁判结果一致的识别依据的改革

根据法院地法进行识别，是法律适用程序的逻辑前提，也能满足大多数案件解决的正义需求，因此可以作为识别依据的一般原则。考虑到案件在其他国家被受理的可能性，根据准据法进行识别，在特殊情形下，也应予以考虑，尤其是在法院地有关识别的结果与准据法国相关的定性存在天壤之别时。因此可以作为例外规则。该例外规则可表述为：根据法院地法对涉外民事关系的定性，与其将适用的准据法对该涉外民事关系的定性存在明显差异，并可能影响案件的解决以及判决的承认和执行的，可依准据法进行识别。

三、我国识别制度立法的改革建议

识别由于可能发生在不同的环节，需要将各个环节的识别制度分别规定。对于冲突规范"范围"的识别，首先应限定在涉外民事关系的初始定性，即对事实的定性。该定性的依据如上建议。对于案件纠纷中法律制度属性的定性，如属于程序问题还是实体问题，则不宜采取冲突规范结构的模式，而直接规定定性的依据。这样处理的原因在于，诉讼时效等法律制度，并不属于"涉外民事纠纷"或"范围"，而只是纠纷的法律处理"规范"，如果采取冲突规范的"范围＋系属"的模式，就产生识别依据的混乱。

对识别制度的改革，可以仅对其一般情形做出规定，并允许法院在特殊情形下，根据准据法或其他法律来识别特殊的概念或制度。唯有如此，才能确保我国《涉外民事关系法律适用法》的识别在逻辑和裁判结果上，与连结点的选择、准据法的适用保持一致。

第二节　适用反致的价值目标

反致问题在理论界引起了很多的争议。支持和反对的主张针锋相对。这些主张使本来并不算深奥晦涩的反致制度，一直深陷迷雾之中。从理论上来说，反致制度是对冲突法基本原理的偏离，是对准据法（实体法）概念的突破。从实践来看，赞成反致制度的主张，是希望在特定案件中通过反致达成一定的效果，该效果或是扩张管辖权，或是便于外国法的查明和适用，或是出于判决承认和执行的便利，或是案件的实体正义，或追求具有同等管辖权的法院的裁判结果的一致；而反对反致的主张，有的认为反致可能导致逻辑循环，有的出于防止外国法律管辖权的扩张行使。他们认为，一国认为采取反致制度，多出于政治或主权的目的，是为了扩大本国法律管辖权的行使，或者是为了避免本应适用其他国家的实体法（其中更是暗含其他国家的实体法被认为不公平的假设）。

然而，采取反致制度，未必最终均导致适用本国的法律，如英国的双重反致制度，最终可能适用的是被反致国的法律。在一些国家，法院在根据本国冲突规范指引适用外国法时，并不会进入到对外国法实体内容的审查。因为这些国家可能采取外国法查明的当事人举证制度。因此，反致实际上发生在确定准据法的环节。在最终确定准据法之前，是不会产生对"准据法"的价值判断的。因此，某些反对反致的理论或实践，可能未必真正了解反致的价值和适用。反致理论的批判者，往往是法律管辖权克制行使的支持者。但现实情况是，反对反致却未必能有效地阻止外国法律管辖权的行使。因为一国不接受反致制度，只是限制了其自身的法律管辖权，而对接受反致国家通过利用反致最终适用其本国法律的情形，是很难做出任何改变的。即便接受反致国的某些案件的判决需要在不接受反致国的承认和执行，现有的国际公约和条约也不允许以冲突法的制度差异（如接受反致与否）作为拒绝承认或执行的理由。而限制自身法律管辖权的后果，是放弃了采取反致制度对特定涉外民事纠纷能产生的更科学、更合理的处理结果的可能性。

反致的理论争议对于各国立法实践能够给予的启发非常有限。这些争议中存在着非典型性的分类、自我循环地论证、自说自话地攻防等问题。其中，不少主张无意中夸大了反致制度的重要性或危害性，给人以反致制度已属冲突法的普遍性、基本性的制度之错觉。实际上，在大量的国际商事实践中，不少的涉外商事合同在法律选择条款上，明确排除准据法国国际私法规则的适用。反致的适用范围和领域，应作为反致制度理论和实践开门见山的提示。

我国现有的立法明确反对反致制度。但纵观国际私法教科书和立法背景性资料，对于反对的理由语焉不详。另一方面，赞成反致对于我国目前日益密切的国际交往现状来说，有利于在特定案件中增加法律适用的灵活性。此外，由于我国是"一国四法域"，各法域的国际私法在制度设计虽然具有独立性，但考虑到我国香港、澳门、台湾地区均在一定程度上接受反致制度，尤其是香港地区的反致制度和双重反致制度，大陆（内地）如果接受反致制度，有利于各法域反致制度的实施。从而有利于在某些情形下克服冲突规范不统一所带来的问题，更好地解决涉外民事纠纷，保护当事人的权益。

一、反致问题的核心：国内法还是外国法？

《民法典》生效后，我国适时提出"要统筹推进国内法治和涉外法治。要加快涉外法治工作战略布局，协调推进国内治理和国际治理，更好维护国家主权、安全、发展利益"[①]。统筹推进国内法治和涉外法治，意味着在涉外法治中，发挥并扩大国内法的影响。自十九世纪以来，法国和德国民法典之所以取得巨大的国际影响力，是因其为世界多国提供立法蓝本。同样，在二十一世纪，中国的民法典能否对世界产生影响，一方面取决于中国经济全球化程度，另一方面则与我国法制建设程度，即我国法律被从事国际民商事交往的主体的接受程度有关。

（一）我国涉外民事关系适用国内法的情形

在涉外民商事关系中，我国民法典通常在以下三种情形下被适用：一是当事人在涉外民事纠纷发生前或发生后，选择以中国民法典为准据法的，适用民法典。根据《涉外民事关系法律适用法》，我国委托代理、信托、仲裁协议、夫妻财产关系、协议离婚、动产物权、合同、侵权、不当得利、无因管理、知识产权的许可和转让等涉外民事关系，当事人可以协议选择法律。如果当事人选择民法典，则无论管辖法院位于哪国，都会根据我国民法典对当事人权利义务的规定，做出判决或裁定。二是通过各国国际私法（或冲突法）的冲突规范指引，涉外民事纠纷的连结点与中国有关，应适用中国的民法典。其中，与中国有关的连结点，需要根据外国国际私法或冲突法的规定来确定，但各国通常将一方或双方当事人的国籍、住所或经常居所地、行为发生地、财产所在地等作为连结点。三是我国法律规定的必须适用民法典的情形。其中包括：《婚姻登记条例》中规定的涉外婚姻缔结的实质要件和形式要件，应适用民法典；不动产登记、企业登记等领域的法律法规；《涉外民事关系法律适用法》规定的当事人规避中国法律、违反中国社会公共利益、不能查明外国法时，应适用中国民法典。

从上述我国《涉外民事关系法律适用法》内容看，即便是对本国领域发生的

---

① 参见习近平：《以科学理论指导全面依法治国各项工作》(2020 年 11 月 16 日)，载习近平：《论坚持全面依法治国》，中央文献出版社 2020 年版，第 5 页。

民事活动，本国民事法律的适用情形也非常有限。这也是各国国际私法的普遍实践。我国民法典，能否适用于涉外民事纠纷，取决于当事人是否选择；在当事人未做出选择的情况下，在具体个案中，我国能够成为各国国际私法冲突规范的连结点所指向的国家。显然，我国的法制建设程度，以及我国经济全球化程度，是当事人最终选择中国民法典以及法院根据冲突规范连结点确定中国民法典为准据法的重要前提。

我国目前在政治、经济、社会、国际交往等各个领域都取得巨大进步。经过四十多年的法制建设，我国已经建成完善的国内法体系。2021 年 1 月 1 日实施的民法典，更是代表我国民事法律体系的系统成熟。在我国加入 WTO 并全面融入世界经济体制的二十多年，各种涉外民事纠纷解决的机制也逐渐健全并完善。另一方面，我国经济全球化程度也越来越高。中国国民和企业通过参与国际经济交往，在自然人流动、企业设立、劳务和服务、商事行为、资本流动等方面，成为各国冲突规范的连接因素，从而使中国的民商事法律得到适用的概率大大增加。改革开放的四十年，中国不仅吸引大量国外居民和投资，而且我国国民和企业积极参与国际交往，在世界各地工作、结婚、投资、居住、学习、旅游等，各国国际私法中与中国相关的连接点也已布满全球。这些都是我国民法典迈向世界舞台的重要基础。

（二）反致在扩大民法典适用上的价值

国际私法上的反致制度是可以扩大民法典适用的另一种情形。虽然我国不主动追求民法典在涉外民事关系解决方面的最终适用，但考虑到目前世界各国法律体系发展不均衡，对当事人权益保护水平不一，如果能够通过反致，扩大适用我国民法典作为涉外民事关系的准据法，不仅对于保护我国海外公民的正当权益是必要的，而且也应成为我国民法典国际化的重要途径之一。

然而，我国现有的立法明确反对反致制度。反致的理论争议对于各国立法实践能够给予的启发非常有限。这些争议中存在着非典型性的分类、自我循环地论证、自说自话地攻防等问题。其中，也有不少主张夸大了反致制度的重要性或危害性，给人以反致制度已属冲突法的普遍性、基本性的制度之错觉。实际上，在大量的国际商事实践中，不少的涉外商事合同在法律选择条款上，明确排除准据法国国际私法规则的适用。反致的主要适用于婚姻家庭等人身领域，应作为反致制度理论和立法开门见山式的提示。考察我国有关反致的著述和立法背景性资料，对于反对的理由同样语焉不详。有学者曾认为，随着惯常居所地法原则的确立和提高，国籍原则和住所地原则之间的矛盾减少，导致适用反致制度的前提条件动摇，从而反致制度就会不复存在。[①] 但从各国在人身关系领域的立法来看，惯常居所并没有替代国籍和住所成为唯一连结点。在德国、日本等很多大陆法系国家，国籍连结点仍在确定身份关系方面发挥重要的作用。

反致制度的采取与否，与其说是赞成和反对的观点的博弈[②]，不如说是在认同国际民事纠纷的特殊性的基础上[③]，是否将反致制度作为对统一化的冲突规范的格式化处理模式的"总括性例外"上。反致制度要实现的一致性和公平性，不是"相同民事关系适用相同法律"[④]，而恰恰是"不同的民事关系，不再适用相同的冲突规范"[⑤]。运用反致制度的目的当然不是主观上追求"扩大本国法的适用"。[⑥] 因为即便接受反致，也可以规定反致并不必然在任何案件中都适用。因此，反致制度的设立，并不需要考虑外国国际私法对反致的态度。[⑦]

反致制度具有协调各国实体法管辖权的作用，是一国与国外先进立法的"转换器"。反对反致，实则堵上了本国立法与世界其他国家冲突规范立法沟通的渠道。

---

① 徐冬根：《中国国际私法完善研究》，上海社会科学院出版社 1998 年版。

② 参见黄进主编：《中华人民共和国涉外民事关系法律适用法建议稿及说明》，中国人民大学出版社 2011 年版，第 51 页。肖永平：《国际私法原理》，法律出版社 2007 年版，第 127 页。

③ 以反致在国外立法采取最多的人身领域为例，此种特殊性最终体现在主体的国籍、住所、财产所在地等与管辖法院的密切联系程度上。

④ 肖永平：《国际私法原理》，法律出版社 2007 年版，第 126 页。

⑤ 国际私法规范目前仍相对"原则化"，表现为调整同类涉外民事关系的冲突规范，除少数情形，大多数仍为"一条性"或"概括式"规范。这意味着，同类涉外民事关系，无论其情节如何特殊，都只能适用同一冲突规范。国际私法中，除了法律规避、公共秩序保留等制度，还有反致制度可以赋予法院自由裁量，根据不同的案件事实来决定规范是否适用。

⑥ 有学者认为，赞成反致的观点中包含"把更多地适用本国法作为指导思想"。王胜明：《涉外民事关系法律适用法若干争议问题》，《法学研究》，2012 年第 2 期，第 191 页。

⑦ 有学者认为："如果规定反致，要使反致充分发挥作用，就要查明世界上主要国家对某种民事关系的法律适用是怎么规定的，然后本国再规定衔接条款。但是，实现这一目的需要各国对某种民事关系法律适用的规定基本一致，而且各国的规定维持不变，这显然是不可能的"。王胜明：《涉外民事关系法律适用法若干争议问题》，《法学研究》，2012 年第 2 期，第 192 页。

接受反致才是以不变应万变之策略。国际私法中，除了法律规避、公共秩序保留等制度，反致制度可以在特定案件中改变冲突规范所具有的僵化和封闭属性，从而实现管辖权、法律适用和判决承认与执行的协调。

我国应在立法上承认并采纳反致。反致制度在扩大我国民法典适用方面具有一系列价值：其能够发挥克服冲突规范局限之工具价值，从而实现更优的准据法得以适用于特定的涉外民事关系。反致制度在各国立法和司法实践中普遍存在，其在我国法院的实施，不会招致他国的抵触，可以实现公共秩序保留的温和适用。在当前国际民事诉讼管辖权难以统一的背景下，适当运用反致制度，还可以避免当事人挑选法院或平行诉讼，有助于实现裁判结果的一致性。

二、反致制度的工具价值：冲突规范局限性之克服

在冲突规范尚未实现国际统一的背景下，反致制度具有独特的工具价值：即增强冲突规范的灵活性，通过法律适用的反致或转致，实现法院希望达到的裁判效果。从管辖权的视角观之，反致制度无疑具有国际视野，它通盘考虑了管辖权、法律适用和准据法三个问题：假设案件不在受理法院诉讼，而是在根据本国冲突规范应当适用的准据法国起诉，则该准据法国的法院将根据其冲突规范，适用受理法院的准据法。此外，反致的作用还包括学者广泛认同的扩大本国法适用的目的。

（一）增加法律适用的选择空间

冲突规范的不一，是反致产生的根本原因。反致大多产生于属人法连接点的冲突。具体表现在一国采用国籍作为属人法的连接点，而另一国采用住所或经常居所地为属人法的连接点。一般来讲，属人法的连接点从国籍转为住所，更能反映涉外民事关系的当事人与特定场所之间的实际联系。但在特定案件中，特别是在涉及当事人的宗教、习俗等涉外民事关系方面，国籍作为某些涉外民事关系法律适用的连接因素，相比于住所而言，更具合理性和科学性。

与国内民事关系的分类调整不同，涉外民事关系的复杂程度超出"类型化"的解决范式。因此，冲突法很少使用直接调整的规范，或是采取列举的方式扩充冲突规范。针对特定类型的涉外民事关系的冲突规范（如合同、侵权），大多为单

独的规范条文。某类涉外民事关系发展到一定程度后，才有进一步分化情形予以调整的必要，如中国涉外民事关系法律适用法中的消费合同、劳动合同、产品责任等。冲突规范的此种"一条性"规范的特点，使其在准据法的确定方面不可避免地具有片面性和僵化性。尽管通过增加连接点的数量在一定程度上对冲突规范起到了软化作用，但仍无法解决特殊情形下——该特殊情形发生的概率未达到制定一般规则的例外情形的程度——的涉外民事纠纷在法律适用上的科学性、合理性和公平性问题。

反致制度的引入，在一定程度上调和了国际私法的国际性和民族性冲突。在冲突法的立法上，一方面，涉外民事纠纷的诉讼解决方法经过几百年的发展，其以冲突规范来间接调整的方法和立法经验，已经被证明适用于大多数国家。另一方面，各国在冲突规范的连接点的选择上，有绝对的自主权。特定连接点的选择，在某种程度上反映了该国对主要涉及本国因素的涉外民事关系调整的价值取向。承认反致，并允许根据案件情形决定是否适用反致，将赋予法院更大的自主权，以决定是否适用本国冲突法没有明确规定的、但在准据法国的冲突法中可采纳的连接点，从而可以更好地处理涉外民事纠纷。

（二）实现裁判结果的一致

冲突法制度是有关管辖权、法律适用和判决承认与执行等制度为一体的规范体系。但上述三套制度在很大程度上各行其是。首先，目前国际上尚未缔结统一的管辖权的国际公约，现存的有关管辖权的国际公约，主要是欧洲范围内少数国家加入或批准的，针对特殊主体保护的公约，如《保护未成年人管辖权和法律适用公约》，或针对纠纷常发领域的公约，如《关于船舶碰撞中民事管辖权若干规则的国际公约》等。尽管海牙《选择法院协议公约》被认为是"在国际范围内建立国际统一的管辖权规则和国家间相互承认和执行的法院判决机制"，但该公约并不适用人身关系、侵权、婚姻家庭等领域。其次，有关法律适用的冲突规范制度，虽然在连接点的选择方面注重了管辖权的分配，但不能将连接点所在地的法院，作为唯一有权管辖的法院。因为法院管辖不仅关系到一国司法主权的行使，而且与国际民事纠纷解决的方便性直接相关。这意味着，在未来一段时间内，国际民事诉讼的管辖的差异，将不会有根本性的改观。国际民事诉讼的当事人，通过"挑选法院"来选择要适用的冲突法,进而选择可能适用的准据法,将会在法律资讯传播日益迅捷的今天而更加频繁。甚至于,即便案件在一国法院做出裁判,当事人在其他有管辖权的法院起诉并获得不同判决的可能性也大大增强。由于此种情形常发于涉外婚姻家庭领域,案件的裁判过程中往往夹杂着公共政策、道德、宗教、习俗等非法律因素,管辖权可能由隐性冲突转变为显性冲突。

考虑到现代网络技术的快速发展,一国法律制度可通过互联网快速检索,在冲突规范的指引下,准据法的内容和适用结果将不难预测。这导致挑选法院现象将会愈演愈烈。加上各国在涉外民事诉讼制度的规范建设逐渐完善,管辖权的扩张行使也将不可避免。由此,管辖冲突以及在判决承认执行程序中可能产生的审查,将导致其他有管辖权的法院对法律适用进行审查,并可能做出平行管辖或不承认判决的裁定。

恰当运用反致,可以在一定程度上缓解管辖权的冲突,并可实现裁判的一致性。反致可以在法院管辖权不变的情况下,实现(实体法)管辖权的移交。借助反致,适用对案件同样有管辖权的另一国家的冲突法,本国法院将自己设想为在另一国法院审理案件,适用该国的冲突规范,最终实现案件无论在哪一国家诉讼,裁判结果均为一致。在英国"双重反致"中,英国法院在根据本国冲突规范指引,适用外国法作为准据法时,根据该外国对反致的态度,进而决定是否采用"单一反致"(即结果是适用反致)或"双重反致"(即结果是不适用反致)。"单一反致"适用于该外国不承认反致的情形。这与案件若首次在该外国受理,该外国根据本国冲突法直接适用英国实体法的结果一致。"双重反致"适用于该外国承认反致的情形。这与案件若首次在该外国审理,该外国根据本国冲突法适用英国法律,而根据英国冲突法,案件应适用该外国实体法。在该外国承认反致的情形下,案件最终适用该外国的实体法。由此,单一反致和双重反致制度的结果,在考虑相关外国对反致的立场的前提下,与该案件在外国首次受理,依该外国冲突法进行处理,是一致的。在此,反致制度也可以看作是对案件的"法律"管辖权和"法院"管辖权的协调。在某种程度上,反致制度兼具扩大本国"法律"管辖权和限制本国"法院"管辖权双重功效。

承认反致并无损于本国司法主权或外国司法主权。对于接受反致的国家来说,往往也将其适用限制在婚姻家庭领域，而不是所有的涉外民事关系领域。而且，当住所和经常居住地逐渐成为属人法的重要连接点，国籍与住所作为属人法这对易于产生反致的因素被取代后，反致发生的概率大大降低。尽管如此，只要各国调整特定涉外民事关系的连结点未统一，反致制度背后的法律适用困境就不会自动消除。承认与不承认反致，都只是对这种困境的一种处理方式。如果客观中立地看待这一问题，仅从程序角度，而不夹杂主权、管辖权、法律的公正性等因素，承认反致和不承认反致，在具体的个案中并不涉及司法管辖权等问题。

（三）扩大本国法的适用

国内学者认为："反致的本质是通过尽可能的扩大本国法的适用范围来达到维护本国人的利益和本国的国家利益。"[1]这一观点道出反致在涉外民事纠纷解决方面所具有的价值衡量的作用。不过，反致制度的适用并不只服务于本国国家和国民利益，对于外国人在本国诉讼的案件，反致制度同样也可以通过法院地法的扩大适用，而实现对外国公民正当利益的保护。

福尔果案被公认为反致制度的经典案例。在该案中，福尔果是 1801 年出生在巴伐利亚的非婚生子，5 岁时随母去法国定居，直至 1869 年死亡。他在法国留下一笔动产，但未立遗嘱。福尔果没有子女，母亲和妻子都已死亡，其母亲的旁系血亲在法国起诉，要求继承。法国法院根据自己的冲突规范，本应适用巴伐利亚法律。依巴伐利亚法律，他们是可以作继承人的。但根据巴伐利亚的冲突法，继承应适用死者事实上的住所地法，即法国法。据此，法国法院接受这种反致，适用法国法，认为这笔财产依法国民法为无人继承财产，应收归国库。[2]一般认为，法国法院采用反致的目的是为了通过扩大内国法的适用而获得利益。然而，福尔果案也并非完全是为扩大国内法律的管辖权。它还涉及公共秩序保留的问题。

在英国科利尔诉利伐兹案中，英国法院将当事人所立的四份遗嘱适用比利时冲突规范，因为该四份遗嘱虽然根据比利时的国内法是无效的，而根据比利时的冲突规范来适用英国法则是有效的。在该案中，当事人的两份遗嘱适用了英国冲

---

① 金彭年，汪江连：《从反致制度的本质看我国关于反致制度的取舍》，《浙江大学学报（人文社科版）》，2004 年第 2 期，第 47 页。

② 杜涛：《涉外民事关系法律适用法释评》，中国法制出版社 2011 年版，第 100 页。

突规范并根据比利时国内法认定有效，而另四份遗嘱则适用比利时的冲突规范并根据英国国内法认定有效。也就是说，在同一案件中，英国法院适用了反致和双重反致。其原因是，法院的最终目的是克服英国冲突规范的僵硬性，使遗嘱形式的有效性尽可能不受各国遗嘱形式的差异的影响。莫里斯认为，这体现出英国法官意图保护立遗嘱人最后愿望的权利，并使仅存在形式瑕疵的遗嘱尽可能有效的司法倾向。[①] 由此可见，英国的双重反致制度也并不完全是根据"外国对反致的态度"，最后决定应适用哪国法律的制度。反致制度不过是通过冲突规范形式上的合理性，来实现涉外民事纠纷解决的实质合理性。其工具价值的背后，是案件在法院地国的实体正义观。

三、反致制度的目的价值：公共秩序保留的温和适用

即便一国承认反致制度，也可以对反致的适用范围做出限定。在具体的涉外民商事案件中，是否适用反致，赋予法院较大的自由裁量，不仅能够克服冲突规范的单一连接点无法涵摄各种涉外民事情形之不足，而且有利于在涉外人身和婚姻家庭领域维护本国的社会公共政策和国民利益。一国采用反致制度最终适用本国法，在某些情形下可以起到保护本国的公共政策和国民利益的效果，这是通过公共秩序保留制度无法实现的。

（一）准据法的属性转变：从实体法的管辖权到涉外民事纠纷的处理规则

反致制度在国际私法历史上被误解为避开本应适用的准据法，扩大了法院地本国法的适用范围。然而，此种主张并不符合国际民事纠纷解决的现实。

在国际社会尚未对民事案件的管辖权作出统一的背景下，国际民事纠纷的解决，在很大程度上是一项国内诉讼活动：案件的管辖是根据一国国内的诉讼程序法律确定；冲突规范及其准据法选择是国内立法机关制定的；法院审理程序适用该国的诉讼规则。案件除了因涉外民事关系具有涉外因素，从而根据冲突规范应适用外国法作为准据法，以及在某些情形下需要外国法院承认和执行判决外，主要诉讼活动均在一国国内法院完成。

国际民事诉讼之所以适用外国法，是出于涉外民事法律关系具有涉外因素。

---

① J.H.C.Morris,the *Conflict of Laws*,Stevens&Sons,3rd ed.,1984,p.471.

而该涉外因素在特定案件中，具有多元性。住所、国籍、行为地、物之所在地等，均可以作为准据法调整该涉外民事关系的连接要素。但冲突规范往往只能选择其中一个或几个。各国对特定涉外因素的赋值有所不同。这才出现一国选择住所作为连接点，另一国选择行为地作为连接点。而选择哪一连接点，在特定的时间、空间，对特定的国家而言，具有偶然性。考虑到特定涉外民事纠纷的管辖法院也具有偶然性（当事人可选择在任一具有关联因素的国家的法院起诉），适用管辖法院的冲突规范，也自然不具有必然性和唯一性。从某种程度上说，涉外民事纠纷的解决，就是在管辖权确立的情况下，根据一定的规则来解决纠纷。纠纷解决的规则（冲突规范）偏重于程序性而非实体性。管辖法院只有当发生法律规避或需要进行公共秩序保留时，才会对准据法的适用结果进行实质性审查。除此之外，法院对特定涉外民事纠纷的解决，无异于根据特定的指令进行机械化操作。一旦我们认可各国法律规定的差异仅是价值差异，而价值差异理应被国际社会所尊重，就不会对解决涉外民事纠纷应适用哪一准据法"心怀执念"。而且，在国际民事诉讼中，越来越多的国家的法院将准据法的查明看作是应由当事人提交的证据。

在深入了解国际民事纠纷解决的各个阶段后，不难发现，准据法无非是通过特定的程序（这一程序可以是当事人意思自治，也可以是经由冲突规范指引）而被选择的解决纠纷的规则。这种选择，无异于在当事人在场的情况下，抽签选择某一机构来做出鉴定或评估。因此，通过反致来适用本国法，其对当事人之间的纠纷所产生的实际影响，未必有想象的那么大。

但另一方面，对于采用反致制度进而适用本国法的法院来说，由于反致制度所提供的便利，不仅省去了外国法查明的麻烦，而且在特定的案件中，可以扩大法院地公共政策的适用。

（二）公共秩序保留的温和适用

当准据法在涉外民事纠纷的解决中愈来愈表现为一种指定的或约定的规则时，准据法所具有的政治和主权含义也在逐渐减少。如果当事人未就或不能就准据法做出选择，则受理案件的法院根据本国冲突规范所做出的指定，对当事人而言，具有不可反驳或申诉性；对其他国家（尤其是判决的承认和执行国）而言，除非基于公共秩序保留，不应以任何其他理由来否认该法律适用的合法性和正当性。

这意味着，法院地国可以在当事人和其他对案件有管辖权的法院都不能且无意愿提出异议的情形下，通过确立反致制度来实现对特定涉外民事关系的法律调整，尤其是在法院地的公共秩序或本国当事人的利益需要保护的情形下。

随着涉外民事交往的广泛和频繁开展，涉外民事关系的立法进入新的时期。然而，冲突规范自身的属性决定其在短期内无法满足国际社会精细化调整涉外民事关系的需求。调整某一具体涉外民事关系的冲突规范在经历连接点的软化处理这一变革后，又面临针对进一步类型化的涉外民事关系做出区别调整的挑战，其结果是，虽然针对同类别的涉外民事关系的不同方面（例如遗嘱形式和遗嘱效力）或不同样式（如动产物权和运输的动产）制定了不同的冲突规范，但相关冲突规范的连接点的确立，似乎并无显而易见的科学性或合理性。甚至在特定的案件中，小类的冲突规范不及大类冲突规范在适用结果上更公平。

这种貌似进步的立法——明示其一即排除其他——使冲突法体系更加臃肿，失去灵活性。有别于国内立法的发展方向，冲突法似乎更应注重诸如反致等基本原则在具体涉外民事纠纷中的"调节"作用。反致作为增加冲突规范灵活性的制度，能够在对一国的冲突法体系造成最小影响的情况下，根据案件特殊情况，赋予法官做出选择的权利，以外国法或本国法作为准据法，解决纠纷。在适用反致时，可以避免根据一般公共秩序保留的制度来排除外国法的适用，而以本国法为准据法。

四、后民法典时期我国采纳反致制度的建议和理由

就我国现阶段的政治、经济和法制现状而言，反致在结果上能够扩大法院地的实体法的管辖权；反致使法院在依据公共秩序保留等安全阀不足以保护特定主体的利益时，提供了变通适用准据法的空间。反致制度协调了管辖权和法律适用，从管辖权的角度，有利于国际民事纠纷在管辖权因素权重较大的国家，获得裁判结果一致性。中国现有反致立场的立法选择，是否有压倒性理据不得而知。但如果仅仅是出于担心该理论过于复杂以至于法官无法理解，则未免多余。我国实施统一的法律职业资格考试也有二十多年时间，应该相信，从事涉外法律审判实务的法官们，有能力理解反致问题的理论和实践价值，并可以在实践中灵活运用该

制度。

对反致制度的态度可能间接反映立法者关于冲突法的立场，即：国际主义还是权利主义立场。国际主义认为，各国应禁止反致制度，担心反致会引发国内法的扩张适用，最终导向属地主义与民族主义。然而，这种主张是完全从国际私法的国际性的角度出发。一国的国际私法，担负着多种功能，包括促进国际交流与合作等国际性功能。也包括最大程度维护当事人合法权益的人权性价值。因此，如果一味地排除反致制度的实施，而同时又缺乏协调各国冲突规范差异的法律机制，则国际私法的多元价值目标（国际民事交往的可预见、稳定、涉外民事纠纷的适当解决、本国公共秩序的维护、本国当事人权益的保护等）就缺失安全阀。反致领域的国际主义主张完全是一厢情愿。国际上没有任何条约或习惯认定反致具有扩大国内法实施或长臂管辖的效果，且反致在一些国家的国内法院得到了有效实施，如果仍坚持虚构的"国际主义"，反对"反致"制度，其结果必然是"反制"了自身。

反致制度不是适用于或发生在所有涉外民商事领域的冲突法制度，即便一国承认反致，也可对反致的适用范围做出限定。反致产生的重要前提之一是各国冲突规范连接点的不同，并且因此产生地"致送"。产生此种"致送"频率最高的，当属经常居所和国籍两个"属人"性连接点。而在以行为地、物之所在地等为连接点的冲突规范中，由于较少出现一国以"属人"连接点而另一国以"属地"为连接点的冲突规范立法，发生反致的概率极低。承认反致，将特定涉及人身关系的涉外民事纠纷"返回"本国实体法管辖，既符合"属人管辖"的基本主张（当事人的国籍或住所至少有一个在法院地国），能为本国或在本国具有经常居所地的居民提供特殊保护，也不违背国际纠纷解决的基本原则。

因此，在我国现阶段，在涉外民事关系法律适用法中接受反致制度对于法院审理涉外民事纠纷，总体上是有利的。

（一）反致只是提供可能的工具，是否采用可由法院根据案情决定

在立法中承认反致制度也不会导致冲突法体系出现所谓的法律适用的循环。一国可以对是否在特定案件中采用反致做出规定，赋予法院自由裁量。

我国现有的立法明确反对反致制度。然而，反致并没有限制国外法院管辖权

和法律管辖权的扩张行使。限制的只是我国自身的管辖权。接受反致制度，恰是接受其他国家冲突法制度的合理性。不接受反致，虽然意味着对本国冲突规范的高度自信，但这种自信的另一面，是否认在特定涉外民事纠纷的解决上，有更合理的连接点或准据法。

（二）反致可对初始管辖权不当而产生的法律适用问题做出纠正

一国在行使国际民事诉讼的管辖权时，可基于经常居所地、国籍、行为地、财产所在地等因素，这会产生"平行诉讼"、"挑选法院"等问题，而且会导致已受理的法院随后难以根据"不方便法院"原则驳回诉讼。如果有更合适受理的法院来管辖该案件，则适用的冲突规范及其准据法也会因此不同。

反致制度在某种场合发挥了管辖权重新配置的效果。通过反致适用被反致国的冲突规范，管辖法院将自己置于被反致国法院的地位，可以纠正因初始管辖权行使不当而导致法律适用的不当。实际上，并不是只有英国的"双重反致"具有"外国法院说"的效果。单一反致在纠正初始管辖权不当的意义上，也给初始管辖法院提供了在外国法院审判的机会。

（三）反致可增强本国实体法在涉外法治规则构建中的影响

统筹推进国内法治和涉外法治建设，包含在涉外法治中创造各种条件，扩大国内法的影响。二十世纪和十九世纪的国内民法典在国际影响力是通过为其他国家提供立法蓝本的途径。在二十一世纪，中国的民法典对世界的影响的一个途径将是间接应用于国际民事关系的调整。国际民事关系的调整有直接调整和间接调整两种方式。迄今为止，直接调整的方式仍局限于个别领域。间接调整的方法是指借助冲突规范指引来适用某一国家的实体法来调整。也包括当事人在合同中选择某一国家的实体法来解决纠纷。反致是扩大本国法律在国际民事交往中的影响力的另一重要方式之一。一方面，此种应用需要涉外民事关系具有中国因素为前提，即通过中国参与国际经济交往，在自然人流动、企业设立、商事行为、资本流动等方面，成为各国冲突规范的连接因素，在私人层面输出中国法制。另一方面，立法层面也需要积极创造条件，输出中国法律。反致作为一种国际社会可接受的扩大法院地法适用的途径，可以在涉外民事纠纷的解决中，扩大本国法的适用范围，增强中国民商事法律在世界的影响。

（四）反致制度能促进我国四法域冲突法的协调统一

海峡两岸暨香港、澳门适用各自的民事法律和冲突规范。各地之间的民事交往非常频繁。各地之间从事民商事关系的主体有同一国籍，在地缘和种族上也接近。这为基于管辖权和裁判结果一致而采纳反致制度创造了互信的基础。而反致也可以在促进四个法域之间的实体法互通发挥积极作用。

（五）反致制度有利于实现国际民事诉讼裁判结果的一致性

反致制度关注管辖权和准据法的一致。在通讯和资讯日益便捷的时代，因"挑选法院"和"平行诉讼"引发的管辖权冲突将会更加突出。当事人利用烦琐的诉讼程序来拖延案件的实体审理，不仅浪费司法资源，而且损害各国司法机构的权威。我国国际私法典如将反致制度与管辖权、法律适用结合起来，融入"不方便法院"原则，在推动国际民事纠纷的实质性解决方面向前迈出一大步。

五、结论及建议

对于反致制度的定性和评价，有很多的视角。学者在不同的时期，对这些视角的侧重会有所不同。在国际私法产生的早期，主权、属地管辖、国籍等概念是法院地审判的核心关注。因此，法院在涉外民事纠纷的判决中，会用大量篇幅去论述适用外国法的正当性和合理性。诸如国际礼让说、属地主义理论、国籍主义、既得权说等，都旨在阐明案件的审理适用外国法而不适用本国法的原因。在冲突规范被广泛接受为国际民事关系调整的主要方式之后，学界和实务界开始将重心转移到连接点选择的科学性方面。诸如法律关系本座说、最密切联系原则、结果选择说等，都开始关注涉外民事纠纷解决的实体法管辖的正当性。上述国际私法制度关注重心的变化，如果以时间为横轴，以热度为纵轴，并非都呈直线上升或下降的发展趋势。一国由于国际私法的历史起步时间不同、政治社会制度不同、经济文化不同，对国际民事纠纷解决的重心侧重也有所不同。

对比二十世纪八十年代民法通则通过之时，我国目前在政治、经济、社会、国际交往等各个领域都取得巨大进步。相应地，为保护我国国民和企业的海外投资利益和人身权益，在管辖权理论和实践上，我国应由相对保守的属地管辖权转向更为积极的属人管辖和保护性管辖。反对反致的立场，是趋于保守的属地管辖的立场；而赞成反致，则是相对积极的属人管辖和保护管辖的立场。我国经过四十多年的法制建设，已经建成完善的国内法体系，尤其是 2021 年 1 月 1 日实施的民法典，更是代表我国民事法律体系的系统成熟。我国全面融入世界经济体制的二十多年，各种涉外民事纠纷解决的机制也逐渐健全并完善。此外，我国公民和企业的对外经济交往已经改变过去的以贸易和吸引投资为主，产生了大量的对外投资，他们在海外的投资权益和人身权益也亟须国内法予以保护。因此，对于包括涉外民事关系调整在内的涉外法治建设，我国不仅在涉外民事管辖权的扩张行使方面有重大利益，而且负有保护的责任。

就我国现阶段的政治、经济和法制现状而言，反致在结果上能够扩大法院地的实体法的管辖权；反致使法院在依据公共秩序保留等安全阀不足以保护特定主体的利益时，提供了变通适用准据法的空间。反致制度协调了管辖权和法律适用，从管辖权的角度，有利于国际民事纠纷在管辖权因素权重较大的国家，获得裁判结果一致性。中国现有反致立场的立法选择，是否有压倒性理据不得而知。但如果仅仅是出于担心该理论过于复杂以至于法官无法理解，则未免多余。我国实施统一的法律职业资格考试也有二十多年时间，应该相信，从事涉外法律审判实务的法官们，有能力理解反致问题的理论和实践价值，并可以在实践中灵活运用该制度。

在涉外民事关系的调整上，民法典摒弃了《民法通则》以专章形式规定涉外民事关系调整的立法体例。除在合同编规定中外合资经营企业合同等的法律适用外，未对涉外民事关系的调整做出其他规定。尽管如此，民法典在某些情形下仍具有直接适用涉外民事关系的效果。在我国领土内，对发生在我国领域内的某些民事关系，如结婚、设立企业、不动产登记等，无论主体是我国公民还是外国人，都应遵守民法典的规定。通过国际私法的"桥接"作用，民法典还以两种形式发挥间接调整的作用。其一，在涉外合同或其他财产关系中，被当事人选择为合同、动产物权或侵权等准据法；其二，根据我国或他国的冲突规范指引，最终适用我国的民法典。这两种间接调整方式发生频率，与我国在经济和社会领域融入世界的深度和广度直接相关。前一种关系到我国民法典的国际认可程度。后一种与我国国民及其财产和行为在各国的分布轨迹（连接点）相关。

反致是另一种发挥民法典间接调整涉外民事关系作用的制度。我国《涉外民事关系法律适用法》不承认反致制度。但学界与立法者对该问题的意见在三十多年间始终未达成一致。一方面，在立法上，《民法通则》虽然未对反致做出规定，但《关于适用（涉外经济合同法）若干问题的解答》（1987）、《审理涉外民事或商事合同纠纷案件法律适用若干问题的规定》（2007），都明确指出在民事和商事合同领域，我国不承认反致。《涉外民事关系法律适用法》更是明确规定在所有的民事领域，都不适用反致。另一方面，在学界，《中华人民共和国国际私法示范法》第八条第二款规定了在身份领域"应予"接受反致。涉外民事关系法律适用法的学者立法建议稿中，也允许在涉外民事身份、婚姻家庭、继承领域适用反致制度。

从目前世界国际私法的立法趋势看，关于反致的争议已经不是要不要采用反致制度，而是在哪些领域采用以及对反致要给予哪些限制。[①] 尽管如此，我国学界和立法界在反致问题上仍无法就反致制度的功能取得共识。在民法典生效后，《民法通则》被废止，导致在国际公约和国际惯例的适用上，涉外民事关系的法律适用体系产生若干真空地带。这亟须通过修订《涉外民事关系法律适用法》或系统编纂《中国国际私法法典》的方式来填补。借此，对反致等冲突法制度和规范的修改恰逢其时。由此，在修订或制定国际私法中，清楚地阐述反致的功能价值和目的价值，利用反致制度软化冲突规范的单一、僵化和封闭，确保民商事判决的统一、管辖权的协调以及裁判承认和执行，是弥合学界和立法界认识分歧的根本路径。

第三节　先决问题法律适用的价值选择

国际私法的先决问题，是指法院在审理涉外民事纠纷过程中，纠纷主要问题的解决需要以另一问题的解决为前提，而该问题也属涉外民事关系，应根据什么法律来解决的问题。由于先决问题是在解决主要问题的程序中产生，故先决问题又称"附带问题"（incidental issue）。

---

① 杜涛：《涉外民事关系法律适用法释评》，中国法制出版社2011年版，第102页。

　　先决问题的立法，涉及的法律问题很多。首先，是先决问题的立法必要性问题。先决问题的发生在涉外民事关系领域不具有普遍性，有关先决问题的法律制度是国际私法的特殊性制度。因此，并非所有国家的国际私法都明确规定了先决问题的法律适用。这或者出于先决问题的产生概率或频率较低，在立法中无需做出规定，而由法官根据具体情况自由裁量。或者担心如果立法机构明确规定先决问题适用某一国家的冲突规范，就有可能排除其他冲突规范的适用。其次，是先决问题的管辖权问题。尽管先决问题产生与主要问题，没有主要问题的争议，就没有先决问题解决的必要，但先决问题的管辖权一直未引起学者的充分重视。学界关注的问题是先决问题依据哪国的冲突规范解决，而不是先决问题是否应独立起诉。如果认为先决问题可以作为一个独立的问题起诉，则主要问题受理国法院未必就是先决问题管辖的方便法院。反之，如果否认先决问题可以提起独立的诉讼，主张先决问题应由主要问题受理国法院一并受理，则仅产生先决问题的法律适用问题。最后，是先决问题的法律适用问题。先决问题作为一类单独的涉外民事纠纷，如同主要问题，其解决可能包含以下几种途径：（1）直接适用主要问题的受理法院地的实体法；（2）适用法院地的冲突规范，根据冲突规范指引适用某一国的准据法；（3）适用主要问题的准据法；（4）适用主要问题准据法所属国的冲突规范。由于先决问题具有涉外属性，因此，第（1）种途径不是适当的解决方法，并且由于其涉外属性可能不同于主要问题的涉外属性，因此，第（3）种途径在大多数情况下也不是适当选择。并且，考虑到管辖权问题，如果该案在主要问题准据法所属国起诉，该国法院即便根据本国冲突规范适用本国法律，对于先决问题也不会直接适用本国准据法。因此，采取排除法，从逻辑上，先决问题的解决途径就仅剩下上述第（2）（4）种途径。

　　这两种途径，目前是各国冲突法的主要选择。其共性是，各国均将其作为冲突法问题处理，因为它只与被界定为争端的主要问题相关。然而，争议的主要问题应根据法院地的实体法确定，还是应受管辖权条款的限制，却是众说纷纭。在这方面，最近对争端定性的方法似乎倾向于这样一种观点，即每起争端都有一个必须由法院来确定的重心。① 这种方法引入了一种新的管辖权守护原则,即:从整体上审查争端以确定重心,审查各方的潜在用心,在此基础上定义"真正的"争端。②

值得注意的是,在"先决问题的法律适用"这一问题上,应区分立法和司法两个语境。在立法语境下,立法者需要考虑先决问题应适用哪一国的冲突规范。在此环节,尽管先决问题的法律适用貌似冲突规范的结构,但该规范不是冲突规范。冲突规范,即特定涉外民事关系的法律适用,其是适用某一国的准据法。而先决问题的法律规定,是适用某一国的冲突法。先决问题是对众多在某一涉外民事纠纷中出现的,需要首先解决的问题的统称。在理论上,先决问题的种类与主要问题的种类相同。包括涉外财产、婚姻、侵权等各个方面。因此,在立法上,先决问题不存在统一的准据法,其解决模式只能是通过立法确定适用哪一国的冲突法,再根据该国冲突法关于特定涉外民事关系的冲突规范,适用准据法。在司法语境下,一旦立法机关已经就先决问题适用何种冲突规范做出明确规定,先决问题的法律适用就等同于某一特定涉外民事关系的法律适用。

一、先决问题的构成要件:基于管辖权的考量

(一) 先决问题的含义和条件

国际私法上的先决问题具有独特的含义。学界认为,先决问题必须同时具备以下三个条件:(1)主要问题依据法院地的冲突规范,应适用外国法作为准据法;(2)先决问题具有独立性,可以作为单独的问题向法院提出,并应根据国际私法来解决;(3)根据准据法国的冲突规范和法院地国的冲突规范,先决问题法律适用的结果不一。以上三个条件中,条件(2)是先决问题的关键条件。并非所有"首先要解决的问题"都是国际私法上的"先决问题"。例如,如果要解决某一涉外民事纠纷,需要适用某一冲突规范,适用该冲突规范则首先要明确其"范围"所指,则该"首先"要解决的问题,不是先决问题,而是"识别"问题。再如,在涉外

---

① Callista Harris, *Cains with an Ulterior Purpose: Charactersing Disputes Concerning the "interpretation or Application" a Treaty* ,18 L. & PRAC., INT'L CTS. & TRIBS. 279 (2020).

② Matina Papadaki, *Incidental Questions as a Gatekeeping Doctrine*, 116 AJIL Unbound 170(2022),p.171.

民事关系审判的过程中，有些问题虽然是首先要解决的，但属于事实查明的问题。甲国国籍的 A 和甲国国籍的 B 是否具有合法的婚姻关系，是身在乙国的 B 是否享有继承权的前提，但如果 A 和 B 在甲国结婚并符合甲国的婚姻条件，则该二人的婚姻效力就仅是一个事实查明的问题。上述三个条件有一个共同点，即：先决问题是应当根据冲突法来解决的。诸如事实查明问题，或法律定性问题，如果不需要适用冲突法来解决，就不属于先决问题。

在逻辑上，第一个条件和第三个条件是否有必要，不无疑问。对于条件（1），主要问题必须"依据法院地的冲突规范，适用外国法作为准据法"，这意味着，如果主要问题依据法院地的冲突规范适用法院地法，那么，根据冲突规范，无论先决问题是适用法院地法还是外国法，都不能成为国际私法上"先决问题"。简言之，条件（1）认为，如果主要问题根据法院地的冲突规范适用法院地的实体法，则先决问题就不存在法律适用的问题，似乎只能适用法院地的实体法。结合条件（3），先决问题要么适用主要问题准据法国的冲突规范，要么适用法院地国的冲突规范，而不存在其他可能。此种逻辑，是将先决问题视为"附带问题"，而不是具有独立性的涉外民事法律关系。认为"附带性问题"是"主要问题"的附属，即：或者附属于主要问题的受理法院国，或者附属于主要问题的准据法国。这与条件（2）所说的"独立性"自相矛盾。

先决问题的条件在逻辑上的自相矛盾，根源于先决问题的管辖权。上述三个条件，表面上是基于对两个国家关于先决问题的管辖权的认可（主要问题准据法所属国和主要问题受理法院国）的逻辑"自洽"，但却陷入了自我逻辑循环。实际上，即便我们承认先决问题的法院管辖权在于受理主要问题的法院，在主要问题根据冲突规范适用法院地的实体法时，也不影响先决问题适用外国法。如果不承认此种情况属于"先决问题"，此种情形的法律适用就需要在冲突法中另行规定，甚至，学界需要对此种情形再另行定义。

有学者认为先决问题是识别问题的一种。[①] 但识别涉及同一事实的定性问题，而先决问题涉及两个法律事实的定性和法律适用。显然二者存在区别。

---

① Geert van Calster , *European Private International Law*, Hart Publishing,2016,p.6.

(二) 先决问题的管辖权

关于先决问题的立法，大多数国家实际上默认了主要问题受理国法院对先决问题享有当然的管辖权。这种处理模式，对于某些案件的当事人而言，默认主要问题受理国法院对先决问题的管辖，具有诉讼经济和效率的优点。但问题是，该先决问题是否应允许当事人独立起诉？还是在主要问题管辖法院与主要问题合并审理？

先决问题实际上是"先决难题"。在一国的国际私法对先决问题所引发的上述法律适用问题做出规定前，法院在面临先决问题时，具有多种选择方案。默认管辖权仅是先决问题的解决之规范化的一个选项。该选项的典型表达即目前广泛为各国采取的"适用主要问题准据法所属国的冲突规范"和"适用法院地冲突规范"。另一些选项是：对先决问题解决的规范化持保守立场，将自由裁量权交给法院。

在管辖权视角，先决问题适用主要问题准据法所属国的冲突规范，具有以下优势：首先，主要问题准据法所属国，因与主要问题存在重要的联系，因而是法院地国之外，当事人最有可能提起诉讼的法院（A）。假设主要问题准据法所属国的法院（B）受理了案件，则一方面，主要问题适用本国实体法，另一方面，先决问题根据本国冲突法解决。如此，法院（A）和法院（B）受理主要问题的争议，适用法律并判决取得一致性的可能较大。其次，如果法院（A）根据本国冲突规范适用了主要问题所属国的实体法和冲突法来分别解决主要问题和先决问题，考虑到判决需要被主要问题准据法所属国承认和执行的可能性较大，此种适用显然有利于判决的承认和执行。因此，此种立法模式也是目前为止，采用较多的立法例。[①]

相反，如果先决问题适用于法院地的冲突规范，虽然方便了管辖法院对先决问题的法律适用，但却会在管辖权方面造成冲突：首先，主要问题如果依法院地国（A）的冲突规范适用外国法作为准据法，意味着针对主要问题的诉讼，国外法院（B）可能享有管辖权。而一旦国外法院（B）行使管辖权，并且适用的法律不是受理案件法院地国（A）的实体法，则受理案件法院（A）根据本国的冲突规范

---

① 韩德培主编：《国际私法》，高等教育出版社2003年版，第158页。

来解决先决问题，完全没有任何的正当理由。其次，涉外民事关系适用法院地的冲突规范，其前提是该涉外民事关系的与法院地存在实质性联系。当先决问题与法院地没有任何联系时，先决问题适用法院地的冲突规范，就产生先决问题管辖的"不方便法院"的争议。

二、先决问题立法的冲突正义和实体正义

（一）先决问题立法的冲突正义

在 Schwebel 诉 Ungar 案中[①]，加拿大最高法院需要裁决一对在匈牙利结婚并定居的犹太丈夫和妻子的案件。在他们移民以色列的途中，途径意大利。在那里，丈夫与妻子以以色列的"get"方式离婚。匈牙利和意大利都不承认"get"，但他们随后选择的居住地以色列却认可此种方式。妻子随后移居加拿大，但仍保有以色列的居所，并再婚。第二任丈夫随后以重婚为由申请婚姻无效。因此，本案的主要问题与妻子的结婚能力有关。根据加拿大法律，结婚能力适用居所地法，即以色列法。先决问题与离婚的有效性有关。根据加拿大法律，离婚的有效性适用离婚时的居所地法（匈牙利）或行为地法（意大利）。尽管如此，加拿大最高法院仍适用以色列的冲突法，即主要问题准据法所属国的冲突规范。最后认为再婚是有效的。[②]

在本案中，尽管加拿大国际私法对离婚有效性的法律适用做出规定，但加拿大最高法院并未在先决问题上适用该冲突规范。在该案中，尽管冲突规范对于先决问题有明确规定，但从案件事实来看，妻子移民加拿大，在以色列保有住所的"连接"，远比离婚时的居所地或行为地更具有密切关系。

先决问题的法律适用，一旦在法律中确立下来，意味着在法院地冲突规范和主要问题准据法所属国的冲突规范中做出选择。确立的优点在于，先决问题法律适用的明确化能带来纠纷解决的可预见性；缺点在于，冲突规范法律适用的唯一性，无法满足涉外民事关系的多样性的公正解决需求。那么，一国对先决问题的立法是否仅是为了给审理案件的法官提供一个冲突规范？或者，先决问题应适用

---

① Schwebel v Ungar [1964] 48 DLR (2d) 644.

② See Geert van Calster , *European Private International Law*, Hart Publishing,2016,p.6.

准何种冲突规范，并不涉及实体公正问题，而仅是立法者在两个规则中选择其一？实际上，即使一国已对先决问题的法律适用做出明确规定，一些涉外民事纠纷案件中的先决问题表明，其法律适用可能不存在绝对的正当性标准。一些国家的立法实践也表明，先决问题完全可能适用相对立的另一冲突规范。此外，发生先决问题的领域常见于婚姻、家庭等人身领域。这些领域，住所、国籍是常见的连接点。先决问题的解决，往往与识别、反致等冲突法制度相糅合。而这些制度通常与一国的公共秩序相关。

（二）先决问题立法的实体正义

在合同和侵权等领域，由于涉外民事关系被分割为不同的争议，例如合同被分割为合同成立、效力、履行等，或者破产案件中包含合同、侵权争议，这可能导致其中一些争议是其他争议解决的先决条件。在这种情况下，主要问题和先决问题实际上具有高度同一性。如果管辖法院适用法院地冲突规范来解决先决问题，则有可能将主要问题与先决问题的法律适用割裂开来，不仅不利于判决的承认和执行，甚至可能影响案件的公正裁判。

值得注意的是，在商事领域，欧盟法也悄悄地协调了合同法和侵权法中对先决问题的处理方式。例如，关于合同适用法律的《罗马条例Ⅰ》第 10 条第（1）款第 26 项规定：合同或合同任何条款的存在和效力，应在合同或条款有效的情况下，由根据本条例确定的准据法予以确定。这就取消了法院地法的冲突规范来决定先决问题的法律适用。在破产条例①中，先决问题在第 13 条关于"有害"的行为以及第 4(2)(m) 条关于"与破产、可撤销或损害所有债权人不可执行的法律行为的规则"中，也采用了特定形式，以使这些先决问题的法律处理能和主要问题所属国的法律一致。

三、我国先决问题的立法

我国现有立法对先决问题的规定，见于《最高人民法院关于适用〈中华人民共和国涉外民事关系法律适用法〉若干问题的解释（一）》第十条，该条规定：涉外民事争议的解决须以另一涉外民事关系的确认为前提时，人民法院应当根据该

---

① Regulation 1346/2000, [2000] OJ L160/1.

先决问题自身的性质确定其应当适用的法律。在该解释之前，我国民法通则没有关于先决问题的法律规定。二十世纪九十年代中国国际私法学会编纂的《中国国际私法（示范法）》中，第十五条"先决问题"的规定是：国际民商事案件或者事项的主要问题的解决依赖另一先决问题的解决时，先决问题所涉及的民商事关系的法律适用应根据本法依照该民商事关系的性质加以确定。

在《中华人民共和国涉外民事关系法律适用法建议稿》的第一稿中，先决问题被作为《法律适用法》的第十二条：对于涉外民事争议的先决问题，应当根据该先决问题的自身性质确定其应当适用的法律。关于该条的说明，参与立法的专家指出，"本条规定，先决问题依其所涉及的民事关系的性质加以确定，这里是根据法院地的冲突规范来加以确定"。[①] 在最后通稿的《涉外民事关系法律适用法》中，该条和其他条款没有获得通过，但在随后的《最高人民法院关于适用〈中华人民共和国涉外民事关系法律适用法〉若干问题的解释（一）》，先决问题仍然被规定下来。与建议稿稍有不同的是，《解释》第10条首先对先决问题的含义做了说明。

结合上文有关先决问题特征及管辖权的介绍，对《最高人民法院关于适用〈中华人民共和国涉外民事关系法律适用法〉若干问题的解释（一）》（下文简称《解释》）第十条进行分析，可以得出以下观点：首先，我国法院默认主要问题的受理法院（我国法院）对先决问题拥有管辖权。先决问题的法律适用在法律上一旦被明确，就意味着在审理主要问题过程中，先决问题的解决不允许当事人另行起诉，而是由主要问题管辖法院一并解决。其次，先决问题在我国法律中的构成要件相对单一。国际私法学界关于先决问题的三要件，在立法上并没有采纳。只要先决问题是需要确认的"另一涉外民事关系"，无论主要问题将要适用的准据法为何，都不影响先决问题的法律适用。最后，《解释》的第十条关于先决问题的法律适用条款存在歧义，语言的逻辑表达有待明确。《解释》的第十条似乎可以做出两种理解。示范法第15条，"应根据本法依照该民商事关系的性质加以确定"，明确提出先决问题应适用法院地的冲突规范（即"本法"）。而《解释》第十条"应当根据

[①]《中华人民共和国涉外民事关系法律适用法建议稿及说明》，中国人民大学出版社 2011 年版，第 53 页。

该先决问题自身的性质确定其应当适用的法律"中,"应当适用的法律":(1)可以理解为应当适用的"冲突规范",因为先决问题的法律适用问题,在国际私法理论上,一直都是有关适用何种"冲突规范"的探讨。依此理解,该条表述并不明确,因其未明确指出应适用哪国的冲突规范,而是由法院"根据该先决问题自身的性质来确定"。这意味着法院既可能适用"主要问题所属国的冲突规范",也可能适用"法院地的冲突规范"。(2)"应当适用的法律"还可以理解为"应当适用的准据法"。在这种理解下,《解释》第十条试图一步到位,将"该先决问题自身的性质"作为涉外民事关系(范围),将"应当适用的法律"作为准据法,直接规定了先决问题的准据法。

四、完善我国先决问题立法的建议

《最高人民法院关于适用〈中华人民共和国涉外民事关系法律适用法〉若干问题的解释(一)》第十条出现两个"应当",在法律语言的规范性和准确性上有所欠缺。

首先,先决问题应在国际私法中进行定义。并非所有"首先要解决的问题"都是国际私法的先决问题。先决问题是一个法律定性问题,而不是事实查明。如果涉外继承需要以涉外婚姻关系的效力认定为前提,则该涉外婚姻效力未必都可能成为先决问题。因为,如果涉外婚姻效力是当事人可以通过举证(结婚证、认证书等)来证明,并且不违反法院地的公共秩序,该婚姻就不应再通过我国的冲突规范重新确认。因此,第十条应通过定义条款明确"先决问题"在国际私法上的含义,以免法院将任何首先要解决的问题都不加区分地适用冲突规范来解决。

其次,先决问题的法律适用不宜在国际私法中明确规定。主要问题和先决问题反映了两种不同案件的管辖权和法律适用问题,在冲突法中做出规定,可能会剥夺了当事人对先决问题的诉权。先决问题的解决,无论是依据明确的规范还是法院自由裁量,未必要适用某一国家的冲突法。

最后,现有的《最高人民法院关于适用〈中华人民共和国涉外民事关系法律适用法〉若干问题的解释(一)》第十条,应从语义上需要进一步明确。"根据该先决问题自身的性质"是指不要将先决问题和主要问题混为一体。"法院应当根据该先决问题自身的性质确定其应当适用的法律"似乎并没有排除"根据其自身性质"适用主要问题准据法所属国的冲突规范。

第四节　证明责任的法律适用

证明责任在国际私法中属于"程序问题和实体问题"范畴。涉外民事纠纷解决中，当事人权利和义务的根据、归责基础、责任范围等实体性问题，适用经冲突规范指引的准据法。而案件管辖、文书送达等规范法院审判程序进行的程序性问题，适用法院地法。实体问题适用外国法，是一国法院解决发生于他国领域的或与他国密切相关的纠纷的需要。从根本上说，关系到一国法院做出的判决能否得到外国法院的承认和执行。程序问题适用法院地法，是诉讼管辖权行使和纠纷解决程序运行的前提，是本国法院对涉外民商事案件属地管辖或属人管辖主权行使的体现，被各国法院普遍遵守和实践。区分程序问题和实体问题的通常标准是问题所属的法律领域及其调整目的。有关法院管辖权、诉讼代理、文书送达、调查取证、审判进行、审理期限等大多数的程序性问题，目的是调整当事人或法院诉讼进行的规则，这些规则对当事人争议的事实问题（issue）不产生直接的影响，也无关纠纷的事实属性和行为评价，在涉外民事纠纷解决中，不会引起争议。但个别程序性问题，如证明责任，因其既关系到诉讼进行，也与事实本质相关，各国或将其归入实体法，或在程序法中做出规定。

我国现行法律未对证明责任的法律适用做出规定。我国学者对此问题的研究也相对较少。[①] 最高人民法院民事审判第四庭在其编著的《涉外商事海事审判实务问题解答》第三条第 15 项将举证责任归入程序问题。[②] 其中，"举证责任及其后果"的表述意味着，举证责任既包含程序上的举证责任，也涉及实体问题的证明责任。

---

① 赵耀斌：《略论证明责任的法律适用》，《法学评论》，2009 年第 1 期。该文指出：我国应当在以后的立法或司法解释中明确规定证明责任属于实体问题，适用实体法律关系的准据法。

② 2004 年最高人民法院民事审判第四庭《涉外商事海事审判实务问题解答（一）》。该项规定：举证责任是指当事人对自己提出的主张有提供证据进行证明的责任，属于程序问题。涉外商事纠纷案件的当事人虽然在合同中约定了准据法，但举证责任及其后果均应适用法院地法，而不应适用当事人约定的合同准据法。

对于一般涉外民商事纠纷来说，举证责任适用法院地法还是准据法的差异不大。但对特定的纠纷，当法院地与准据法国的举证规则之差异足以影响当事人的实体权利义务时，举证责任的法律适用，还关系到当事人对法院管辖的选择，甚至影响判决的承认和执行。

长期以来，我国涉外民商事纠纷的解决严重依赖国内民事基本法。在法律适用领域，直到《涉外民事关系法律适用法》的颁行，我国的国际私法规范才从《民法通则》中独立并单独立法。但在涉外民事诉讼领域，目前仍在《民事诉讼法》第四编"涉外民事诉讼程序的特别规定"中规定。可喜的是，我国近年来高度重视涉外法制的建设。最高人民法院 2022 年连续发布《全国法院涉外商事海事审判工作座谈会会议纪要》《关于涉外民商事案件管辖若干问题的规定》等司法指引文件，表明我国对涉外民商事纠纷调整的法律规范开始朝向"专门化""独立化"的方向发展。在国内民事诉讼中，当事人的证明责任离不开民事诉讼法和民法典的共同调整；涉外民事纠纷解决的举证责任，同样需要结合法院地的诉讼规则和准据法加以认定。据此，涉外民事纠纷解决应走出传统的程序问题与实质问题、法院地法与准据法、国内法与外国法等"二分法"的非此即彼的法律适用模式，而是根据问题自身的属性，结合涉外民商事纠纷的管辖、法律适用、判决承认与执行的特点，赋予法院在具体问题的法律适用方面更大的自由裁量权。

一、两分法的瓦解：程序规则和实体正义的关联

任何纠纷解决的方法，无论是诉讼、仲裁还是调解，都包含两类规则体系。一类是程序性规则，该规则的核心是确保当事人的陈述、辩论、反驳等都能按照一定的程序进行，以使各方当事人都能充分发表意见。另一类是实体性规则，该规则的目的是根据法律或道德对当事人的争议进行是非曲直地裁判，即一方是否存在过错、违约、侵权等行为，应否承担责任。两类规则体系是随着法律部门的分化而逐渐形成的。在民事实体权利法律体系尚未建立的时期，权利人不得不以诉讼的方式实现其权利。①无论是罗马的"无救济即无权利"，还是普通法系的"救济先于权利"，都表明实体权利的保护与纠纷解决的程序之间的紧密联系。

---

① 张晓霞：《民法中请求权概念之辨析》，《法学家》，2002 年第 2 期，第 121 页。

尽管现代各国的法律体系不同，但大都对上述两类规则做出了区分。实体法规定了义务和权利，程序法则涉及适用和执行这些义务和权利的手段和方法。[①]但实质问题与程序问题的区分，在很大程度上取决于该问题隶属的部门法的属性。例如，就侵权举证责任来说，如果在实体法中首次做出规定，即为实体问题；如果在诉讼法中做出规定，即为程序问题。二者的区分也是相对的。规则 Y 相对于规则 X 可以是"程序性的"，但相对于规则 Z 可以是"实质性的"。因此，规则 Y 是实质性的还是程序性的，取决于与哪条规则进行比较。[②]在复杂的民事领域，例如消费者权益保护、劳动者保护等，调整权利义务关系的实体规范与调整司法行政机关职权行使的程序规范呈现高度融合。

（一）实体法与程序法的融合

在个体信息保护、消费者保护等新兴或更新较快的民商事领域，各国倾向于采用单行法、法案、判例、指导意见等方式对实体权利义务或审判指引做出统一的规定。相比于民事救济方式的事后补偿性，司法救济和行政救济所具有的及时性、预防性等特征，在规定实体权利义务的同时，也规定了权利义务的实施方式。

交叉领域民事关系的法律调整，使多种法律调整手段成为必需。人类进入二十一世纪以来，社会关系的复杂化、多面性不断加剧，呈现出一系列新特点。随着即时通信、全程追溯、网络平台等新技术在日常生活中的广泛应用，在数据使用等特定的社会关系领域，法律关系的属性不再泾渭分明。从双向的平等关系演变为多向的垄断与平等并存关系，从意思自治为主转向意思自治与行政或司法引导转变，从权利义务直接对应的模式为主转向权利与救济、义务与责任等多种对应模式并存，从国内治理为主转向国内治理与涉外治理并重。简言之，我国若干交叉领域的民事关系的调整，已经呈现出实体与程序融合、公共治理与私法自治结合、国内与国外衔接等立体化特征。

传统民事实体的救济，主要是关于损害赔偿、恢复原状、停止侵权等事后救

---

① Shaps v. *Provident Life & Accident* Ins. Co., 826 So. 2d at 254 (Fla.2002)

② Dale A. Nance, *Choice of Law for Burdens of Proof*, 46 N.C. J. Int'l L. 235 (2021),p.243.

济措施。随着社会治理的前置,民事领域越来越多地使用人身保护令^①、禁止令^②等事中救济工具。这些规则及其所属的部门法,很难明确认定为实体或程序。

(二) 举证责任和证明责任两分的模糊

证明责任在诉讼法理论和实务中包含两部分。一是当事人举证的义务。即提供证据用以证明自己的主张;二是证明的义务。即提供的证据符合法律规定的证明标准。举证义务主要是关于举证的主体、举证期限、举证责任的分配、非法证据排除、电子数据证据形式、证人出庭作证、证据的调查收集和保全、质证、证据的审核认定等进行的规定。[③] 证明义务则与实体法对权利要素、义务特征、责任要件等规定直接相关。最高人民法院关于适用《中华人民共和国民事诉讼法》的解释〔2022〕第九十条区分了举证责任和证明责任。举证责任是"当事人对自己提出的诉讼请求所依据的事实或者反驳对方诉讼请求所依据的事实,提供证据加以证明"的责任。证明责任是"当事人未能提供证据或者证据不足以证明其事实主张的,由负有举证证明责任的当事人承担的不利后果"。

可见,程序法仅对各方当事人提供证据的义务做出一般性的、无差别的规定,而不对当事人在具体纠纷中应提供何种证据以及提供多少证据做出规定。在实体法中,不仅有关于举证责任应由哪一方承担的规定(民法典1193条、1202条、1203条),而且规定提供证明的内容,如需要证明"故意"(民法典第1174条)、"自愿"(民法典第1167条)、"情况急迫"(民法典第1177条)、"尽到教育管理职责"(民法典第1199条)等责任或免责的构成要件。这些"故意""情况急迫""尽到教育管理职责"等因满足"优势证据"还是"明确且充分的证明"标准,不仅取决于具体实体性规则的含义,而且与特定纠纷的发生情形(时间、场所、当事人等)相关。

---

① 《中华人民共和国反家庭暴力法》第二十三条:当事人因遭受家庭暴力或者面临家庭暴力的现实危险,向人民法院申请人身安全保护令的,人民法院应当受理。

② 《民法典》第九百九十七条:民事主体有证据证明行为人正在实施或者即将实施侵害其人格权的违法行为,不及时制止将使其合法权益受到难以弥补的损害,有权依法向人民法院申请采取责令行为人停止有关行为的措施。

③ 参见最高人民法院关于适用《中华人民共和国民事诉讼法》的解释〔2022〕,第90—124条。最高人民法院关于民事诉讼证据的若干规定(法释〔2019〕19号)。

(三) 涉外民事关系法律适用中的程序偏好

在国际私法上,实质问题与程序问题的两分同样是有争议的,因此是可以操纵的。[①] 涉外民商事纠纷解决实务中,一些司法裁判意见将这种区分作为结论的外衣,而不是分析工具。鉴于程序性问题受法院地规则管辖的一般原则,以及法院有权决定何为实质性规则和程序性规则,法院在遇到程序与实质问题分歧时,倾向于认定该问题为程序性问题,从而适用法院地法。[②]

这种偏好一方面是由于各国冲突法或国际私法较少对包括举证责任在内的程序问题和实体问题的法律适用做出明确规定,另一方面也因为区分的困难。在涉外民事纠纷解决中,法院地实体法中的举证责任规则可被视为程序法的一部分,准据法国实体法的举证责任规则同样也可以被识别为程序问题。美国第二次冲突法重述的起草者在对第122节的评论中指出,法院有"令人信服的理由"来适用自己的程序规则。"法院地国比任何其他国家都更关心其司法机制如何运作以及法院诉讼程序如何进行……适用外国法律的不便,与适用该外国法将可能得到的价值是不相称的。"[③]

在 Levy v. Steiger 案中,马萨诸塞州最高法院需要在法院地(马萨诸塞州)和事故发生州(罗得岛州)的举证责任分配之间做出选择。罗得岛州遵循普通法规则,该规则规定原告有责任证明其采取了应有的谨慎措施,且被告没有采取相应措施。根据马萨诸塞州的法规,被告有责任证明原告有共同过失。法院根据传统的权利与救济规则,将其与实质问题与程序问题的区别相联系,最终认定适用法院地的举证规则。[④] 该推理被批评为过于简单,因其缺乏对法律选择方法的任何思考。法院没有解释为什么在冲突法下举证责任应被视为程序性问题。判决结果也

---

① Walter Wheeler Cook, "Substance" and "Procedure" in the Conflict of Laws, 42 YALE L.J. 333, 336-37 (1933) (主张在文本不变的情况下,实体问题和程序问题的区分无意义), with D. Michael Risinger, "Substance" and "Procedure" Revisited: With Some Afterthoughts on the Constitutional Problems of Irrebuttable Presumptions," 30 UCLA L. REV. 189, 199-202, 206-07 (1982) (捍卫区分的连贯性和意义,尽管其很复杂).

② See Robert L. Felix p. Ralph U. Whitten, *American Conflicts Law*, (6th ed.2011), p.65.

③ Restatement (Second) Of Conflict of Laws ,p. 122 (A.L.I. 1971).

④ Levy v. Steiger, 124 N.E. 477 (Mass. 1919).

为类似案件中的原告在马萨诸塞州挑选法院创造了动机。①

二、证明责任法律适用的域外经验：美国冲突法重述的立法与实践

和大多数国家一样，美国冲突法重述也就程序问题和实质问题的法律适用进行区分。第二次冲突法重述第 6 章的标题是"程序"，但第 122 节"主要规则"却明智地避免了该术语。它指出：法院通常适用本国法进行诉讼，即便其适用另一国法来解决案件中的其他问题。② 举证责任以适用法院地法为主，是基于这样一个事实，即在确定某些初步或附属事项时，往往必须使用证明责任，例如送达程序的有效性、法院的管辖权、证据的可采纳性，以及法律的选择等本身受法院地法管辖的事项。在这些问题上，倾向于适用法院地法来规定举证责任既适当又无争议。但在事实证明、事实推定等问题上，举证责任适用哪国法律，将影响适用于事实查明的规则，并进而影响当事人基于该规则的权利义务的分配。

（一）适用准据法："实际事实影响"标准

美国第一次《法律冲突重述》（1934 年出版）明确规定所有程序事项均适用法院地法，并将有关举证责任的所有问题都视为程序事项。③ 就实体法事项而言，该重述反映这样一种传统观点，即：法院地法院应选择特定事件发生地的法律（如产生所称诉因的最后事件所在地）或满足某种身份或状况要求的法律（如有形财产所在地），这种特定的标准由诉讼的性质（如违约、侵权、返还财产等）决定。④ 然而，为反映判例法的不同做法，该重述的"评论"允许将举证责任规则定性或重新定性为实体事项。如果法院认定，管辖当事人实体权利的外国法和与之相关的外国举证责任规则，是"如此紧密地结合在一起，以至于适用法院地的相应举证规则将严重改变基于外国准据法所认定的实际事实（operative facts），则法院可以将举证责任规则认定为实体事项"。⑤

---

① Russell J. Weintraub, *Commentary on The Conflict Of Laws*, Foundation Press, (6thed. 2010) ,p.63-65.

② Restatement (Second) Of Conflict Of Laws,p.122 (A.L.I. 1971); 该章所述的规则并不试图将问题归类为"程序性"或"实质性"。相反，他们处理的是法院地规则的适用问题。

③ Dale A. Nance, *Choice of Law for Burdens of Proof*, 46 N.C. J. Int' l L. 235 (2021),p.237.

④ See Robert L. Felix & Ralph U. Whitten, *American Conflicts Law*, (6th ed.2011).p.54.

⑤ Dale A. Nance, *Choice of Law for Burdens of Proof*, 46 N.C. J. Int' l L. 235 (2021),p.238.

关于实际事实的含义，美国学者之间存在争议。从字面意思看，"实际事实"一词是法律确定的、最终实质性事实。但是，这些事实的效力（即一旦被视为事实）是不能通过一个举证规则来"改变"的，因为此类举证规则不足以用来确定这些事实是否为真实。"实际事实"一语的用意更接近于被某些证据证明的事实，或指从证据中推断出的、但远达不到最终事实的事实，即区分于证明性（evidential）事实的实际事实。[①]

（二）适用法院地法："规范审判进行"标准

1971年出版的第二次冲突法重述，改变第一次重述在评论中规定"例外条款"的做法，而是将其直接放在条文中。适用例外也不取决于替代规则（即适用法院地的举证责任规则）是否会"严重改变"结果，而是取决于外国举证责任规则的目的。具体而言，只有当准据法国的举证责任规则的"主要目的"是影响对"事实"（issue）问题的裁决而不是规范审判行为时，才应选择该规则。[②]

第二次冲突法重述为"举证责任"（即证明责任）、"推进证据的责任"和"证据的充分性"都制定了单独的规范。第133节"证明责任"（Burden of Proof）规定：法院地将适用其本国（本州）法律来确定哪一方有责任就某一特定问题向审判者证明事实，除非准据法所在国的有关规则的主要目的是影响对事实的裁决，而不是规范审判的进行。在这种情况下，将适用准据法所在国的规则。第134节"举证责任：推定"（Burden of Going Forward with the Evidence: Presumptions）规定：法院地将适用其本国（本州）法律来确定哪一方有责任就某一特定问题提出证据，除非适用准据法国的相关规则的主要目的是影响对事实的裁决，而不是规范审判的进行。在这种情况下，将适用准据法所在国的规则。135节"证据的充分性"（Sufficiency of Evidence）规定：法院地将适用本国（本州）法来确定一方当事人是否已提出足够的证据，以确保在事实问题上做出有利于该方当事人的裁决，除非133、134节另有规定。

第二次重述确实指出了一些程序性规则，根据其所述的标准，这些规则应主

---

① Wesley Newcomb Hohfeld, Fundamental Legal Conceptions as Applied In Judicial Reasoning And Other Legal Essays 32-35 (Walter Wheeler Cook Ed., 1923).

② Restatement (Second) Of Conflict of Laws ,p.133-34 (A.L.I. 1971).

要被视为解决程序问题。如"适当的诉讼形式、文书的送达、诉状、证据开示规则、审判和执行方式以及费用等",这些事项很容易被定性为"与司法行政有关"。但是,当涉及举证责任时,第二次重述却是模棱两可的"其他问题,例如,哪一方承担证明责任(burden of proof)(见第 133 节)和哪一方承担举证责任(burden of production)(见第 134 节)"[①],则落入"主要与司法行政有关的问题"和"主要涉及当事方权利和责任的问题"之间的灰色地带。不幸的是,重述关于如何处理这个"灰色地带"的建议并不是很有帮助。包括遵循既定的先例,以及考虑"该问题的解决是否可能影响案件的最终结果"。[②]

(三)证明标准:适用法院地法

除上述两个问题,举证责任规则还需要对证明标准的法律适用做出规定。例如哪些证据不能单独作为认定案件事实的根据[③]、证人证言证据认定方法[④]等。有的国家区分不同案件的性质,规定了不同的证明标准,"优势证据""明确和令人信服的证据""排除合理怀疑"等。

虽然美国第二次冲突法重述第 133 条明确地提到了证明责任,但它没有提到"证明标准"的选择。它只涉及举证责任分配问题。起草者为说明该节的适用而提供的例子中,甚至没有一个提到关于证明标准的冲突。一种可能是,起草者假定所有民事案件在所有法域都受单一举证标准的调整,因此没有必要就此问题做出规定。但《重述》发布前,许多案例在美国的某些州就已明确使用更高的举证标准。另一种可能性是,起草者假设证明标准将取自"其他可以适用的准据法的国家"的规则。但其并未明确。人们很容易认为第 135 条本身就涉及了证明标准,"法院地将适用本国法来确定一方当事人是否已提出足够的证据"的表述,似乎明

---

① burden of proof 为"证明责任"其包含有 burden of production 和 burden of persuasion 两术语的含义,即既"举证",又"说服"。burden of production 则是"证明责任"的一部分,为"举证责任",或"提供证据的责任",指当事人必须就诉争问题提供充足证据以供事实裁判人做出正确裁决,也称为 burden of going forward with evidence, burden of producing evidence, production burden。而 burden of persuasion 也是"证明责任"的一部分,其为"说服责任",指当事人应说服事实裁定人相信自己所举事实的责任。See Wright &. Graham, Federal Practice and Procedure: Evidence, at 556.

② Restatement (Second) Of Conflict of Laws ,p.122 (A.L.I. 1971), cmt. a.

③ 参见《最高人民法院关于民事诉讼证据的若干规定》(法释〔2019〕19 号)第 90 条。

④ 参见《最高人民法院关于民事诉讼证据的若干规定》(法释〔2019〕19 号)第 96 条。

确了证明标准应根据法院地的程序法。但考虑到该条与第 133 条和第 134 条的交叉引用，此种适用仍然充满了不确定性。

综上可见，美国冲突法重述对举证责任和证明标准的规定都缺乏具体。"主要与司法行政有关的问题"和"主要涉及当事方权利和责任的问题"在具体案件中仍难以区分。重述也没有就如何区分这提供任何有意义的指导。"影响事实认定"的目的和"影响审判行为"的目的究竟有什么本质性区别？事实上，任何规范审判行为的举证责任规则都可能影响决定。反之，任何影响事实认定的举证责任规则也都不可避免地规范了审判行为。进一步分析可见，主要目的是影响事实认定的各类举证责任规则和主要目的是规范审判进行的各类举证规则并不相互排斥。尽管如此，相对于将举证责任简单归入为实体问题或程序问题从而不加分析地适用准据法或实体法的做法，重述为涉外民商事纠纷的举证责任的法律适用提供了重要的指引。

三、证明责任中的程序问题和实体问题

在理论上，程序问题适用法院地法而实体问题适用准据法，源于纠纷解决所追求的正义目标的不同。实体问题关系到当事人基于买卖、运输、借贷、侵权、婚姻、继承等交易或法律应享有的权利或应承担的义务，以及通过一国实体法实现这些权利或执行这些义务的规则体系，它是自亚里士多德所说的分配正义和矫正正义。程序问题涉及第三方（包括法院、仲裁机构、行政机构）为解决纠纷而遵循的查明事实或适用法律的程序，其关注的首要正义标准是中立，即在事实查明之前，客观中立第对待各方当事人。季卫东教授曾指出："程序，从法律学的角度看，主要体现为按照一定的顺序、方式和手续来做出决定的相互关系。其普遍形态是：按照某种标准和条件整理争论点，公平地听取各方意见，在使当事人可以理解或认可的情况下作出决定。"[①]

实际上，目前就举证责任属于实体还是程序问题的争议，在相当大的程度上

---

① 季卫东:《法律程序的意义：对中国法制建设的另一种思考》，中国法制出版社 2004 年版，第 7 页。

产生于语境差异。① 学界和实务界对于当事人提供证据和证明事实两个责任是没有异议的。但我国长期以来的司法实践习惯将二者统称为"举证责任"②。《最高人民法院关于适用中华人民共和国民事诉讼法的解释》第 90 条虽然没有区分举证责任和证明责任，但"应当提供证据加以证明"即举证责任；"未能提供证据或者证据不足以证明其事实主张的，由负有举证证明责任的当事人承担不利的后果"即"证明责任"。如果接受以上区分，则举证责任和证明责任的法律适用在很大程度上可以在明确其各自价值的基础上，遵循以下若干适用的规则或原则。

美国第二次冲突法重述区分了不同的举证责任，根据举证责任规则的目的来决定其适用法院地法还是准据法。具体而言，只有当准据法国的举证责任规则的"主要目的"（primary purpose）是影响对"事实"（issue）问题的裁决而不是规范审判行为时，才适用该规则。③ 但几乎所有举证规则都有两种或两种以上的价值目标。规范审判的进行是举证规则的"直接目的"。各举证规则的间接目的是不同的。一些规则的间接目的是在处理未知事实时给予一方诉讼当事人更多的偏好。还有一些规则的间接目的是实现程序目标的平衡，包括在做出决定之前减少不确定性。当某一具体的举证规则中既有直接目的也有间接目的时，判断哪一目的才是该规则的主要目的，需要司法者综合法院地的公共政策、案件事实的查明、审判程序正义等来选择。

（一）程序问题：举证责任的中立价值

纠纷的解决建立在事实查明的基础上，而事实查明需要对证据的提供者、期限、形式等做出规定。现代各国诉讼制度均建立了以当事人举证为主以查明事实

---

① 举证责任规则还具有设定和分配举证责任标准的功能。例如以"优势证据"（preponderance of the evidence）证明，以"明确和令人信服的证据"（clear and convincing evidence）证明，或"排除合理怀疑"（beyond a reasonable doubt）证明。这个标准及其分配规则共同构成了通常所说的"说服的责任"（burden of persuasion）。还有其他种类的举证规则也属于"证明责任"。例如，佐证规则和一名以上证人作证的规则，可以改变"证明责任"的效力，条件是事实调查者必须相信佐证证词或额外的证人。在罗马教会法中，这种对证明的"数量"要求有着悠久的传统。Dale A. Nance, *Choice of Law for Burdens of Proof*, 46 N.C. J. Int'l L. 235 (2021),p.240.

② 最高院也认为："举证责任也称证明责任，是指证明主体依据法定职权或举证负担在诉讼证明上所应承担的相应责任。"《最高人民法院新民事诉讼法司法解释理解与适用》，人民法院出版社 2022 年版。

③ Restatement (Second) Of Conflict of Laws ,p. 133-34 (A.L.I. 1971).

的举证责任体制。举证责任制度要求当事人对自身的主张提供证据予以支持，"谁主张谁举证"的一般规则适用于各方当事人，并且在利益或负担方面应对各方不偏不倚。举证责任是双方都可能承担的责任。一方提出诉讼请求，承担与其请求相对应的举证责任；另一方反驳该请求，也会提出自己的证据。

与证明责任（burden of proof）形成鲜明对比的是，举证责任（burden of production）通常在证明责任之前进行。它涉及各方是否向法官提供证据。举证责任规则侧重于对诉讼程序本身的调整，旨在协调法院在准确性、效率和司法职能等方面的利益冲突。这不代表它对案情的结果没有影响，而是举证责任规则并不去规定当事人在案情主张方面的前景或后果。在此意义上，举证责任条款的设定，应采取价值中立的目标。

程序规则的绝对价值中立是不可能的。任何选择都有利于一方而不是另一方，所有关于举证责任的规则也是如此。例如，Tidmarsh 曾论证，诉讼程序要求诉讼文书必须采用某种尺寸的纸张，也会对一类诉讼当事人产生影响，尽管影响很小。[1]即使表面上最具程序性特征的举证责任规则，也会在具体法律适用中产生价值冲突：（1）举证期限的规定。在同一诉讼中，举证责任期限的设定，可能对一方当事人查明案件事实产生有利或不利的影响。例如，因案件复杂一方在举证责任限定的时间内可能无法调查取证。对此，一些国家法律规定当事人可申请延长举证期限。但仍不能做到满足所有纠纷当事人的需要，并且，如果允许当事人申请延长将可能导致此种程序被滥用为拖延诉讼的策略。尽管举证期限价值的多重性，但规范审判运行是其主要目标。在法律设定一段合理的举证责任期限后，法律默认该期限足以满足双方当事人提供查明案件事实的需要。而且，此种默认性规则可以通过司法实践反馈来检验或修正。因此，一方面是固定的举证期限对查明"案件事实"的影响，另一方面是弹性期限可能造成的拖延诉讼的风险，在此两种价值的冲突中，举证责任期限应以"规范了审判行为"为主要目的。（2）非法证据、传闻证据等举证规则。证据的合法性、关联性和真实性是证据能否证明案件事实的关键要素。从证据本身与案件事实的关联性来看，有的非法证据、传闻证据等

---

[1]　Jay Tidmarsh, Procedure, Substance, and Erie, 64 VAND. L. REV. 875, (2011) ,p.891-92.

能够证明案件事实，但由于这些证据的取得方式不为法律认可，被限制或排除了证据效力。从此类证据的目的来看，适用法院地法和准据法都会产生"影响事实认定"的效果。然而，由于非法证据关系到法院地关于取证的公共政策，传闻证据则与法院地的审判制度有关，此二类举证规则的"程序属性"亦是不言而喻。

（二）实体问题：证明责任的分配正义

在英美法系"对抗制"审判模式，证明责任都有两个组成部分：（1）在当事人之间分配责任的规则，即举证责任（burden of production）；（2）明确已分配的举证责任的"严格性"的规则，即责任方需要提供什么证据以及提供多少证据以符合要求，即证明责任（burden of proof）。证明责任规定了审判事实的最终决定。其也有两个组成部分：规定确定最终事实问题所需的证据效力（或证据标准）的规则；以及当法官不被说服时分配举证不能的风险的规则。[①] 显然，证明责任规则通过证据标准可以"影响事实"的认定，进而影响当事方权利和责任的裁判，在一定程度上具有实体法"分配正义"的功能。大陆法系的审判模式往往没有具体规定明确的证据标准，从而法官在特定案件中被赋予选择证明标准的较大自由裁量权。在这种情况下，法官可以通过证明标准的任意解释来对实体法进行重大修改。[②]

在法律选择场景下，无论英美法系还是大陆法系，证明标准的法律适用，都缺乏明确和统一的标准。假设在允许对证明标准的法律适用进行自由裁量的国家，法院在特定案件中选择适用另一国的实体法，该实体法规定了被告过错责任和"优势证据标准"。如果法院利用其自由裁量权，将证明责任定性为程序问题并根据法院地法将疏忽的证明标准降到最低，那么法院地法院实际上已将疏忽责任转变为严格责任。[③] 实际上，正是由于证明责任（非举证责任）法律适用具有的实体性权利义务后果，才是引起该问题从属实体问题或程序问题争议的根本原因。

以证据形式为例，一些举证规则，很难一概而论地认定为属于"影响事实认定"还是"规范审判进行"，需要结合具体案件来判断。例如，规定电子数据等证

---

① See Roger C. Park, David P. Leonard, Aviva A. Orenstein, Dale A. Nance,& Steven H. Goldberg, *Evidence Law: A Student's Guide To The Law Of Evidence As Applied In American Trials* § 2.03 (4th ed. 2018).

② Michelle Taruffo, Rethinking the Standards of Proof, 51 AM. J. CovP. L. 659, (2003),p. 67.

③ Dale A.Nance, *The Burdens Of Proof: Discriminatory Power*, Weight Of Evidence, And Tenacity Of Belief (2016), p.27-29.

据应符合生成、传输或存储的标准的规则，尽管只是选择了某一特定的形式，并且对双方当事人均具有同等约束力。但如果仅有一方提供该电子证据，且法院地国和准据法国关于该证据形式的要求不同，则适用哪国法律，将直接影响该证据能否被接受，从而影响案件事实的认定。再如，证据类型或证据形式（如原件和复印件）的规则，在国内民事诉讼中，由于此类规则在调整同类证据、同一纠纷或各方主体的"同一对待"，其主要功能是"规范审判进行"；但在涉外民事关系中，当涉及法院地和准据法国对证据类型或证据形式要求的严格程度不一时，某一重要证据是否可以根据其中一国法律规定提供并被认定，将关系到案件事实的证明。

　　证明标准的差异，也是很多涉外民事纠纷解决在证明责任法律适用上面临的主要困境之一。在 re IBP, Inc., Shareholders' Litigation 案中，原告寻求具体执行（specific performance）兼并协议，但被告声称协议违反保证并且存在欺诈。特拉华州法院认为，该案受纽约合同法管辖。但案件在证明标准的法律适用方面存在着冲突。首先，特拉华州法律要求通过"明确和令人信服的证据"（clear and convincing evidence）来证明具体履行的要素，而纽约法律允许在提供"优势证据"（preponderance of the evidence）的情况下具体履行。法院无需面临举证责任的管辖分配问题，因为特拉华州和纽约州都要求原告承担具体履行要素的举证责任。此外，特拉华州和纽约州的法律都将违反保证和欺诈的证明责任放在被告身上，但举证标准在这里产生冲突。特拉华州对欺诈行为进行肯定辩护的证明标准是"优势证据"，而纽约州的证明标准是"明确和令人信服的证据"。因此，如果适用纽约法律，原告将在与证明标准有关的两个方面受益：在原告承担举证责任的具体履行上，纽约使用了要求较低的"优势证据"标准；在被告承担举证义务的欺诈方面，纽约州使用了更苛刻的"明确和令人信服的证据"标准。法院判决声称本案应适用第二次重述的原则，但指出其"法律冲突原则并不提供明确的指导"，"对它们的更好解读表明，纽约法律应该适用"。[①] 因此，在欺诈的证明责任方面，法院选择了纽约州"明确和令人信服的证据"标准作为州政策偏好的体现。法院没有

---

① In re IBP, Inc., 789 A.2d (Del. Ch. 2001).at 53.

详细说明是出于何种实质性政策原因，也没有详细说明为什么这些原因"不影响审判过程"。相反，法院裁判的实质是：选择哪一证据标准构成政策判断。而纽约的政策"使一方更容易，而不是更困难地实现具体履行诉求"。[①]

（三）先决问题的举证责任：依先决问题的准据法国的举证规则

先决问题的解决，目前国际社会尚无统一的做法。与一般涉外民事纠纷不同，先决问题在理论上包含初级管辖与次级管辖、法院地冲突规范与准据法国冲突规范的使用、主要问题实体法与先决问题实体法等多个法律体系的"竞相适用"。受理主要问题的法院，对先决问题可能不具有诉讼管辖，在面临先决问题的举证规则的法律适用方面，难免陷入尴尬。

在联邦法院审理的戴姆勒克莱斯勒公司医疗保健福利计划诉 Durden 的"互争之诉"案中，关键问题是，声称与戴姆勒克莱斯勒已故雇员结婚的两名妇女中，哪一名将获得"未亡配偶"的福利。决定性的事实问题（先决问题）是，第一次婚姻是否在第二次婚姻开始之前就已经解除。该问题的证据不明确。"互争之诉"的举证责任原则无助于将最初的证明责任放在两个索赔人中的任何一个身上。法院甚至无法对证明责任做出初步分配。由于联邦法律在谁是未亡配偶的问题上依循州法规定，法院必须解决适用哪个州法律的问题。一方面，密歇根州对"后来婚姻有效性"的推定使第一任妻子负有证明责任，要求她拿出"明确和充分的证据"来证明第一次婚姻没有解除。相反，俄亥俄州对"先前婚姻持续有效"的推定使第二任妻子负有说服责任，要求其拿出"具体证据"证明第一次婚姻已经解除。在这种的背景下，联邦法院适用第二次重述解决了这个问题。法院依据重述关于"婚姻效力"的一般规则，即婚姻的有效性由"与配偶和婚姻关系最密切"的州法律确定，确定婚姻住所地俄亥俄州为该先决问题的准据法。

然而，无论是多数法官还是不同意见者，包括第二任妻子，都未反对这些州法律关于举证责任的推定是程序性的，因此在联邦法院是无法适用的。两种意见都没有讨论第二次重述起草者的评论，该评论区分了两类推定，一类应该适用法院地法，因为它们"主要关注司法行政"，另一类应该适用非法院地法，因为它们

---

① In re IBP, Inc., 789 A.2d (Del. Ch. 2001). at 54.

"主要目的是影响事实的决定"。联邦法院于是假定"婚姻效力"的准据法所在地为该先决问题的法院地，将 Durden 案中涉及的婚姻举证责任的推定归入前一类，即适用法院地法。

第二次冲突法重述的评论，曾明确提出有关婚姻效力的举证规则应适用法院地法。"规定婚姻举行的规则应推定为有效，婚姻状况也应推定为持续……当涉及此类规则时，法院将适用自己的法律……在这种情况下，法院地没有理由假定举证责任会涉及到准据法国的相关规定。"[1] 但起草者或许没有考虑到，当婚姻效力成为先决问题时，应如何确定其举证责任的法律适用。因为这种情况下，正如 Durden 案所示，法院地并非先决问题的适当管辖法院。尽管如此，在 Durden 案中，法院含蓄地坚持了一项实际标准：对先决问题举证责任的规范，即对其分配或严格程度的具体规定，应与所选择的实体法的要素一并考虑。[2]

四、结论及建议

证明责任规则规定了审判法官、当事人和律师等在提出和评估证据方面各自的作用。作为司法裁判的一部分，证明责任规则需要在各种相互竞争的程序目标和实体目标间达成妥协。其中最基本的，是决策的最大准确性和最小的裁决成本。但提高准确性不等于降低裁判错误的风险。而且，提高准确性通常是有代价的。完善的法律制度都会明确或隐含地规定，提高决策的准确性可能要花费多少社会资源。各国的法律体系都有其答案。

在涉外民事诉讼中，美国冲突法重述不对证明责任的法律适用做出统一规定，而是通过区分举证责任与证明责任规则的"主要目的"、判断某一举证责任规则是"影响事实认定"还是"规范审判行为"，进而将"主要与司法行政有关"的证明责任认定为程序问题，适用法院地法。而将"主要涉及当事方权利和责任的问题"的证明责任归入实体问题，适用实体法（准据法）。尽管重述关于证明责任法律适用的条款缺乏具体，但为涉外民商事纠纷证明责任的法律适用提供了有意义的指导。

---

① Restatement (Second) Of Conflict Of Laws ,p.134 cmt. b (A.L.I. 1971).

② Dale A. Nance, Choice of Law for Burdens of Proof, 46 N.C. J. Int'l L. 235 (2021),p.293.

我国《涉外民事关系法律适用法》未对包括证明责任在内的程序问题和实体问题的法律适用做出规定。最高人民法院民事审判第四庭在其编著的《涉外商事海事审判实务问题解答》第三条第 15 项也仅对涉外合同纠纷中的举证责任法律适用做出规定。《中国国际私法示范法》第 18 条仅对"程序问题适用法院地法做出规定"[①]。显然，目前没有充分依据显示证明责任在我国都属于程序问题。

现代私法制度逐渐从事后救济走向事前预防，自治、行政与司法手段在单一法律中的融合，加剧了程序与实体问题两分的瓦解，也使证明责任的法律适用更加扑朔迷离。本书主张，任何试图对证明责任法律适用做出一般性规定的努力都是徒劳的。任何法律体系中的任一证明责任规则，放在特定的场景下，都既可以认定为程序问题也能认定为实体问题。证明责任适用法院地法还是准据法，只取决于特定证明事项在案件事实查明中所具有的地位和作用。

小结

识别、反致、先决问题、证明责任等国际私法制度，具有特殊性。这些制度的法律规范表述，虽然在形式上具有冲突规范的特征，但本质上不是冲突规范，而是技术性规范。他们并不调整具体的涉外民事关系，只是对某些冲突规范在适用过程中所出现的定性问题、准据法适用问题、先决问题、证明责任分配问题等做出一般性规定或适用说明。

各国立法对上述问题很少做出统一性规定。这些问题适用法院地法、准据法、抑或是准据法国的冲突法，在各国法院的涉外民商事审判实践中也不尽一致。究其原因，在于对国际私法调整方式局限性的克服。一方面，间接的、以冲突规范为主的调整方式仍是目前涉外民商事纠纷解决的主要方式，这使得法律适用无法独立于管辖和判决的承认与执行。在信息资讯高度发达的现代社会，当事人很有可能在诉讼之初就对相应的法律适用及可能结果做出预判，从而挑选管辖法院，甚至规避专属管辖。另一方面，由于各国冲突法大多已对具体涉外民事关系的调整规定了明确的冲突规范，如果对识别等问题再做细致规定，必然会使法律适用

---

① 黄进:《中华人民共和国涉外民事关系法律适用法建议稿及说明》，中国人民大学出版社 2011 年版，第 101 页。该条规定：程序问题，适用法院地法，但本法另有规定的除外。

失去弹性，难以对纷繁复杂的涉外民事关系做出灵活调整。因此，考虑到目前国际社会尚未对涉外民事诉讼的管辖权做出统一规定，同一案件在不同国家法院起诉，将会适用不同的冲突规范，从而产生不同的诉讼结果。通过灵活运用识别、反致、证明责任等制度，可在一定程度上实现裁判结果的一致。

在可预见的未来，涉外民商事领域无法形成统一的实体法公约。因此，各国管辖权价值冲突、实体法价值冲突、冲突法价值冲突等将会继续存在。识别、反致、先决问题、证明责任等基本制度的设立，应保持开放性价值取向，以赋予法院自由裁量，根据具体案件事实进行法律适用的选择。

第五章　价值选择方法在具体冲突法制度中的运用

苟利于民，不必法古；苟周于事，不必循旧。[①]

——（西汉）刘安

涉外民事关系的法律调整和涉外民事纠纷的解决，在现代纠纷解决机制和冲突法的法律适用中，已经超出法律针对一般情形的双边冲突规范蕴含的单一价值，而是需要根据具体案件的事实所反映各种价值，在选择适用的冲突规范中，评估各个连结点所指引的准据法在解决纠纷方面的价值实现，做出有利于案件公平解决的选择。

一些传统冲突法理论认为，国际民事纠纷的解决，首先要处理国家主权、社会公共利益等价值。或者在涉外民事纠纷中，主权价值高于个案价值。例如，国际礼让说、既得权说、国籍原则等，均在某种程度上主张国家利益和公共秩序的实现是第一位的，这就意味着优于个案正义的实现。另一些激进的冲突法理论，如公正论则主张，实体公正应是冲突法追求的最终目标。在涉外民事纠纷解决过程中，应摒弃冲突法制度，比较案件可能涉及的国家的实体法的处理结果，从中选出最为公正的准据法。显然，按此理论，国际民事管辖的主权价值、冲突法的协调管辖冲突的价值[②]均应让位于"个案正义"。然而，要在诸多涉案国家中选择一个最为"公正"的准据法，正是冲突法孜孜以求的目标。案件实体正义的价值

---

① 出自（西汉）刘安的《淮南子》。释义：只要对人民有好处，就不必一定要效法古人的制度；只要有助于事情的成功，就不必沿袭旧有的规矩。

② 冲突法的终极价值和目标是，通过冲突法的国际统一，实现对法律冲突的协调。

只能在法律选择的框架内实现。脱离冲突规范对管辖准据法的分配和协调，实体正义的获得将是不可靠的。

上述两种冲突法学说，尽管在今天没有成为一般性的国际私法理论，但已经在特定的领域形成具体的制度。当涉外民事纠纷的解决，涉及一国法律的强制性规定和社会公共秩序时，该国冲突法中代表主权和安全价值的"法律规避""公共秩序保留""直接适用的法"等安全阀就被启动，其结果是，根据一般冲突规范指引的外国法，将不被适用。而在涉及扶养、监护等传统"法律关系本座说""最密切联系理论"都较难分辨"本座""最密切联系地"的领域，"公正论"以有条件选择的冲突规范的形式，赋予法院以自由裁量权，在多个本座地或最密切联系地中选择最有利于弱者权益保护的准据法，完成了其制度化的进程。

在大多数其他冲突法制度领域，主权的价值主张与个体权利的价值诉求可能会产生冲突，这种冲突会被当事人以选择法院管辖、选择仲裁或选择准据法等事前预防方式避免。也会产生诸如平行诉讼、挑选法院等事后救济所带来的程序困境。撇开管辖问题，在适用冲突规范中，当面临此种需要在公共秩序和个体权利维护两种价值中做出选择的情形时，需要法官对冲突法的价值体系以及个案的价值序列做出准确把握。涉外民事纠纷的各项因素关涉价值各不相同，如果单纯将特定事实归结为特定的价值，从而适用特定的制度，将导致法律适用一叶障目而不见泰山。本章将以公共秩序保留和涉外结婚法律适用为例，论证主权价值和个体价值冲突或重叠时，法院应如何根据制度的一般原则、国际惯例、价值序列等做出选择。

第一节　主权秩序下的个体权利
——以法律规避与公共秩序保留制度为例

涉外民事纠纷的解决，无论采取诉讼还是仲裁的方式，都离不开主权国家法院体制对裁判的保障和确认。不仅诉讼程序的启动需要根据一国的民事诉讼法进行，而且司法文书送达、域外调查取证、判决的承认和执行也都与一国的司法体制相关。具有国际性的商事仲裁同样需要司法体制的支持。在国际民事纠纷解决中，独立于当地司法的纠纷解决机制是不存在的。

司法体制下的国际民事纠纷解决，或多或少地涉及一国的公共秩序。在国际民事司法协助协定和公约中，基于条约的互惠原则是首要原则，既是国家间的司法合作，也是对成员国各自法院管辖权的限制。但从涉外民事纠纷解决的视角，国际司法协助，虽然是管辖权行使的基本要求，但更是确保诉讼程序进行以及判决得到承认和执行的基础。没有国际司法协助，一国法院判决或仲裁机构的裁决，只能在其作出地产生效力。

就一国国内的涉外民事诉讼程序来说，尽管冲突规范以分配管辖权的方式实现了涉外民事关系实体权利义务的调整，法院只能根据冲突规范指引的准据法来解决纠纷，但法院地国的主权仍通过冲突法中其他一般性制度予以维护。具体来说，这些制度包括：法律规避、公共秩序保留、直接适用的法以及不能查明外国法时的法律适用等。其中，最重要的莫过于前两个。其可以被称作为国际私法的安全阀制度。

一、法律规避与公共秩序的价值：涉外民事诉讼的主权保留

涉外民事诉讼的冲突法制度在某种程度上是基于国内法的主权自我限制。不同于条约，这种主权自我限制是以放弃绝对的属地管辖为特征的。理论上，一国对于本国领土内发生的诉讼，有理由适用本国法律来解决纠纷。但由于民事领域的私人自主程度较高，且与国家主权利益关联不大，一律要求适用本国法来调整，不利于国际民事交往，也有损当事人的利益信赖。为便利当事人的交往，也为促进本国裁决的域外承认与执行，用于调整涉外民商事纠纷的冲突法制度应运而生。但该制度在实施过程中也产生一系列问题，例如当事人利用冲突规范而规避法律，或者适用外国法的结果违背本国公共政策等，在此情景下，法律规避和公共秩序保留制度被用于弥补冲突规范适用的不足。

法律规避和公共秩序保留是否是同一个问题，是学界争议的焦点问题。这一问题的背后是立法模式的选择。如果法律规避属于公共秩序保留，则无需单独为法律规避制度立法。一方面，在逻辑上，适用公共秩序保留制度，是因外国法的适用，违反了法院地的公共秩序。其原因包括当事人有意或无意采取了法律规避行为。也包括当事人未采取任何规避措施，但外国法本身的适用，与法院地的公

共政策不符，或导致法院地一方当事人的利益受重大损失。从这一角度，大多数的法律规避可以作为公共秩序保留的一部分，而无需考虑当事人客观上是否实施了规避行为。另一方面，是否所有的法律规避都属于违反法院地的公共秩序？在各国国际私法案例中，法律规避更多与涉外婚姻的缔结有关，包括近亲结婚、未到达法定婚姻结婚或多配偶制婚姻等，因此原因而规避法院地的法律，同时也违反了法院地的公共秩序。"公共秩序"一词，在有的国家被称为"公共道德"或"社会公共利益"，其更多是关于伦理道德层面的。如当事人规避的法律是法律法规关于经济领域的禁止性规定，如限制政府作为担保人的[①]，是否属于违反法院地公共秩序，则有不同的观点。在我国涉外民事关系法律适用法中，公共秩序一词采用"社会公共利益"的表述，因此，规避中国法律也可以说是违反中国社会公共利益。最高人民法院关于适用《中华人民共和国涉外民事关系法律适用法》若干问题的解释（一）的第八条规定，与劳动者权益保护、食品或公共卫生安全、环境安全、外汇管制等金融安全、反垄断、反倾销等涉及中华人民共和国社会公共利益的情形的，当事人不能通过约定排除适用，法院可以直接适用于涉外民事关系的法律、行政法规的规定，而无需通过冲突规范指引。其中，"当事人不能通过约定排除适用"即不能通过约定适用的方式而规避中国法律。可见，现代涉外民事关系，因民事主体的活动范围扩大，公共秩序一词已经不再限于合同、侵权、物权、婚姻家庭等传统领域，而是扩展到金融、企业、环境等领域。本书认为，既然法律规避所发挥的功能完全可以被公共秩序保留替代，在我国涉外民事关系法律适用法中，可以仅规定公共秩序保留制度。

尽管理论上两个制度之间存在着联系和区别，但在实践中上，二者发挥的功能是相同的，即均起到了民事司法主权保留的效果。但在具体操作中，公共秩序保留制度应区分情形加以适用。例如，对于我国法院审理的涉外民商事案件，如果"案件不涉及中华人民共和国国家、公民、法人或者其他组织的利益"，仅案件根据我国的冲突规范指引的准据法在适用时与我国法律的价值主张相冲突，如多配偶制婚姻，则可不根据公共秩序保留而直接适用中国法律。

---

① 香港中成财务有限公司与香港鸿润（集团）有限公司、广东省江门市财政局借款合同纠纷案——法律规避，参见杜涛：《国际经济贸易中的国际私法问题》，武汉大学出版社 2005 年版，第 108—109 页。

二、法院地的秩序价值与当事人的权利诉求

公共秩序保留制度之所以是整个冲突法制度的安全阀，是因为当任一冲突规范的适用与法院地的公共秩序冲突时，其提供了不适用的理由。因此，公共秩序保留是具有一般例外属性的条款。这表明，在涉外民事诉讼中，任何权利的确认都需要经过管辖—法律适用—公共秩序检测—裁判确认的过程。公共秩序保留制度是一国冲突法将与本国有联系的涉外民商事案件"交由"外国实体法调整后，而根据主权原则设置的安全阀。

（一）法律规避是否必然导致公共秩序的违反

各国民事法律制度各不相同。在婚姻家庭领域，关于结婚条件、离婚条件等的制度差异，导致当事人为了达到目的，而移走他地。

里斯在《美国婚姻冲突法》中提到四个案例，都是关于当事人为了规避本州的法律，而选择在其他州结婚，并在婚后返回到本州居住。在 May's Estate 一案中，当事人是叔侄身份，为了规避纽约的法律而在罗德岛结婚，婚后两周他们重回纽约并生活 32 年。妻子去世后，丈夫要继承妻子遗产，但双方当事人的一个女儿要求宣告双方的婚姻无效。上诉法院最终认定婚姻有效。在 Wilkins v. Zelichow 案中，双方当事人居住在新泽西，女方未满 18 岁，不能在新泽西结婚。双方跑到印第安纳州结婚（女方 16 岁即可结婚），并在结婚后立即返回新泽西。婚后生育一个孩子。在此期间，丈夫因窃车被定罪。妻子要求宣告婚姻无效。初审法院认为，尽管无效对于孩子的利益有利，但婚姻在印第安纳缔结，其有效性应被新泽西认可。新泽西最高法院推翻一审判决最后认定婚姻违反了新泽西的"公共政策"无效。在 Ommang's Estate 案中，双方当事人原居住在威斯康星州，由于威斯康星州规定离婚一年内不得再婚，双方当事人在明尼苏达州结婚，并立即回到威斯康星州以夫妻身份居住。后来他们分居，丈夫移居到明尼苏达。妻子后来也到明尼苏达与前一段婚姻所生的女儿居住。双方当事人偶尔见面，但没有一起生活。丈夫去世后，妻子以遗孀名义要求继承丈夫财产。丈夫的异父母姐妹质疑该主张，指出威斯康星州法院应认定婚姻无效，因为当事人到明尼苏达州结婚是为了规避威斯康星州的法律规定。明尼苏达州法院认定婚姻有效。在 Meisenhelder v.

Chicago & N.W.Ry.Co. 案中，一对表兄妹居住在伊利诺伊州，因该州法律禁止近亲结婚，他们跑到肯塔基州结婚后又返回伊利诺伊州。丈夫后来在工作过程中死亡，妻子随后针对丈夫的雇主提起索赔。法院驳回该索赔，认定双方的婚姻因规避伊利诺伊州的法律而无效。[①]

在上述四个案例中，当事人的婚姻均涉及为了规避本州法律而到其他州缔结婚姻，并且结婚后都返回本州居住。但法院对于婚姻效力的认定却并没有适用"法律规避"例外或"公共秩序保留"的规则，而是根据婚姻的特殊方面做出，包括婚姻持续时间（May's Estate）、规避事项的重要性（Meisenhelder v. Chicago & N.W.Ry.Co.）、婚后居所（Ommang's Estate）、宣告无效的目的（Wilkins v. Zelichow）、提起无效诉讼的主体（Wilkins v. Zelichow）、管辖法院与缔结地的关系（Ommang's Estate）、主要问题的诉讼等因素。

（二）公共秩序保留中的概念解释

在涉及公共秩序保留的案件中，主要问题往往涉及法律规范的概念解释问题。因此，在涉外婚姻领域，不能因为"有利于婚姻"这一原则而认为美国法律会出于所有目的，不可避免地认定婚姻的有效性。[②]法院会以最能实现其目标的方式来解释和适用法律。法律中的概念也应当根据上述目标进行解释。如果不去调查案情的方方面面，不对法律中的相同概念的含义做出统一解释，就会造成裁判错误。里斯认为，诸如婚姻、寡妇、未亡配偶等词语的解释并不构成上述解释方法的例外。它们不必被牵强地解释为符合某一婚姻，即便该婚姻可能根据某一特定国家的法律下被认定为有效。[③]

英国法律在婚姻效力认定上采取严格的双重住所标准。但即便如此，法院也会认定"多配偶制"婚姻的效力，只要一方在结婚前在英国没有住所。[④]在 Radwan v. Radwan (No. 2) 案中，婚姻的举行地在法国，妻子在婚后与其丈夫在埃及定居而获得埃及住所，从而放弃她的英国住所。尽管妻子在结婚时的住所仍在

① Willis L.M. Reese, *Marriage in American Conflict of Laws*, 26 INT' L & COMP.L.Q. 952 (1977),p.957-962.

② Willis L.M. Reese, *Marriage in American Conflict of Laws*, 26 INT' L & COMP.L.Q. 952 (1977),p.965.

③ Restatement (Second),*Conflict of Laws*, sect 284, Comment d(1971).

④ A. J. E. Jaffey ,*The essential validity of marriage in the English conflict of laws*, The Modern Law Review, Jan. 1978,Vol. 41,p.39.

英国，但因为结婚，她事实上已经在意图和结果上终止了自己作为英国居民的身份。该案的判决表明，国内法关于多配偶婚姻无效的规则，在当事人婚后居住在另一国且婚姻在该国有效时，不应适用。[①] 而且，即便是多配偶婚姻当事人在禁止多配偶的国家有共同住所，该婚姻也并不必然无效。如果当事人在英国有共同住所，其他的一些因素也可以使婚姻有效。例如，双方当事人可能在此前定居于承认多配偶制的国家。并在定居相当长的时间后到英国居住，即便一方为英国国民，英国法院也不会认定该婚姻无效。在此情况下，一夫一妻制的英国法必须让步于因婚后情况的改变而有利于婚姻效力的政策。英国法院甚至也会容忍双外籍人的多配偶婚姻，如果当事人婚后有合理的理由到英国居住。

因此，多配偶制婚姻，在英国只有在根据婚后住所地的法律以及根据结婚时一方或双方的住所地法是无效的，才被认定为无效。[②] 虽然婚后住所在结婚后才能存在，但理论似乎要求婚姻的有效性或无效应根据婚姻时存在的因素来判断。然而，在实践中，只有在婚后的合理时间内没有共同住所，问题才会出现。法院通常的处理方法是，如果没有在合理的时间内建立婚后共同住所，那么婚姻的有效性必须取决于在婚姻时显现的建立婚姻共同住所的可能性。因此，如果一名英国妇女和一名埃及穆斯林缔结了多配偶制的婚姻，并在此后不久在埃及拥有共同住所，那么该婚姻将是有效的。

三、国内公共秩序与涉外公共秩序

在婚姻家庭领域，应当对国内法有关公共秩序的适用做出限定。虽然涉外民事纠纷的公共秩序保留，是以违反国内民事实体法的规定为标准，但在某些特殊领域，应区分不同民事法律制度的适用范围。例如，在涉外婚姻领域，婚姻年龄的规定，目的首先为了保护未成年人免受不成熟婚姻的危害。其次是从公共利益的角度，防止不稳定的婚姻产生。就第一个目的而言，不适用于外国人；对于第

---

① A. J. E. Jaffey ,*The essential validity of marriage in the English conflict of laws*, The Modern Law Review, Jan. 1978,Vol. 41,p.40.

② A. J. E. Jaffey ,*The essential validity of marriage in the English conflict of laws*, The Modern Law Review, Jan. 1978,Vol. 41,p.40.

二个目的来说，只有在法院地是当事人婚后共同住所地，才与本国法有关。[①] 因为个体在生理、情感、社会生存等的成长程度与其居住的环境相关。目前，大多数国家采取住所地法或国籍国法作为婚姻年龄的标准，即根据一方的本国法或住所地法来认定个人是否足够成熟可以结婚。[②]

在 Mohamed v.Knot 案中，一名尼日利亚 13 岁的女孩和他的尼日利亚丈夫根据尼日利亚法缔结了有效的婚姻。双方婚后三个月就到英国居住。该婚姻被英国法院认定为有效。[③] 在该案中，当事人双方都是尼日利亚人，该涉外婚姻与英国的联系仅在于双方在婚后在英国有共同住所。英国法院做出婚姻有效的判决，并不会对国内婚姻缔结产生诸如先例的效果。因而，该判决也不会对国内的公共秩序产生不利影响。

第二节　冲突正义下的实体正义
——以涉外婚姻的法律适用为例

结婚（实质）条件是一国法律对当事人最低法定婚龄、同意、是否存在亲密关系等方面的设置的条件。各国基于保护当事人意思自由、社会伦理道德、人口优生等考虑，对结婚条件做出不同规定，但由此也导致涉外婚姻在缔结或效力认定上的冲突。在婚姻缔结程序中，当事人所属国家或地区结婚条件的冲突，或者导致婚姻无法缔结，或者驱使当事人做出"移住婚姻"等法律规避行为；在婚姻效力认定上，结婚条件的冲突，将导致婚姻在一国被认可而在另一国不被认可，产生"跛脚婚姻"。传统国际私法或国际条约解决结婚条件法律冲突的方案，或将婚姻作为身份问题处理，适用当事人的属人法；或将结婚视为"契约"或"行为"，按照"场所支配行为"的一般法律原则，适用婚姻缔结地法。二十世纪以来，涉外婚姻的缔结呈现出复杂多变的趋势。得益于交通便捷和信息畅通，涉外婚姻主

---

① A. J. E. Jaffey ,The essential validity of marriage in the English conflict of laws, *The Modern Law Review*, Jan. 1978,Vol. 41,p.45.

② A. J. E. Jaffey ,The essential validity of marriage in the English conflict of laws, *The Modern Law Review*, Jan. 1978,Vol. 41,p.45.

③ A. J. E. Jaffey ,The essential validity of marriage in the English conflict of laws, *The Modern Law Review*, Jan. 1978,Vol. 41,p.46.

体、国籍、住所、经常居所地、婚姻缔结地等连结因素彼此交织，挑战传统冲突规范在单一准据法适用上的科学性和正当性。与此同时，与结婚条件相关的纠纷，既发生在婚姻无效的诉讼中，也在离婚诉讼、夫妻人身与财产关系、父母子女关系、扶养、遗嘱、法定继承、侵权损害赔偿等纠纷中，被作为先决问题而提出。在国际私法上，当事人是否具有结婚条件的认定，广泛涉及管辖、判决的承认和执行、公共秩序、法律规避等问题。相应地，一些国家在结婚条件领域的冲突规范，开始采取最密切联系、自体法等更具灵活性的规则，以兼顾不同情形下的婚姻成立和效力的认定。

在此国际立法变革之背景下，我国2010年《涉外民事关系法律适用法》（以下简称《法律适用法》）借鉴了德国、日本、瑞士以及国际公约的立法经验。该法第21条关于结婚条件的冲突规范，采取了有条件选择适用的冲突规范，兼采共同属人法和婚姻缔结地法，规定了"共同经常居所地""共同国籍国""婚姻缔结地"等三个连结点，以在涉外婚姻效力认定中确立符合国际立法趋势的"有利于婚姻"的原则。然而，该规范的逻辑解释及其法律适用结果，却与上述立法目的背道而驰：规范表述具有"婚姻成立"之冲突规范的属性，但实际上却属于婚姻效力冲突规范；"共同经常居所地""共同国籍国"等连接点，并不具有普遍性或一般性，在逻辑上存在"特殊情形一般化"之嫌；规范的适用将导致某些符合一方当事人属人法或婚姻缔结地法的婚姻，在我国法院被认定无效；此外，规范还存在着学者广泛关注的周延性问题。《民法典》生效后，《法律适用法》亟须通过修订以明确《民法通则》废止后的一些法律适用问题。应借此良机，对《法律适用法》第21条规范做出全面审视，完善其法律适用。

一、身份之约束与契约之开放：涉外婚姻法律规制的理论与实践

婚姻是一种法律关系，也是构成社会重要基础的组织形式。对婚姻的规制，是近现代社会的产物。从个体角度，婚姻属于私人领域，理应以意思自治为最高原则。相应地，政府对婚姻的管理和规制应以"合理"和"必要"为条件。然而，从族群的角度，婚姻又具有公共属性，承担着社会稳定和种族延续的职能，因而，调整婚姻及家庭的法律往往具有公共政策的强制性。各国国内法关于一夫一妻制、

结婚年龄的限定、同性婚姻、近亲结婚的禁止、离婚后一定时间内禁止再婚、结婚登记的鼓励和保护、离婚的条件等的规定，都代表着婚姻习惯或法律在社会发展、人口优化、弱势群体保护等的立场和价值取向。在婚姻法下，有关婚姻效力的判决，具有宣示"国内政策"或"公序良俗"的效果，因此，婚姻效力及其对当事人财产、继承、抚养、监护等的影响，一向是国内法院相对保守和谨慎的裁判领域。

涉外婚姻的法律规制，一方面是国家国内婚姻政策的延续。另一方面也关系到对一方为本国人的婚姻权利的保护。现代社会，一国对涉外婚姻的法律规制，通常在两个层面上进行。一是国内实体法层面，即一国在国内的婚姻法中，对涉外婚姻成立、登记、离婚等做出规定。二是国际私法层面。即根据冲突规范，对涉外婚姻缔结、婚姻效力、离婚等等做出规定。在各国国际私法立法上，调整涉外婚姻的准据法或以住所地法或国籍国法为主，或以婚姻缔结地法为主。

（一）基于身份的涉外婚姻调整：住所地法或国籍国法

古代社会，个体的身份是其享有权利的重要依据。早在"法则区别说"时期，就有通过区分属于身份方面的"人法"和财产方面的"物法"，将本国或本地有关婚姻等身份方面的法律适用于域外的本国人的做法。这或许是最早规定"当事人的婚姻能力，适用其本国法或住所地法"的立法。1804年《法国民法典》第3条规定"关于个人身份与法律上能力的法律，适用于全体法国人，即使其居住于国外时亦同"，以成文法形式延续了法则区别说的理论主张。在此时期，提出"法律关系本座说"的萨维尼，也主张婚姻关系的本座是住所地法。考虑到当时女性身份的隶属性，妻子通过婚姻自动获得丈夫的住所，丈夫住所地有关婚姻限制的法律具有绝对的拘束力，而无须考虑妻子住所地法或婚姻举行地法的不同规定。[①]

近代以来，男女平等的理念得以确立，双方当事人各自的住所地法在保护婚姻当事人和社会公共利益方面被视为具有同等重要性。双重住所地标准（Dual Domicile Theory）被引入结婚要件的冲突规范中。如戴西和莫里斯所主张，结婚能力由当事人各方婚前的住所地法调整。如果任何一方不满足其住所地法的结婚

---

① Friedrich Carl Von Savigny , William Guthrie, Bartolo, *A Treatise on the Conflict of Laws*, and the Limits of Their Operation in Respect of Place and Time,Edinburgh; London: T. & T. Clark; Stevens & Sons, 1869, p.240-241.

条件，则婚姻无效。[①]

因双重住所标准对结婚要件的要求过于严格，导致大量涉外婚姻因不符合任一国家的法律而无效，英国学者提出"意向婚后住所"理论（Intended Matrimonial Home Theory）。戚希尔认为："应否出于社会、宗教、优生或其他类似原因而禁止两人结婚，是一个影响双方作为夫妻共同生活的社区的问题。"[②]一旦可以推断双方在结婚时有意住在其他地方，且该意图在婚姻后的合理时间内实施，则其意向婚后住所地法应作为调整婚姻关系的法律。戚希尔还指出，如果仅仅由于婚姻的一方或双方因先前与某一国存在联系，且该国采取不同的结婚条件，就宣告某一无损于社会公共利益的婚姻无效，是不受社会欢迎的。[③]在 De Reneville v. De Reneville 案中，巴克尼尔（Bucknill）法官认为，婚姻缔结地的法律，以及双方当事人期望共同生活的住所且实际上共同生活的住所的法律，应作为调整其婚姻效力的准据法。[④]显然，该案判决更倾向于适用实际共同住所地法，而非意向住所地法。然而，婚姻能力的冲突规范所要解决的问题是，在缔结婚姻时，当事人是否有结婚的能力。因此，意向婚后住所理论和婚后共同住所标准，因采取婚姻缔结行为发生后的婚后住所标准，都遭到强烈的批评。尽管如此，在英国法院不同的个案中，上述两种住所标准均有被用于裁判涉外婚姻结婚能力的先例。

住所是被用于确立个体身份的最早的纽带。近代意义上的国籍产生之前，包括婚姻关系在内的涉外人身关系，都以住所为连结点。在涉外婚姻关系中，要求当事人满足其婚前住所地的法律关于结婚能力的规定，其理论依据在于，某人是否以及何时能够结婚，应由其深深扎根的社会来决定。[⑤]特定社会关于结婚的习惯、习俗，早已形成根深蒂固的婚姻制度，有的甚至早于国家制定的婚姻法。对于英美等多法域的普通法系国家，住所标准用于国内区际法律冲突的解决，具有更明

---

① Dicey and Morris, *Dicey And Morris on The Conflict of Laws*, by Lawrence Collins and others, 12th edition, Volume 1 & 2, London, Sweet & Maxwell, 1993, p. 622-623.

② *Cheshire & North Cheshire And North Private International Law*, by North, P.M. and Fawcett, J.1.,12th edition, London, Butterworths, 1992,p. 587-89.

③ *Report of the Royal commission on Marriage and Divorce* (1956) Cmnd. 9678, p. 889.

④ De Reneville v. De Renville [1948] P. 100 at 122.

⑤ Adrian Briggs, *The Conflicts of Laws*,Oxford University Press; 3th edition,2013,p. 333.

显的优势。

　　与普通法系国家不同，大陆法系国家则以国籍作为确定身份关系的首选连结点。同住所标准相比，国籍相对容易确定，且具有稳定性。大陆法系国家实行单一的法律制度，进一步强化了国籍作为身份连结点的功能。国内各个地区的居民统一适用国籍国法来确定其法律身份，不论其住所位于何处。[①]

　　与早期的单方住所理论相同，丈夫的国籍国在很长一段时间也被作为婚姻关系的准据法。配偶双方的结婚能力都由该法律来决定。其主要原因是，二十世纪以前，妇女可以通过涉外婚姻的事实而自动获得丈夫的国籍。[②]然而，二十世纪以来，各国宪法和国籍法的趋势是，一方当事人并不会因结婚而在短时间内自动取得另一国国籍。这导致单一丈夫国籍作为婚姻能力准据法面临冲击。分别适用当事人的本国法，成为当代婚姻能力准据法的主流观点，即要求每一方当事人都必须满足其本国法律的结婚条件。[③]这一规则与双重住所规则一样，赋予双方当事人的本国法在认定婚姻效力上平等的权利。有学者认为，尽管《法国民法典》第三条（3）"有关个人身份及享有权利能力的法律，适用于全体法国人，即使其居住于国外时亦同"的规定具有单边冲突规范的属性，但法国法院的一致观点是，当需要解决的问题是"是否允许缔结婚姻"这类面向未来的情形时，仍应分别适用当事人各自的本国法。[④]

　　（二）基于行为的涉外婚姻调整：婚姻缔结地法

　　"涉外婚姻适用婚姻缔结地法"的规则，同样可追溯到国际私法产生早期。十

[①]　Tahenni, Hamid (1995) Conflict of law rules in marriage: an approach based on the co-ordination of the relevant policy considerations. PhD thesis, Universite de Tizi-Ouzou, ALGERIE. Available at : http://theses.gla.ac.uk/5009/, p.143.

[②]　See Bartain, Principes de droit International Prive, v.II, 1932, p.123. Tahenni, Hamid (1995) Conflict of law rules in marriage: an approach based on the co-ordination of the relevant policy considerations. PhD thesis, Universite de Tizi-Ouzou, ALGERIE. Available at : http://theses.gla.ac.uk/5009/, p.144.

[③]　Batiffol, et Lagarde, *Droit International Prive*, Volume 1 & 2, 7th ed., Librarie Generale de Droit et de Jurisprudence, Paris, 1983,p.414.

[④]　Tahenni, Hamid (1995) Conflict of law rules in marriage: an approach based on the co-ordination of the relevant policy considerations. PhD thesis, Universite de Tizi-Ouzou, ALGERIE. Available at : http://theses.gla.ac.uk/5009/, p.146.

三世纪开始，注释法学派就提出"法律行为受其做出地的法律约束"的"场所支配行为"原则。彼时，对行为的形式要件和实体要件并无区分。包括合同、侵权和婚姻等在内的涉外民事关系，都以行为地法作为准据法。[①]直到在十九世纪之前，很多国家仍将婚姻视为契约，以"婚姻举行地法"作为确定婚姻效力的实质要件和形式要件。[②]在十九世纪后，婚姻缔结地法仍然被作为结婚形式要件的准据法的传统规则，[③]但结婚实质要件，在很多国家则被作为当事人的身份和能力问题，适用住所地法等确定身份关系的属人法。

尽管如此，纵观各国实践，时至今日，婚姻缔结地法仍在涉外结婚实质要件的适用中占有非常重要的地位。在婚姻缔结上，一些国家规定在本国缔结的涉外婚姻，外籍当事人也须满足本国婚姻法的结婚能力。如中国、美国、澳大利亚、英国、法国、意大利等国家的国内婚姻缔结规则。此种模式的优点在于简便易行，既可以扩大本国法律的适用范围，又能为外来移民提供便利，有利于当地经济和社会发展。[④]

在婚姻效力认定上，一些国家也将婚姻缔结地法作为主要准据法。在美国冲突法上，婚姻效力适用婚姻举行地法，即缔结婚姻地的州法。当然，这一规则也受法院地法或任何一方婚前住所法的公共政策的约束，例如重婚或近亲结婚等。虽然第二次《冲突法重述》以来，婚姻缔结地的地位在语言和内容上都被软化了，但仍居于重要地位。重述第283条规定：（1）婚姻的有效性将由与配偶和婚姻有最密切联系的州法决定。（2）满足缔结地的州法的要求的婚姻，在任何地方都应被认为是有效的，除非在婚姻缔结时，该婚姻违反与配偶和婚姻有最密切联系的

---

① Batiffol, H *Les Contlits de Lois en Matiere de Contract.* These Paris, 1938, NO 22. Tahenni, Hamid (1995) Conflict of law rules in marriage: an approach based on the co-ordination of the relevant policy considerations. PhD thesis, Universite de Tizi-Ouzou, ALGERIE. Available at : http://theses.gla.ac.uk/5009/, p.13.

② Dicey and Morris, *Dicey And Morris on The Conflict of Laws*, by Lawrence Collins and others, 12th edition, Volume 1 & 2, London, Sweet & Maxwell, 1993, p. 664.

③ Richard Fentiman, *The Validity of Marriage and the Proper Law*, The Cambridge Law Journal , Jul., 1985, Vol. 44, No. 2 (Jul., 1985), p. 256.

④ 万鄂湘:《〈中华人民共和国涉外民事关系法律适用法〉条文理解与适用》，中国法制出版社2011年版，第158页。

另一个州的公共政策。① 英国法律在涉及婚姻效力的诉讼中，也允许通过反致适用婚姻缔结地国家的冲突规范，以实现婚姻认定的有效性。但反致不能用于使原本有效的婚姻变得无效。这意味着，如果冲突法有任何灵活性的余地，而且双方当事人认为他们举行了有效的婚礼，则任何疑问都应以"使之有效"的方式解决。想要让当事人或任何利益攸关的第三方认为其无效，需要有充分的理由。② 如果某一婚姻根据缔结地的实体法被认定为无效，但根据婚姻缔结地法的冲突法指引，适用其他国家的法律将使该婚姻有效，则法院最终会认定婚姻有效。③

　　二十世纪以来，随着男女平等、婚姻自由的观念在各国宪法和民法上的确立，各国实体法上出现了有利于婚姻成立以及离婚自由的趋势，有关的法律选择规则也趋于灵活。④ 新价值观导致了这样一种规则，即：在婚姻效力认定上，除了特定的例外情形，如果婚姻符合缔结地法的要求，则婚姻将有效。这一规则可以说是强调了婚姻的契约方面特征，因为它突出了缔结婚姻关系的国家的法律。这也有助于保护双方的期望利益，即：如果当事人在缔结婚姻时应了解法律如何规定，那么，缔结婚姻的国家的法律是首先要了解的。⑤ 尽管单纯依据婚姻缔结地法来认定婚姻效力，会产生当事人为了规避某一国家的婚姻实质要件而"移走"至结婚条件宽松的国家去缔结婚姻。但在各国的司法实践中，据此认定婚姻无效的判例是很少的，除非一方当事人结婚时居住在该国并且结婚后又到该国定居。⑥

二、结婚条件的冲突规范的立法实践

　　结婚实质条件的满足与否，既可能发生在涉外婚姻成立环节，也可能存在于涉外婚姻效力的审查环节。表现在国内实体法和国际私法中，各国采用的术语各

---

① Restatement of conflict law (Second),p.283.

② Adrian Briggs, *The Conflicts of Laws* ,Oxford University Press; 3th edition,2013,p. 330.

③ Taczanowska v Taczanowski [1957] P 301 (CA). Adrian Briggs, *The Conflicts of Laws* ,Oxford University Press; 3th edition,2013,p. 331.

④ 郭玉军：《涉外民事关系法律适用法中的婚姻家庭法律选择规则》,《政法论坛》, 2011 年第 3 期，第 23 页。

⑤ Willis L.M. Reese, *Marriage in American Conflict of Laws*, 26 INT'L & COMP.L.Q. 952 (1977),p.955.

⑥ Willis L.M. Reese, *Marriage in American Conflict of Laws*, 26 INT'L & COMP.L.Q. 952 (1977),p.955.

不相同。从大多数国家的立法实践来看,主要使用婚姻能力、婚姻的成立、婚姻的效力、实质要件、形式要件等不同的概念。一些大陆法系国家,将有关"结婚""婚姻的成立""结婚条件"等冲突规范,适用于"未来的配偶",即将要在该国缔结婚姻的双方当事人。"婚姻成立",涉及缔结婚姻时,"结婚形式要件"和"实质要件"是否满足;婚姻效力,则涉及法院对已经缔结的婚姻是否满足结婚"实质要件"和"形式要件"的审查。"婚姻成立"和"婚姻效力"在一些国家的国际私法中是分别规定的。也有的国家在国际私法中仅规定"婚姻效力",而在国内法中规定"婚姻成立"的法律适用。我国《法律适用法》采用"结婚条件"指代"结婚实质要件"。从一些国家"婚姻成立"和"婚姻效力"分别规定的立法实践来看,"结婚条件"在婚姻成立层面的规定相对婚姻效力层面更为严格。因而,在冲突规范的选择上,婚姻成立的结婚条件,多采用重叠适用的冲突规范;而婚姻效力,无论是形式要件还是实质要件,多采用选择适用的冲突规范。

下文如果没有特别说明,结婚条件即结婚实质要件,婚姻成立即婚姻缔结。

(一) 婚姻成立的结婚条件适用:重叠适用冲突规范

涉外婚姻缔结时应满足的结婚条件,是指一国国内法或国际私法对发生在本国的涉外结婚,以及本国人在国外缔结婚姻时,应满足何种结婚条件做出规定。婚姻成立阶段的结婚条件,关系到婚姻能否订立。一些国家会专门对本国公民的结婚实质条件予以规定,以维护本国婚姻法的公共政策,或防止法律规避。例如,根据德国 2013 年修订的《民法施行法》第 13 条[①]规定,结婚的条件适用婚姻双方各自国籍国法。如果一方当事人根据其本国法欠缺结婚条件,可以适用德国法结婚条件的规定,只要另一方当事人在德国有惯常居所或是德国人。或满足其他条件也可以适用德国法结婚条件的规定。该条第 3 款规定"在德国结婚只能依照德

---

① 第 13 条 结婚:1.结婚的条件适用婚姻双方各自国籍国法。2.如果根据该法欠缺结婚的条件,则适用德国法,只要:(1)婚姻当事人一方在德国有惯常居所或是德国人;(2)婚姻当事人一方已经采取了所要求的步骤以符合相应的条件;(3)拒绝该婚姻不符合婚姻自由原则,尤其是如果婚姻一方当事人此前的婚姻已经通过一项在此地做出或得到承认的判决被取消或者该当事人的配偶已经被宣告死亡,则该婚姻不构成障碍。3.在德国结婚只能依照德国所规定的形式进行,但非德国人之间的结婚可以在当事人一方所属国政府合法授权的人面前依照该国法律规定的形式进行;依照这种形式缔结的婚姻由合法授权的人登记在由他掌管的婚姻登记簿,其附件经过公证后具有完全的结婚证明效力。

国所规定的形式进行",而未对其他情形下的"结婚形式"做出规定,可见该条主要用于德国婚姻登记机关登记婚姻的法律适用。再如,根据日本《法律适用通则法》第 24 条[①] 的规定,"婚姻的成立,适用夫妻各自的本国法。婚姻的形式,依婚姻举行地法"。该条"婚姻的成立",即结婚实质要件的规定。

《海牙结婚仪式和承认婚姻有效公约》也区分"婚姻举行"和"婚姻效力"。公约第 3 条规定,未来的配偶双方缔结婚姻必须符合婚礼举行地国国内法的实质要件,并且配偶一方具有该国国籍或在该国设有惯常居所;或者各自符合婚礼举行地国家法律选择规则所规定的国内法的实质要件。公约明确使用了"未来的配偶(the future spouses)"、"婚姻应按下列条件举行(A marriage shall be celebrated)"等将来语态,并以婚姻缔结地国家的国内法或冲突法作为首要准据法,便于婚姻成立实质要件和形式要件的法律适用。规定婚姻缔结地也是配偶一方国籍国或惯常居所地国,在一定程度上避免当事人规避其经常居所地国的禁止性规定,有利于婚姻效力被多数国家认可。

(二)婚姻效力的结婚要件审查:选择适用冲突规范

一国法院所审理的涉外婚姻效力纠纷,既包括外国人与本国人之间的婚姻,也包括外国人与外国人之间的婚姻。婚姻效力的审查所涉及的结婚实质要件,虽然在逻辑上应仅对"婚姻缔结时"当事人是否满足结婚条件做出审查,但因一些国家的法律将婚姻效力冲突规范适用在离婚、夫妻财产关系等纠纷,故在准据法的适用上,采取共同属人法、婚姻缔结地法、一方属人法等多个选择适用的连结点,以有利于婚姻效力的认定。

根据《海牙结婚仪式和承认婚姻有效公约》第 11 条的规定,婚姻效力主要涉及配偶一方或双方在结婚时是否存在重婚、近亲属关系、未达到法定婚龄、自愿、智力上缺乏同意的能力等情况的审查。对于婚姻效力的审查,《公约》第 9 条继续采取了婚姻缔结地法为主的标准。该条规定:依婚礼举行地国家法律缔结的有效婚姻,或者后来依该国法律成为有效的婚姻,所有缔约国均应认为有效。结婚效

---

① 第 24 条 婚姻的成立及方式:婚姻的成立,依夫妻各自的本国法。婚姻的形式,依婚姻举行地法。虽有前项规定,当婚姻形式符合夫妻一方的本国法时,即有效,但是,当婚姻是在日本境内举行时,且夫妻中一方是日本人的,不在此限。

力也适用婚姻缔结地法，可以避免根据承认国家的国际私法规则审查婚姻的实质要件。《公约》关于结婚条件和婚姻效力的规定，有两个目的：即致力于促进婚姻的缔结（《公约》第一部分），并确保跨国界婚姻有效性的承认（《公约》第二部分）。《公约》可被视为执行《联合国公民权利和政治权利国际公约》第23条的规定①，其中将达到结婚年龄的男女的结婚权作为基础，并将婚姻建立在准配偶的自愿和完全同意之上。

考虑到夫妻双方婚后大多具有共同国籍或共同住所，一些大陆法系国家在婚姻效力的法律适用上，以婚后共同国籍国法和婚后共同经常居所地法为主要准据法。德国《民法施行法》第14条②规定了婚姻效力的认定：婚姻的一般效力适用夫妻双方（共同）国籍国法，或在婚姻期间的最后国籍国法，只要夫妻一方尚具有该国国籍；如果双方不具备共同国籍，则适用夫妻双方共同惯常居所地法，或婚姻期间的最后居所国，只要夫妻一方现在在该地仍有惯常居所，或适用与夫妻双方有最密切联系的国家的法律。如果夫妻双方均不具有他们的惯常居所地国国籍，或夫妻的惯常居所不在同一国家，则婚姻效力可适用夫妻双方选择的任何一方的国籍国法。德国法律规定婚姻效力可以适用婚姻期间的"最后国籍国法"或"最后居所国"，表明关于婚姻效力关于结婚条件的认定，并未局限在婚姻缔结时。再如，日本《法律适用通则法》第25条③是关于"婚姻效力"的规定：当夫妻为

① 1966年12月16日《公民权利和政治权利国际条约》第23条规定如下：1.家庭是社会的自然和基本群体单位，受到社会和国家的保护。 2.承认达到结婚年龄的男女有结婚和成家的权利。 3.未经准配偶的自由和完全同意，不得结婚。4.本条约的缔约国应采取适当步骤，确保配偶在婚姻、婚姻期间和解除婚姻时的权利和责任平等。解散时，应当规定对儿童提供必要的保护。
② 第14条 婚姻的一般效力：1.婚姻的一般效力适用：（1）夫妻双方国籍国法或在婚姻期间最后国籍国法，只要夫妻一方尚具有该国国籍；（2）夫妻双方惯常居所所在或婚姻期间最后所在国，只要夫妻一方现在在该地仍有惯常居所；（3）夫妻双方以其他形式拥有最密切联系的国家的法律。2.如果夫妻一方是多国籍人，则夫妻可以不受第5条第1款的约束选择这些国家中任一国家的法律，只要夫妻另一方也属于该国人。3.夫妻可以选择夫妻一方国籍国法，如果第1款第1项条件不存在，并且（1）夫妻双方均不具有他们的惯常居所地国国籍；（2）夫妻的惯常居所不在同一国家。如果夫妻获得共同国籍，则法律选择的效力丧失。4.法律选择必须经过公证。如果该选择不是在德国做出，则只要其符合所选择的法律所规定的关于婚姻契约的形式要件或法律选择做出地的形式要件，则为有效。
③ 第25条 婚姻的效力：当夫妻为同一国籍时，婚姻的效力适用该夫妻双方的本国法。夫妻双方非为同一国籍时，适用夫妻双方同一经常居所地法。前述两个连结点都不存在时，适用与该夫妇有最密切联系地法。

同一国籍时，婚姻的效力适用该夫妻双方的本国法。夫妻双方非为同一国籍时，适用夫妻双方同一经常居所地法。前述两个连结点都不存在时，适用与该夫妇有最密切联系地法。该法第 27 条规定，婚姻效力的法律适用的规则，也适用于离婚。但夫妻一方为在日本有经常居所地的日本人时，离婚适用日本法。这里要求离婚适用法院地法的条件，要求当事人既要有日本国籍，也要在日本有经常居所地。表明立法者对适用日本法判决离婚案件的谨慎。

瑞士也同样区分结婚要件和婚姻效力。《瑞士联邦国际私法典》第 44 条规定：婚姻的实质要件适用瑞士法律。婚姻虽不具备瑞士法律规定的条件，但只要其中一方当事人的住所地国家的法律或本国法律认为有效的，瑞士承认其效力。在瑞士缔结的婚姻，其方式适用瑞士法律。第 48 条规定：婚姻的效力，适用配偶双方共同住所地的法律。配偶双方的住所地不在同一国家的，婚姻的效力适用与之有最密切联系的住所的法律。

（三）我国《法律适用法》中结婚条件的含义

在我国，《涉外民事关系法律适用法》关于涉外婚姻的法律适用，有"结婚条件"和"结婚手续""协议离婚""诉讼离婚"四个条文。没有专门规定"婚姻效力"的法律适用条款。一般认为，"结婚条件"即国内民法学界所称结婚的"实质要件"，"结婚手续"即结婚的"形式要件"。实际操作中，根据《婚姻登记条例》，在我国缔结的涉外婚姻，无论实质要件还是形式要件都须符合中国法律。由此，《法律适用法》关于"结婚条件"和"结婚手续"的规定，并非"婚姻成立"的规定，无法适用于在我国"正在缔结"的婚姻。其实际上是审查"已经缔结"的婚姻是否有效的冲突规范。

在《民法典》生效前，我国《民法通则》及其《意见》分别规定了婚姻成立、婚姻效力和离婚的法律适用。《民法通则》第 147 条规定，"中国人和外国人结婚，适用婚姻缔结地法"，即专门规定"涉外婚姻的缔结"问题。《民通意见》第 188 条规定：我国法院受理的涉外离婚案件，离婚以及因离婚而引起的财产分割，适用我国法律。认定其婚姻是否有效，适用婚姻缔结地法律。我国《法律适用法》在立法过程中，借鉴了德国、瑞士、日本等国家有关规定，以及欧盟、海牙国际私法协会等制定的有关条约性法律文件①，但并未借鉴这些立法分别规定"婚姻缔结"和"婚姻效力"的做法。也为明确说明"结婚条件"应适用于"婚姻缔结"还是"婚姻效力"。与我国《法律适用法》第21条的"结婚条件"最为接近的立法例，是日本的《法律适用通则法》第25条关于"婚姻效力"的规定。此外，与德国、瑞士的国际私法关于"婚姻效力"的规定也有相同之处。

三、婚姻缔结还是婚姻效力:《涉外民事关系法律适用法》第21条的规范释义

我国《涉外民事关系法律适用法》第21条规定：结婚条件，适用当事人共同经常居所地法律；没有共同经常居所地的，适用共同国籍国法律；没有共同国籍，在一方当事人经常居所地或者国籍国缔结婚姻的，适用婚姻缔结地法律。

该条规范，在规范属性和规范含义上，都存在争议，需要加以阐释。

（一）第21条的规范属性：婚姻效力规范

我国《涉外民事关系法律适用法》第21条，是婚姻行政部门办理涉外婚姻登记的冲突规范？还是解决涉外婚姻存在或效力纠纷的冲突规范？或者兼而有之？一种理解认为，第21条的"使用者不仅有可能是中国法官，还有可能是中国的民政部门的婚姻登记机关"。②这意味着，在我国缔结的涉外婚姻，涉及当事人的结婚能力等要件上，婚姻登记机关应首先根据当事人共同经常居所地的法律进行审查，如果具备条件且符合规定，允许在我国登记结婚，如果不具备条件，则根据当事人共同国籍国的法律进行审查，依次类推，直到适用婚姻缔结地法。但从我国涉外婚姻登记的实践来看，此种理解缺乏实践依据：其一，根据《婚姻登记条

---

① 《涉外民事关系法律适用法（草案）全文及主要问题的汇报》。该汇报提到，法制工作委员会认真研究了我国和德国、瑞士、日本等国家有关规定，以及欧盟、海牙国际私法协会等制定的有关条约性法律文件；赴香港、澳门特别行政区就涉港澳民事关系法律适用问题听取意见；并召开了全国人大外事委员会、最高人民法院、国务院法制办、外交部、商务部以及部分国际私法专家参加的座谈会。经认真听取各方面意见，反复研究修改，形成了涉外民事关系法律适用法草案。中国人大网，http://www.npc.gov.cn/zgrdw/huiyi/cwh/1116/2010-08/28/content_1593162.htm 访问时间 2022 年 3 月 28 日。

② 郭玉军：《涉外民事关系法律适用法中的婚姻家庭法律选择规则》，《政法论坛》，2011 年第 3 期，第 26 页。

例》，在我国举行的涉外婚姻，应适用中国法律。"适用共同经常居所地法""适用共同国籍国法"的情形，不会发生在我国涉外婚姻登记程序中。我国目前不办理双外籍人在中国的登记结婚。涉外婚姻登记的一方必须是中国公民，一旦认为本规范可以用于涉外婚姻行政登记，则双外籍人就可以要求适用这一规定办理登记结婚，这与我国目前的婚姻登记实践不符。其二，不在我国举行的涉外婚姻，我国无须也不应对其缔结的法律适用规范做出规定。第21条"没有共同国籍，在一方当事人经常居所地或者国籍国缔结婚姻的，适用婚姻缔结地法律"的规定，如果理解为涉外婚姻登记规范，则意味着当事人在我国以外的其他国家缔结婚姻，结婚条件也要适用婚姻缔结地法。这不符合一些国家的涉外婚姻缔结以属人法作为准据法的实际。如陈卫佐教授指出：确定当事人结婚要件的冲突规则，与承认在中国境外缔结的婚姻的有效性的条件的条款不可混为一谈。[①]

另一种理解认为，第21条不能被理解为婚姻登记规范。既如此，该规范主要应为婚姻效力的冲突规范。现有司法解释未对第21条的适用范围给出意见，但根据最高人民法院民事审判庭第四庭编著的《〈中华人民共和国涉外民事关系法律适用法〉条文理解与适用》一书："第21条不能理解为对婚姻行政机关主管部门履行婚姻审批登记这一具体行政行为的法律适用指引。我国婚姻行政主管部门只能依照外国法律、法规的相关规定决定是否办理婚姻登记，不方便也没有必要去查明外国法律关于结婚实质要件的相关规定。"[②] 由此可见，司法实务界倾向于将该条规范用于解决涉外结婚条件争议，即对当事人"已经成立"的婚姻的效力做出认定。

（二）第21条的规范含义：婚前共同经常居所地、共同国籍国

《涉外民事关系法律适用法》第21条规定了"共同经常居所地""共同国籍国"连结点。对于这两个连结点，在理论和实践中也存在争议。

理论上，关于婚姻效力的住所标准，英美学者认为，在当事人结婚时，如果适用当事人意向婚后住所地法，更有利于婚姻效力认定。从身份准据法的理论基

---

① 陈卫佐：《比较国际私法：涉外民事关系法律适用法的立法、规则和原理的比较研究》，法律出版社2012年版，第312页。

② 万鄂湘：《〈中华人民共和国涉外民事关系法律适用法〉条文理解与适用》，中国法制出版社2011年版，第160页。

础来看，当事人将来要共同生活的住所地，对当事人是否有作为配偶的婚姻能力生活在那里，显然更有发言权。[1]但此种模式还未在任何国家的立法中出现。"婚后"经常居所地在结婚时是不确定的场所。当事人在结婚后可能改变初衷，更换婚后"共同经常居所地"。因此，婚姻登记机关如果以当事人"意向婚后住所地"的法律来审批婚姻要件，相当于不对结婚条件做出审查。因为当事人可以任意选择一个条件宽松的"意向婚后住所地"来实现婚姻登记，甚至规避法律。

在我国司法实践中，第 21 条规定的经常居所地应理解为结婚时的经常居所，而非结婚以后或者发生诉讼时的居所。[2]同理，共同国籍国也应理解为结婚时的共同国籍，而非结婚后双方的共同国籍。婚姻缔结是一个法律行为，行为应以做出时的法律作为生效与否的评判依据。缔结时不符合缔结地法或一方经常居所地或国籍国法律的婚姻，不能事后根据"婚后共同经常居所地"取得合法性。婚姻效力涉及的结婚条件，是对双方当事人的结婚时的婚姻能力做出认定，而结婚时的婚姻能力，之所以适用当事人的住所地法或本国法，或者适用婚姻缔结地法，是因为各国希望法律通过结婚条件的设置，来确保当事人在婚姻订立时，能够做出理性的选择。在婚姻缔结时，当事人对这些应适用的法律所规定的结婚条件应该知情。如果婚后双方所选择的共同经常居所地并非任何一方婚前经常居所地，适用该地点的法律来认定婚姻效力，无论据此认定婚姻有效还是无效，都不符合期待利益原则。

（三）"共同经常居所地"等连结点之解释：依准据法国的标准解释

"国籍"连结点的解释（识别），在双重国籍或无国籍的情形下，根据法院地的国际私法进行；单一国籍情形下，应根据当事人声称具有国籍的国家的法律来认定。"经常居所地"连结点的解释，同样面临概念解释"同一性"的困境。虽然"经常居所地"并非我国独有的法律概念，一些国家采用的"惯常居所"，与"经常居所地"在性质和功能上相同，但仍有相当多的国家采用传统的"住所"概念，来作为调整婚姻能力和结婚要件的连结点。

---

[1]　Adrian Briggs, *The Conflicts of Laws* ,Oxford University Press; 3th edition,2013,p.333.

[2]　万鄂湘:《〈中华人民共和国涉外民事关系法律适用法〉条文理解与适用》，中国法制出版社 2011 年版，第 162 页。

经常居所地、住所和国籍均反映自然人从属于某一地区的身份和资格。特定的自然、人文和社会环境，是个体社会化和成熟化的媒介。自然人较长时间地在某一国家或地区居住，是获得这一身份或资格、从而具有婚姻能力的关键。尽管居住时间长短的确定，取决于各种主观和客观因素的共同作用，但早期各国法律区分住所与经常居所地，并将住所视为较经常居所地更稳定且更能代表自然人资格和身份的标准。仅在住所无法确定时，经常居所地才被用作方便、时宜性纠纷解决的管辖依据。但对于跨国流动的自然人来说，融入一个新的社会，了解其文化和习俗，至少需要多年的时间。经常居所地和惯常居所在居住时间上要求相对宽松，一些国家甚至采取 6 个月的居住时间标准，且基本不要求当事人具有"久住的意思"。因此，很少有国家将"经常居所地"单独作为确定婚姻能力的准据法。

对 21 条的"共同经常居所地"进行解释，会产生解释或识别标准的冲突。根据我国法律规定，经常居所地是自然人在涉外民事关系产生或者变更、终止时已经连续居住 1 年以上且作为其生活中心的地方。[①]如果该自然人所在的国家对于住所或惯常居所的认定与我国不同，就会产生冲突。按照我国学者的观点，连结点的解释通常按照法院地法的概念进行，但对于一个人是否具有某国国籍或住所，必须依其国籍发生争议的该国国籍法或住所地法进行解释。[②]也就是说，对 21 条的"共同经常居所地"进行解释，需要根据当事人经常居所地国家的法律关于当事人是否享有法律上规定的经常居所地进行。然而，如果当事人的结婚时的居住国并无经常居所地的概念，是否可以采用住所的概念？本书作者认为，从婚姻能力所具有的身份属性及其决定因素来看，住所是具有更强的身份连结的因素，采取住所标准作为替代标准符合立法者的意图。

四、有利于婚姻还是严格婚姻缔结：《法律适用法》第 21 条的适用困境

如前所述，《法律适用法》第 21 条主要适用于"婚姻效力"的涉外民事纠纷

---

① 2012 年最高人民法院关于适用《涉外民事关系法律适用法》若干问题的解释（一）第十三条规定，自然人在涉外民事关系产生或者变更、终止时已经连续居住 1 年以上且作为其生活中心的地方，人民法院可以认定为涉外民事关系法律适用法规定的自然人的经常居所地，但就医、劳务派遣、公务等情形除外。

② 李双元、欧福永：《国际私法》，北京大学出版社 2018 年版，第 86 页。

中。在实践中，"婚姻效力"纠纷，往往是财产分割、继承资格、扶养义务、子女身份等"主要问题"的"附带问题"或"先决问题"。在各国普遍放宽对结婚手续要件规定的趋势下，结婚条件将成为确定婚姻效力的主要标准，最终影响到当事人财产和人身方面的权利义务。从国际条约和各国立法实践来看，婚姻效力的冲突规范，以"有利于婚姻"为基本原则，即：只要该涉外婚姻依据某一国家的法律合法缔结，且不违反法院地的公共秩序，其有效性应被广泛认可。从我国涉外婚姻效力冲突规范的演变过程可见，我国学界和立法界也赞成"有利于婚姻"的原则。然而，名为"结婚条件"，实为"婚姻效力"的第21条，在实际适用中却可能导致大量的涉外婚姻被认定为无效。其根本原因是，第21条的冲突规范，不仅在多数情形下不具有确定身份和能力的"最密切联系地"的特征，而且在冲突规范的"有条件适用"上，因共同经常居所地或共同国籍国连结点的满足，而可能在直接导致涉外婚姻被认定为无效。

（一）《法律适用法》第 21 条与"有利于婚姻"的原则

结婚实质要件和结婚手续是判断婚姻效力的两个条件。一国对涉外婚姻效力的态度，体现在对两个条件的冲突规范的选择上。尽管实质要件和形式要件各自适用的准据法会有不同，但一国对婚姻形式要件严格或宽松的法律适用，影响到实质要件的规定。在婚姻形式要件的法律适用上，虽然各国目前的普遍做法是采用婚姻缔结地法，但趋势是比较宽松。如《法律适用法》第21条关于结婚手续的规定：符合婚姻缔结地法律、一方当事人经常居所地法律或者国籍国法律的，均为有效。[①] 这意味着，从有利于婚姻有效的角度，在实质要件的法律适用上，也应采取相对宽松的标准，这样才能与放宽形式要件所要达到的目标相一致。

1. 有利于婚姻效力原则的理论与实践的正当性

对在本国领域外缔结的涉外婚姻效力认定，应采取较在国内缔结涉外婚姻相对宽松的认定标准，本质上是基于以下两点原因：一是对结婚手续进行审查时，考虑到非行政登记的民事结婚手续在一些国家仍被承认，涉外婚姻只要符合"与婚姻或当事人有密切联系"的结婚手续，就应以结婚条件是否被满足为主要审查

[①] 也有一些国家针对涉外婚姻的形式要件和实质要件仍然采取严格主义做法的，如英国等。杜涛：《涉外民事关系法律适用法释评》，中国法制出版社 2011 年版，第 203 页。

对象。相比于民事登记手续，不少国家的婚姻缔结手续相对"原始"，较为容易满足，例如，一些伊斯兰教国家甚至以宗教婚姻为唯一有效的婚姻方式。冰岛、苏格兰、瑞士等国家还认可事实婚姻。这些婚姻形式不拘泥于特定的缔结地点，也不需要获得婚姻行政部门的审批或备案。当事人可以在世界各地实施这些"结婚手续"。其结果是，只要当事人任意满足婚姻缔结地、住所地法、或国籍国法律关于"实质要件"的规定，将来一旦发生婚姻效力的诉讼，该婚姻就有可能在婚姻缔结地、住所地法、或国籍国中的一个或数个国家中，被认定为有效。二是在对结婚实质条件进行审查时，应考虑管辖权差异可能导致的不同结果。婚姻诉讼的管辖权分布在婚姻缔结地、住所地、国籍国等国家，不同国家根据其各自冲突规范适用姻缔结地法、住所地或国籍国法等，对婚姻效力的认定可能不同。一些国家为保护本国国民或在本国有住所的外国人，倾向于扩大行使或重复行使管辖权。因此，如果一国因在婚姻效力认定上采取严格做法而做出婚姻无效的判决，当事人可能会选择在其他相关国家重新起诉，获得有效判决。基于此，婚姻效力的认定应尽可能采取国际社会广泛接受的"有利于婚姻"的原则。

　　根据各国的实践，涉外婚姻当事人在缔结婚姻时，如果符合婚姻缔结地国家所要求的实质要件（该实质要件或者为婚姻缔结地国家的规定，或者为当事人经常居所地或国籍国法的规定），该婚姻在婚姻缔结地国家就被认定为有效。如果当事人符合其经常居所地或国籍国法关于宗教或事实婚姻的形式要件和实质要件的规定，则该婚姻在其经常居所地或国籍国也会被认定为有效。在理论上，"既得权"理论或"场所支配行为"等为此提供了依据；在实践中，双方当事人基于信赖利益，并且符合其中一国或多国的法律规定，其在婚姻中的权利就应得到保护。由此，有关结婚实质条件是否满足的认定，是与婚姻或当事人最密切联系的地点（婚姻缔结地、住所地、国籍所在地等）的法律适用，如果当事人符合其中之一，认定婚姻有效更有利于保护当事人权益。

2. 我国涉外婚姻效力的立法历史：坚持有利于婚姻原则

　　从我国民法通则、示范法、民法草案、法律适用法建议稿关于涉外婚姻的法律适用，可以看出我国涉外婚姻效力认定的历史发展。

　　《民法通则》中第 147 条既可以看作是一条婚姻行政规范，即关于中国公民和外国公民之间在中国结婚的，我国婚姻登记机关根据婚姻缔结地即中国法来进行婚姻登记；也可以看作是一条冲突规范，即对涉及中国公民和外国人的婚姻效力的纠纷，适用婚姻缔结地法。《最高人民法院关于贯彻执行〈中华人民共和国民法通则〉若干问题的意见（试行）》第 188 条明确了这种理解，并进一步扩大到外国公民之间的婚姻效力纠纷：认定其婚姻是否有效，适用婚姻缔结地法律。

《中华人民共和国民法（草案）第九编涉外民事关系的法律适用》(2002 年 12 月九届全国人大常委会第 31 次会议初次审议)（以下简称"民法草案"）第 61 条规定，首次区分了结婚的实质要件和形式要件，对结婚形式要件的法律适用规定了多个准据法，并采取无条件选择的冲突规范，贯彻了"有利于婚姻"的原则。该条还保留了《民法通则》关于结婚效力的规定，与结婚实质要件一同适用婚姻缔结地法。[①]

2010 年 3 月向全国人大常委会提交的、由国际私法学会组织起草的《中华人民共和国涉外民事关系法律适用法建议稿》（以下简称《建议稿》）第 29 条，"婚姻缔结地"作为涉外婚姻效力认定的标准，被再次采用。但相比 2002 年民法（草案）的第 61 条，删除了"婚姻效力适用婚姻缔结地法"的规定。该《建议稿》在第三款甚至规定，外国人在中国境内缔结婚姻，结婚条件可以适用一方当事人本国法律关于结婚实质要件。[②]这在"有利于婚姻"原则上更进了一步。该条的第一款和第三款，对婚姻的实质要件，采取了婚姻缔结地法和一方国籍国法相结合的

---

① 第六十一条结婚的实质条件和效力，适用婚姻缔结地法。中华人民共和国承认在境外缔结的合法婚姻，但当事人故意规避中华人民共和国强制性或者禁止性法律规定的除外。结婚形式只要符合婚姻缔结地法，或者符合当事人一方的本国法、住所地法或者经常居所地法律的，均为有效。具有同一国籍或者不同国籍的外国人在中华人民共和国境内结婚，可以依照中华人民共和国缔结或者参加的国际条约，或者按照互惠原则，由其所属国领事依照其所属国法律办理结婚。该条与《中华人民共和国国际私法示范法（2000）》第 131 条基本相同。

② 《中华人民共和国涉外民事关系法律适用法建议稿》第二十九条：结婚的形式要件和实质要件，适用婚姻缔结地法律。在中华人民共和国境外缔结的婚姻，其形式符合一方当事人本国法律、住所地法律或惯常居所地法律的，即为有效。外国人在中华人民共和国境内缔结婚姻，满足一方当事人本国法律关于结婚实质要件规定的，也可以适用该方当事人的本国法律。具有同一国籍或不同国籍的外国人在中华人民共和国境内结婚，可以依照对中国生效的国际条约，或者按照互惠原则，由其所属国领事依照所属国法律办理结婚。黄进：《中华人民共和国涉外民事关系法律适用法建议稿及说明》，中国人民大学出版社 2011 年版，第 62 页。

模式。体现了我国涉外婚姻登记更为开放的态度。《中华人民共和国涉外民事关系法律适用法建议稿条文说明》中，也明确提到了"从有利于婚姻的发展趋势出发"这一立法宗旨。[①]

由上，从我国国际私法长达30多年的立法背景资料中可见，《民法通则》、《民通意见》、"民法草案"、《法律适用法》的"建议稿""示范法"等关于婚姻效力的立场，总体上坚持了"有利于婚姻"的原则。[②]

3.《法律适用法》第21条的立法目的：严格婚姻效力还是严格婚姻缔结？

一国有关婚姻缔结的国内法和国际私法规范，主要以本国人为调整主体。通过上述德国、日本的国际私法可见，有关婚姻缔结或离婚的法律适用中，限定一方主体为本国国民。这种立法模式在我国《民法通则》中，也被采纳。"民法草案"和"建议稿"，也区分在中国境内缔结的婚姻和在中国境外缔结的婚姻。对于婚姻缔结程序中结婚要件的严格规定，主要目的是克服单纯依据"婚姻缔结地法"的局限，防止当事人通过规避本国法结婚禁止要件，在其他国家合法缔结婚姻后旋即返回本国居住的"移走婚姻"的发生。这一点在最高人民法院民事审判第四庭编著的《〈中华人民共和国涉外民事关系法律适用法〉条文理解与适用》中有说明："该条规定博采当今世界各国涉外婚姻实质要件法律适用制度之长，是对沿用已久的婚姻缔结地法原则的重大突破，扭转了当事人任意选择法律、规避法律的局面。"[③] 在另一参与《法律适用法》立法工作的学者著作中，也指出："从我国目前人员流动状况看，我国公民之间在境外缔结婚姻的情况逐渐增多，如果他们最终返回国内长期居住，但仍依据婚姻缔结地法关于结婚的实质要件决定其婚姻的成立于效力，则非常不利于维护我国婚姻法的基本制度及其体现的立法价值与政

[①] 黄进：《中华人民共和国涉外民事关系法律适用法建议稿及说明》，中国人民大学出版社2011年版，第4—5页

[②] 《建议稿》的直接来源有二：一是中国国际私法学会起草的《中华人民共和国国际私法示范法》，二是2002年12月23日第十一届全国人大常委会第三十一次会议审议的"民法典（草案）"第九编"涉外民事关系的法律适用法"。黄进：《中华人民共和国涉外民事关系法律适用法建议稿及说明》，中国人民大学出版社2011年版，第2页。

[③] 万鄂湘：《〈中华人民共和国涉外民事关系法律适用法〉条文理解与适用》，中国法制出版社2011年版，第160页。

策，也不利于有效控制涉外婚姻中的法律规避。"[1]

显然，从目前有限的立法背景资料可见，第21条之所以偏离以往婚姻效力调整上以"婚姻缔结地法"为主的原则性规定，而采取共同属人法为主，目的是防止此类规避法律的"移走婚姻"的发生。然而，从各国对"移走婚姻"效力审判的实践来看，只有在"移走婚姻"损害与婚姻和当事人有最密切联系的国家的公共政策时，才会宣告该婚姻无效。实际上，"移走婚姻"并不会因为在婚姻效力审查上的严格规定而减少。立法者如果希望减少本国当事人规避婚姻法的实质要件，应借鉴德国和日本的做法，专门制定婚姻缔结冲突规范，规定本国当事人在国外缔结婚姻，应满足本国法的结婚要件。由此可见，我国立法者出于严格婚姻缔结目的而做出的规制，最终产生了严格婚姻效力的结果。

或许正是出于上述"扭转当事人任意选择法律、规避法律的局面"的考虑，才导致我国《法律适用法》第21条在规范结构的周延性、逻辑适用的矛盾性方面的立法缺陷。其结果是，对于共同经常居所地位于我国或共同国籍属于我国的当事人的规避法律行为（例如未达到法定婚龄），法院将直接认定婚姻无效。而不会再考虑其他"最密切联系"因素。但对于共同经常居所地或共同国籍不在我国的当事人来说[2]，也会产生同样的效果。然而，如果其婚姻效力纠纷如果不在中国审理，可能不会被认定法律规避，从而也不会被认定为无效。

（二）法律适用法第21条下的涉外婚姻效力

第21条采取了有条件选择适用的冲突规范，规定了三个"有序"适用条件，即：共同经常居所地法、共同国籍国法、婚姻缔结地法（且为一方经常居所地或国籍国）。一般而言，相比于无条件选择适用的冲突规范在准据法适用上的开放性，有条件选择适用冲突规范隐含着立法者对案件与准据法之间"密切联系"程度的顺序考量。排序在先的准据法，更适合调整某类涉外民事关系。如果不存在第一顺序的连结点，则适用其他连结点指向的"次优"调整的准据法。

---

[1]　黄进、姜茹娇:《中华人民共和国涉外民事关系法律适用法释义与分析》，法律出版社2011年版，第117页。

[2]　此类纠纷在实践中会发生。例如，假设婚姻效力为先决问题，根据我国先决问题的法律适用，仍应适用第21条。

　　然而，涉外婚姻效力冲突规范与其他有条件选择适用的冲突规范不同。其他有条件选择适用的冲突规范，多数表现为对权利义务关系的"调整"。即规定双方当事人的权利和义务根据哪一国家的法律来确定。例如《法律适用法》第23条，夫妻人身关系，适用共同经常居所地法律；没有共同经常居所地的，适用共同国籍国法律。这类有条件选择适用的冲突规范，只要任何一顺序的连结点得到满足，当事人的权利义务关系都可以得到调整。适用不同顺序连结点的准据法的差别仅在于权利义务配置的多少。而婚姻效力的冲突规范，是对已经缔结的婚姻的效力做出"有效"或"无效"的"认定"。此类有条件选择适用的形式，在满足第一顺序连结点后，婚姻效力只有"有效"或"无效"两种结果。其与适用第二顺序连结点的准据法的差别，可能是截然相反的结果。换言之，《法律适用法》第21条的适用结果是：如果当事人具有共同经常居所地，而其结婚条件一旦不符合共同经常居所地法，则婚姻无效。无论当事人是否满足余下的共同国籍国法或婚姻缔结地法的实质要件。

　　通过对《法律适用法》第21条适用逻辑的分析可见：（1）只要双方当事人在婚前有共同经常居所地，无论双方当事人的国籍如何，无论婚姻缔结地位于哪国以及是否符合婚姻缔结地法的规定，也无论当事人是否符合其各自国籍国法的规定，都要根据共同经常居所地法来认定是否满足结婚条件。第21条赋予共同经常居所地法以绝对的优先适用权。这种优先适用，与其说是排序第一的适用，不如说是排序唯一的适用。满足则有效，不满足则无效。（2）即便婚姻在中国缔结，但双方当事人在国外如有经常居所地，则该婚姻仍可能因不满足双方经常居所地法的结婚要件而被中国法院宣告无效。（3）2019年以前 [根据《民政部公告第456号——取消的24个证明事项公告》(2019年3月29日)，自2019年起，"双方均非内地居民在内地办理结婚登记时提交的其本国承认其在国外办理结婚登记效力的证明材料"的处理方式为"不再办理，直接取消"。但2019年前的双外籍人的婚姻，仍然可能发生效力方面的纠纷。] 双方均为外国人在中国缔结的婚姻，若无共同经常居所地但有共同国籍，应适用共同国籍国法，但如果当事人缔结婚姻时不符合共同国籍国法，则结果是在中国缔结的婚姻将被中国法院认定为无效。（4）当事人在双方经常居所地和国籍国以外的第三国缔结婚姻，因无共同经常居所地、无共同国籍国、也不在一方当事人的国籍国和经常居所地国缔结婚姻，而无"法律"可以适用。

我国对涉外婚姻实质要件的认定，偏重于共同属人法和婚姻缔结地。由上述准据法可能被适用的逻辑分析可知，一方当事人的国籍国法、住所地法在涉外婚姻实质要件认定中，没有产生任何作用。司法部门也已注意到《法律适用法》第21条适用存在的问题。最高人民法院民事审判庭第四庭编著的《〈中华人民共和国涉外民事关系法律适用法〉条文理解与适用》一书指出：《法律适用法》没有将我国境内和外国缔结的婚姻的法律适用加以区分，在实践中可能导致以下后果：中国公民与外国人或双方当事人均为外国人在中国缔结婚姻，经我国婚姻登记机关审查后准许结婚。如果婚后发生有关婚姻效力的纠纷，且当事人婚前在外国有共同经常居所地的，当事人在我国法院起诉，则可能发生首先适用双方当事人共同经常居所地法的结婚要件，将导致否认我国婚姻登记机关的婚姻登记的效力，使婚姻无效。据此，学者建议，应把我国境内经婚姻登记机关审批缔结的涉外婚姻与当事人在外国缔结的婚姻区分开来，分别确定结婚实质要件的法律适用。在中国境内通过民事登记方式缔结的婚姻，其结婚实质要件应适用我国法律。①

然而，如前文所述，我国《法律适用法》所规定的结婚条件的冲突规范，并非婚姻登记审批的行政规范，而是婚姻效力的冲突规范。仅仅区分中国境内缔结的涉外婚姻的实质要件适用中国法律，并不能从根本上解决《法律适用法》第21条的问题。任何婚前拥有共同经常居所地的当事人，只要缔结婚姻时不符合共同经常居所地法的实质要件，在我国法院都会面临婚姻被认定无效的可能。

简言之，我国结婚条件的冲突规范，不仅没有实现"有利于婚姻"原则，反而增加了婚姻被认定无效的风险。

（三）不周延的规范与公共秩序：最密切联系地法的适用

国内目前大多数关于第21条的讨论，集中在该条的不周延问题上。即如果当事人没有共同经常居所地、共同国籍，且婚姻也不在一方经常居所地或国籍国缔结，结婚条件应适用哪国法律并无明确规定。有学者认为应根据《法律适用法》

---

① 万鄂湘：《〈中华人民共和国涉外民事关系法律适用法〉条文理解与适用》，中国法制出版社2011年版，第163页。

第 2 条适用于该涉外结婚关系有最密切联系的法律。[①] 也有学者认为可适用最密切联系和婚姻缔结地法，或者根据其建议的在《法律适用法》中增设一般性条款——"在无法确定应当适用的法律的，适用法院地法"，将法院地法也作为准据法。[②]

第 21 条所留下的法律适用空白，并非立法者的疏漏，应是立法者有意为之。目的是赋予法官在认定婚姻效力方面的自由裁量。允许法院根据具体案件的"最密切联系地"，并结合当事人是否存在法律规避、承认婚姻效力是否违反我国的社会公共利益等因素，认定婚姻有效或无效。通过考察各国立法关于结婚实质要件的规定，"最密切联系地"包括一方的国籍国、经常居所地国、婚后共同经常居所地国、婚后共同国籍国、婚姻缔结地等。而从各国关于婚姻效力认定的实践来看，在不违反与当事人或婚姻有最密切联系的国家的公共秩序的情形下，法院在"有利于婚姻"的原则下，通常会认定婚姻有效。

遗憾的是，第 21 条并未借鉴《美国冲突法重述》关于婚姻效力的做法，明确规定最密切联系地作为兜底条款。这似乎表明立法者有意在结婚实质要件上彰显其"立场"或"态度"：鼓励当事人在一方经常居所地或国籍国缔结婚姻，"扭转当事人任意选择法律、规避法律的局面"。结合 2019 年起我国不再办理双外籍人在中国的婚姻登记的规定，进一步验证了我国对于涉外婚姻登记的严格控制。然而，若立法者真有此意图，实际上是混淆了"婚姻缔结"程序中的结婚条件和"婚姻效力"认定程序中的结婚条件。在婚姻缔结程序中，可以通过结婚条件的规定，防范本国国民任意选择法律，规避本国婚姻法；但在婚姻效力认定程序中，应采取"有利于婚姻"的原则，尽量承认婚姻效力。

五、我国涉外结婚条件条款完善的建议

在涉外婚姻关系中，"婚姻成立"和"婚姻效力"都涉及结婚实质要件和形式

---

① 黄进、姜茹娇：《中华人民共和国涉外民事关系法律适用法释义与分析》，法律出版社 2011 年版，第112 页。

② 张春良：《系属的体系化与体系化的系属——从〈涉外民事关系法律适用法〉第 21 条展开》，法律科学，2018 年第 5 期，第 183 页。

要件的满足。"婚姻成立"涉及一国对其领土范围内举行的婚姻以及对本国人在海外缔结的婚姻，应满足何种结婚条件所做出的规定；"婚姻效力"涉及一国对在本国法院审理的婚姻无效诉讼、离婚诉讼以及其他人身关系诉讼中的附带婚姻效力问题，应根据哪一国法律做出认定。我国法律适用法第 21 条关于"结婚条件"的规定，实际上是婚姻效力认定程序中的"结婚实质要件"，理应以"有利于婚姻"作为设计冲突规范的主要原则。然而，立法者却错误地将调整"婚姻成立"结婚条件的"公共秩序"原则安置于此。由此导致第 21 条"有利于婚姻"和"防范法律规避"两个目标的对立和冲突。此两个原则，如果分别体现在"婚姻成立"和"婚姻效力"冲突规范中，均可实现其各自价值。针对我国《法律适用法》结婚条件条款的修改，建议如下：

1. 区分涉外结婚条件适用的场合，分别规定婚姻成立和婚姻效力。婚姻成立的结婚条件，可将立法者"防范法律规避"的立法意图体现其中。而涉外婚姻效力的结婚条件，应采取"有利于婚姻"的原则，使婚姻在符合当事人期望利益的前提下，尽可能有效。

2. 在婚姻成立的结婚要件中，借鉴德国或美国等国家的规定，专门针对中国公民在海外的涉外结婚做出规定。若欲对我国公民海外结婚条件严格限制，以避免其任意选择法律，可借鉴德国的立法，规定"结婚的条件适用婚姻双方各自国籍国法"；若欲放宽我国公民海外结婚的条件，可借鉴美国的立法，规定"满足缔结地法要求，除非在婚姻缔结时，该婚姻违反与配偶和婚姻有最密切联系的其他国家的公共政策"。

3. 遵从国际条约和国际惯例，将婚姻缔结地法作为婚姻效力结婚要件的首要连结点。目前的立法，将婚前共同经常居所地作为确定婚姻当事人身份的属人法，存在重大缺陷。致使存在婚前共同经常居所地的涉外婚姻统统归于无效。而婚后共同经常居所地虽然在一些国家的婚姻效力认定中也有适用，但往往多用于解决婚姻期间的财产或其他权利义务关系。并且，其在认定结婚条件方面，也存在着逻辑矛盾。婚姻缔结地法作为结婚条件的准据法，尽管可能产生法律规避，但可以通过国际私法上的法律规避和公共秩序保留制度予以纠正。在涉外婚姻效力的结婚要件的调整上，不应将当事人行为数量较少、纠纷数量不多的"移走婚姻"作为"一般情形"加以规制，而应更多地考虑在现代通讯条件下，自然人国际流动的频繁，跨国婚姻在住所、国籍、当事人、缔结地等方面的各种不同情形，及其存在的合理社会基础，采取有利于婚姻的原则，在确保与当事人和婚姻有最密切联系的国家的公共政策不被违反的情形下，尊重当事人的婚姻自由。

婚姻是冲突法领域最为复杂的问题之一。[①]婚姻家庭关系始于婚姻，也可能终于婚姻。结婚条件不仅关系到个体婚姻关系的建立或终止，也关系到社会伦理秩序的维系。尽管国际交往日新月异，涉外婚姻的法律规制也继续各行其是，但千百年来，各国对涉外婚姻缔结及效力认定，除了对在本国缔结的涉外婚姻和本国公民在海外缔结的婚姻能力施加限制外，基本遵循了自由开放的态度和立场，以保护当事人的基于婚姻自由的合法期望。严格婚姻效力认定的做法，不仅不符合国际立法趋势，也无益于涉外婚姻纠纷的解决。如里斯所说，婚姻不是一个可以广泛依赖于刚性法治的适当领域。[②]

小结

法律适用的正当性论证，是法院裁判论证的重点。加强裁判论证的法律支撑，尤其是通过类比相同事实的法律适用和裁判结果，是任何裁判都无法忽视的内容。裁判中对法律适用的正当性论证，不仅要通过法律解释技术对规范加以阐释，更需要针对各方当事人所提出的法律适用主张，做出肯定或否定的意见。当事人可对可能适用的法律规则，尤其是同类案件中其他法院已经适用的规则，提供给法院作为参考。简言之，法律适用的正当性论证，在可预见的将来，应更多转向指导性案例或典型案例对本案的效力论证上。这将极大地影响法院裁判规则的发展。

---

① Willis L.M. Reese, *Marriage in American Conflict of Laws*, 26 INT'L & COMP.L.Q. 952 (1977),p.965.

② Willis L.M. Reese, *Marriage in American Conflict of Laws*, 26 INT'L & COMP.L.Q. 952 (1977),p.962.

第六章 总论：以管辖权的合理设置统筹推进
国内法治和涉外法治建设

管辖权是法治的基石。统筹推进国内法治和涉外法治建设，是维护国家主权、安全、尊严、利益的需要，也是有效应对我国现阶段面临的各种挑战、防范风险所必须。国内法治和涉外法治在法治的体制机制及其利益维护方面存在着诸多相通之处。涉外法治建设，需要加强国内法治机构的职能，强化对涉外法律事务的监管能力。国内法治建设，依赖于良好涉外法治所提供的秩序保障。涉外法治建设是一国对外关系法律的重要组成，是国家意识形态、人权、主权、公民利益、外国人保护等价值的具体落实。

国内法治与涉外法治并提，是大国法治的重要特征。改革开放以来，我国社会主义国内法治取得了巨大成就，在法律体系、司法体制和法治文化方面都显现出成熟法治社会的特征。相比于快速发展的国内法治，涉外法治建设仍处于初级阶段。涉外经济贸易、对外投资、永久居留、移民、经济制裁等领域的法律体系还不健全，甚至存在着很多缺漏。[①] 国内法治和涉外法治建设并非两个"平行"

---

① 例如，2021年滴滴在美国上市事件，暴露出我国相关金融机构对公司境外融资的监管不足。面对美国等西方国家对中国企业和个人的制裁，我国在2021年1月才颁布《阻断外国法律与措施不当域外适用办法》，采取反制措施；而针对外国人在中国领域外损害中国国家和公民的行为，我国除了在刑法中规定了相关管辖权，至今在没有在法律体系中建立系统的管辖制度。对外国人权利保护方面，尽管我们出台了一系列法律，如《外商投资法》《涉外民事关系法律适用法》等，但主要集中在民事与经济领域，针对其他少数外国人群体的法律制度，如永久居民，移民，难民，被请求引渡者，留学生，短期访客等，还未建立起系统的法律制度。《外国人永久居留管理条例》的难产，在一定程度上反映出这些领域立法所面临的困难和阻力。

的法律体系。在各国经济、文化、政治、社会交往日益密切的今天，国内法治的完善是涉外民事和经济交往的前提和保障。涉外法治是国内社会治理的延伸，也是国内法治的推进。从调整主体看，涉外法治包含对居住在本国和非居住在本国的外国人的行为进行调整，也包括对居住在国外的本国人的行为进行调整。统筹推进国内法治和涉外法治建设，涉及在新时期对我国法律的属事管辖权和属人管辖权进行准确界定，对国内法治的涉外管辖进行科学评估，对涉外法治的体制机制作出科学设计。

一、国内法治、涉外法治和国际法治的关联

涉外法治一方面连着国内法治，是国内法治的延伸；一方面连着国际法治，是推进国际法治的重要阶段和必经之路。国内法治和涉外法治能为国际法治建设提供成熟的经验和制度。在二十世纪，重要的国际公约的缔结，往往是在贸易、航海、投资、金融等领域具有领先或优势地位的大国的主导下开展谈判，并以该国的国内法为蓝本，经过缔约国协商，最终形成公约文本。归功于各国国内法治和涉外法治在法律体系和体制建设等方面的坚实基础，国际法治的建设才能稳步推进。

（一）国内法治

"法治"，仅从形式意义而言，是具体包含法律制度、执行机制、司法机制、国家与社会结构等要素在内的综合性指标。实质意义上的法治还包括法律制度的质量、执法水平、司法公正、公民法治信仰等。法治区别于法制的本质特征是，法治侧重执法和司法机构的主动治理和事先预防，而法制则更多地表现出对违法的事后惩罚与救济。回顾我国社会主义法治的历程，法治的内涵逐渐丰富，法治的要素愈加健全。1978 年，党中央提出"健全社会主义民主，加强社会主义法制"的目标。制度的建设被作为改革开放法治工作的首要任务；1999 年，"依法治国，建设社会主义法治国家"被正式写入宪法。这一时期，"中国特色社会主义法律体

系已经形成"①；2012 年，党的十八大报告明确指出，要"全面推进依法治国"。在这一阶段，诸如"立案登记制""员额制""终身负责制""错案追究制"等司法体制改革；"行政执法权相对集中行使""综合行政执法""行政审批标准化""权力清单制度"等行政执法体制改革；"民法典的颁行""党内法规的制定和修订"；《反家庭暴力法》《监察法》等法律的制定和修改；"政府法律顾问制度""村（社区）法律顾问制"等法律服务社会化，无不显示出全面推进依法治国的努力和成就。

国内法治的建设程度直接影响一国涉外法治的工作水平和参与国际法治建设的能力。作为一国政治、经济、社会、文化发展水平和综合国力的集中体现，国内法治建设成果可以为涉外法治提供科学的规则制定方法、公正的司法体制、健全的政府机构和非政府组织，这些都是涉外法治运行的基础和保障。在环境、网络空间、大数据、人工智能等国际法治新领域，一国往往是先根据国内行业规制和涉外关系规制的经验，再提出符合本国利益的国际规则方案。国内法治规则的科学性直接影响一国国际规则的接受程度。

（二）涉外法治

涉外法治涉及国内法、外国法、国际法等不同领域②，在组织和机构关联上，既关系到国内专门性的涉外机构，如海关、外交、贸易等部门，也与其他机构相关，如公安、法院等部门。其既包括一国针对他国基于条约或单边行为采取的措施，也包括一国为维护本国海外机构、企业、国民的利益进行的交涉，还包括一国针对他国企业、国民侵害本国利益实施的行动。涉外法治涉及面广、环节众多，是一国法治建设和现代化建设中不可或缺的一环。

改革开放以来，我国制定了《海关法》《进出口商品检验法》《对外贸易法》《出境入境管理法》《涉外民事关系法律适用法》《外商投资法》《反间谍法》《国家安全法》等一系列涉外法律法规，为我国企业、公民和外国国家、企业、国民开

---

① 2011 年 3 月 10 日，全国人民代表大会常务委员会委员长吴邦国同志向十一届全国人民代表大会四次会议作全国人大常委会工作报告时庄严宣布，一个立足中国国情和实际、适应改革开放和社会主义现代化建设需要、集中体现党和人民意志的，以宪法为统帅，以宪法相关法、民商法，行政法，经济法等多个法律部门的法律为主干，由法律、行政法规、地方性法规与自治条例、单行条例等三个层次的法律规范构成的中国特色社会主义法律体系已经形成。

② 莫纪宏、徐梓文：《加强涉外法治体系建设》，《人民日报》，2020 年 12 月 25 日，第 009 版。

展国际交流合作提供了法律依据和制度保障。

涉外法治与国内法治具有关联性。其一，涉外法治所管辖的人、事、物大多位于国内，属地管辖是涉外法治有效行使的基础和依据，涉外法治的行使和效果均可看作是国内法治的一部分；其二，涉外法治所调整的社会关系，既包括外国人之间的关系，还包括中国人与外国人之间。涉外法治的相关法律制度，对中国国民同样适用；其三，涉外法治的实施机制、纠纷解决机制与国内法治大体相同。

涉外法治是一国践行国际法治的承诺和行动，涉外法治与国际法治也有关联性。其一，涉外法治及其政策先于国际法治产生，涉外法治所解决的事项，为国际法治提供"问题阈"；其二，涉外法治的范围相对国际法治更为宽泛，甚至包括游离于国际法治规则之外的单边行为；其三，涉外法治以一国参加或缔结的国际公约为原则和基准，但实施方式、具体程序等，可为主权者自由决定。

（三）国际法治

在制度内容上，国际法治是以国际法为基础的国际秩序。在法治方式上，国际法治是以条约或国际习惯为规则形成方式和表现形式的法治形态。相比于国内法治的发展程度，国际法治目前尚处于初级阶段，分地区、分领域的零星分布状态。国际法治的核心表现是政治关系的法律化。[1]

国际法治对于国内法治和涉外法治而言是双刃剑。纵观国际法治发展史，诸如 WTO、世界银行营商环境报告等多边性的、普遍性的国际法治样板，促进了大多数国家的经济开放和国内法治进步，产生了明显的"溢出"效应。当今世界，在联合国体系之外，普遍性的国际法治少之又少。以联合国宪章的宗旨和原则为基础的国际关系基本准则，在目前和可预见的将来仍是国际法治的重要基石。尽管如此，在个别领域、个别地区正在形成的国际法治，例如全面与进步跨太平洋伙伴关系协定（CPTPP），会对不同国家的国内法治和涉外法治产生积极或消极的影响。对于在政治、经济、法治水平均能与之接轨的国家而言，此类国际法治能够助推国内法治和涉外法治的提升；而对于发展水平滞后的国家而言，此类国际法治无疑可能拉大该国与其他国家的差距。

---

① 何志鹏：《国际法治：一个概念的界定》，《政法论坛》，2009 年第 4 期，第 81 页。

二、法治的演进：管辖权的确立、分化和扩张

管辖权是法治的基础。属地与属人两类管辖权的演进，以管辖权的确立、分化和扩张为特征。

管辖权的确立和分化，产生了社会公共事务的各个领域和部门，形成各自的规则体系，并进而产生执行、管理、裁判各种事务的机构。在人类历史上，管辖权的确立，是自内而外的过程。经历了从氏族社会出现，到阶级和国家产生，再到主权的国际认可等时期；在此过程中，随着社会组织化的加剧和人类活动空间的扩大，管辖权也逐渐分化，经历了行政司法合一到司法管辖权的独立、管辖事项的分化（民事、刑事、经济等）、管辖机构的区分（地方、中央、层级等）等的变迁。每一次变迁都根源于生产力和生产方式的变革。

（一）国内法治的产生和发展：管辖权的依次确立和巩固

"法治"一词具有时代意义。法治概念的每一次变迁，都与法律管辖权及其赋权主体的管辖权直接相关。在管辖权视角，"法治"与"人治"的区分在于管辖权的确立标准和程序是否是预先设定的，以及管辖权的更改是否依位阶更高的法律进行。在国际法上，国家的要素包括定居的居民、确定的领土、政府和主权。[①] 这几项要素同时也是管辖权的构成要素。其中，政府是管辖权的行使主体；居民和领土是属人管辖和属地管辖的依据；主权是管辖权实施效力的保障。国内法治以主权者对其领土或居民所具有的属地管辖和属人管辖为基础。在国际法上，平等者之间无管辖权、管辖豁免等原则、制度和惯例确认和保障了主权国家的管辖权。除非一国在其领土上从事违反国际和平或国际人道主义的行为，国内法治是一国的内政，不容他国干涉。因此，国内法治在管辖权行使方面具有"强制性"特征。

在社会发展和变革中，国内法治范围的不断扩大和程度的持续深化，是随管辖权的依次确立和巩固而实现的。在此过程中，调节各种社会关系的法律制度在社会关系变革中逐渐确立。在近代以前，君主或国王为了维护其统治，对内通过征税、垄断特殊行业的生产、强制兵役等以建立国防；对外通过联姻、纳贡、边防等来保障领土安全。所谓"普天之下，莫非王土""率土之滨，莫非王臣"即是

---

① 曾令良、周忠海主编：《国际公法学》，高等教育出版社 2018 年版，第 115 页。

这一时期国家管辖权的集中写照。近代以来，君主或国王的行为被纳入法律的管辖范围内，国家对居民和领土的管辖也不再是为了君主或国王的个人或家族利益。"风能进，雨能进，国王不能进"的法谚对于法治进化而言具有里程碑的意义。在资产阶级革命后，君主制被共和制取代，国家的概念和结构在宪法、权力机构组织法等基本法的规制下逐渐清晰。宪法在世界各国的普及，促进了公民对国家的认同和法治的提升。国家元首和政府首脑，无论称呼为何，其政治身份超越了个人身份而成为国家机关，接受法律的管辖，在法律之下行事。随着国家和居民参与国际交往的常态化，国家对居民的属人管辖开始延伸到领土之外，或表现为外交和领事保护，或表现为税收或兵役的强制等。在国内法治向涉外法治推进的过程中，国家的概念从抽象的政权到演进为具体的职权和管辖权，国家的职能从"警夜人"转变为管理者、保护人。

在网络安全、信息主权、数字经济、人工智能等新领域，由于生产、流通、资本要素的国际化，国内法治的与涉外法治密不可分。传统的属地管辖和属人管辖的两分，已经无法满足复杂社会关系调整的需要，根据所调整的事项来选择或综合运用属人管辖和属地管辖，综合推进机制建设、规则制定、管辖权设立等要素，才能提升法治水平和效果。

（二）涉外法治的开端：管辖权的扩张、分配和克制

涉外法治的核心是管辖权的协调与合作。作为早期的涉外法治，国际私法产生和发展过程中的学说和实践，印证了早期各国在面临涉外法治问题上，以对管辖权进行分配来解决纠纷的学说和实践。[①] 各学说和实践虽然聚焦外国法适用的理由，但本质上大多涉及管辖权的分配。法则区别说，通过区分本国法的域内效力和域外效力，来调整涉外民事关系。其本质是以属地管辖为基础，属人管辖的适度扩张行使。国籍主义更将属人管辖主张发挥到极致。国际礼让说可以理解为将本国管辖权行使的"克制"，视为"国际协议"或"惯例"的结果。英国的既得权理论，是为了避免因英国法院"适用"外国法而给人以英国"承认"外国法在

---

① 美国国际私法学者也有认为，国际私法是对外关系法的重要组成。William S. Dodge, International comity in comparative perspective,in Curtis A. Bradley ed., *The Oxford Handbook of Comparative Foreign Relations Law*, Oxford University Press,2019,p.701

本国具有管辖权之嫌，而提出的防御性主张。为各国普遍接受的法律关系本座说，对各类涉外民事关系的本质性因素进行分析，用固定化的冲突规范，对各国法律的管辖权进行"分配"，以解决特定的涉外民事关系。

涉外民事关系的解决，也是一国自我"限缩"管辖权的过程。当事人意思自治、最密切联系原则、法院选择协议、连接点的软化处理等冲突法的制度变革，每一次发展，相比于早期国际私法属地管辖绝对主义和属人管辖扩张行使而言，都是管辖权的限制，从而在涉外民事纠纷的解决上，都是巨大的进步。

一国对涉外民事行使管辖，包括两种形态：一是法院管辖权（jurisdiction），二是法律管辖权（choice of law）。法院管辖权是法院对涉外民事纠纷的审理权限，是基于属地、属人或当事人的合意而产生。美国涉外司法实践中通常所说的"长臂管辖"或"域外管辖"，以管辖法院和案件存在"最低限度的联系"即可作为管辖的依据，实际上是法院管辖权的扩张行使。法律管辖权是法院"选择"哪国法律来"管辖"某一涉外民事纠纷。作为受理案件的法院来说，在某一具有国内和涉外因素的案件中，选择外国法作为解决纠纷的准据法，本质上是法院地实体法的"克制"行使。法律管辖权在特定时期和特定国家，也存在扩张行使的可能，即主要表现为扩大本国法在涉外民事关系中的适用。不过，随着国际私法统一化和趋同化程度的提高，各国在涉外民事关系中直接规定适用本国法的情形越来越少。

目前，针对法律管辖权的"克制"行使，国际社会已经发展出相对成熟的国际私法或冲突法体系。基于冲突规范的指引，适用与案件有最密切联系的国家或地区的法律，成为解决涉外民事纠纷的通行做法。针对法院管辖权的扩张行使，目前仍然缺乏统一的协调法院管辖权的国际公约。这一领域的涉外法治，一旦产生实际冲突，在很大程度上依赖于主权国家在涉外民事诉讼法中，基于先诉管辖、不方便法院原则、实际联系原则等的协调或克制。

（三）国际法治的兴起和发展：管辖权的巩固、协调与合作

1618—1648 年欧洲三十年战争后，国家的"领土权和统治权"得到确认。所谓"统治权"，即近代意义上的管辖权。战后签订的《威斯特伐利亚和约》开启了以国际会议方式解决国际争端的先例，标志着主权国家可以通过协调与合作的方

式，确保自身对本国领土主权和管辖权的有效行使。[①]

在威斯特伐利亚和约之后，国际法治进程一方面以加速度进行，另一方面在行进中不断调整和修正方向。此后近四百年的时间里，基于各国主权和管辖权确认、协调和合作的国际法治，在以下领域取得了突出的进展。其一，管辖权的确定与发展。在国家领土完整和主权独立方面，国际社会已经普遍接受不干涉他国内政、主权平等等管辖权相关的基本原则。随着国际交往领域的不断扩大，国家在海洋、两极、外空、贸易、气候、网络空间等领域也产生彼此协调管辖的需要，管辖权得以在这些领域确立下来，被成员尊重并不断发展充实。其二，管辖权的叠加与管理。管辖权的叠加是成员基于共同风险，为共同应对或者为避免产生囚徒困境，而通过条约或国际组织对特定权力的行使做出的限定。例如，在和平与安全领域创设的集体安全机制。该机制不仅在联合国体系内发挥了巨大作用，在联合国成立后七十多年的时间内，避免了世界性战争，而且在一些区域性的集体安全组织中，也改变了世界政治经济格局。集体安全机制是建立在成员国合作基础上的管辖权的叠加，同时也是对滥用管辖权的管理和制约。其三，管辖权的让渡与合作。在国际组织中，成员国将行政、司法、外交、军事等属于主权国家所有的权力，让渡给国际组织或其机构行使。例如，在争端解决领域，联合国创设了协议管辖机制、任意强制管辖机制，WTO 创设了反向协商一致的纠纷解决制度。管辖权的让渡，意味着传统上一国可以根据属地管辖或属人管辖而受理的、与该国或该国国民有关的政治或经济纠纷，将由国际司法或仲裁机构来解决。一国在让渡管辖权的同时，也避免了冲突，实现管辖权的合作。

（四）涉外法治的新发展：管辖权的分化与扩张

科技的发展，使各国政府、企业、居民之间的交往更加便利。国际社会的系统化和组织化将呈现前所未有的广度和深度。与此同时，国与国及其居民之间的摩擦也加剧了。在经济全球化、网络空间国际化、信息自由化的时代，个人作为一类群体，无论是国际法主体还是客体，其参与国际交往的能力和影响力都不容小觑。然而，国际法治在调整事项范围和具体内容的局限性，不仅表现为所谓"国

---

① 杨泽伟：《国际法史论》，高等教育出版社 2011 年版，第 56 页。

际法的碎片化"的问题，而且表现为涉外法治的严重匮乏，特别是在国家与个人之间纠纷的法律及其实施机制方面。

现有的与个人相关的国际法治，主要包括引渡、庇护、海盗、航空飞行安全、外交保护、战争罪、司法协助等。法治形态主要以条约或习惯规则为主，实施或司法机制尚未建立健全。早在二十世纪五十年代，有国际法学者就注意到此种国际法的碎片化问题，并提出以冲突法的方法来处理该类问题。[①] 但很少有国家针对涉外个人事务制定系统化的法律。

二十一世纪以来，涉外法治问题逐渐成为我国法治的重点。究其原因，一方面，涉外法治是涉外政治、经济、文化、社会关系发展到某一阶段的必然产物。我国作为居住、游学、旅游、投资、贸易、金融等的目的地国家或关联国家，对外关系的事项空前增多，我国自身需要建设的涉外法律体系暴露出很多问题，存在严重不足。另一方面，在政治、经济、军事等综合国力的角力中，中国的和平崛起及"一带一路"倡议的影响，对西方国家既有的利益产生了冲突。无论是为应对所谓的"中国威胁"，还是出于为本国企业谋取不正当竞争优势的角度，西方国家都在这一时期频繁采取贸易制裁、国家安全审查、甚至外交抵制等方式来试图减缓中国的经济发展增速和全球影响。并且，西方国家的制裁或审查，大多是基于法律做出。相比之下，中国严重缺乏应对这些不正当制裁措施的法律工具。

显然，现阶段，我国涉外法治不仅是涉外关系的规范化和法治化，而且也是反制外国不正当法律和措施的工具。在调整外国居民或企业的涉外法律关系上，涉外法治以属人管辖和属地管辖为基础，以"住所""经常居住地""国籍""商品""财产"或"行为地"等为管辖的连接因素。在将有关法律和政策用作反制工具时，涉外法治以属事管辖为基础。当两国关系紧张或对立时，传统的涉外法律或政策措施，主要是针对在本国领土上的他国居民、企业或商品，而很少针对位于其他国家的非本国居民或企业，除非涉及犯罪。其中的一个重要原因是，在国际私法之外，涉外法治以行政法、对外经济公法等居多，而公法通常是不具有域外效力的。这极大制约了涉外法律和政策措施的效力。

---

① See Wilfried Jenks, *The conflict of law-making treaties*, BYIL, VOL.30,1953, p.403.

当两个国家间通过制裁和反制展开政治与经济实力的较量，涉外法治就完全成为一国基于另一国制裁或反制行为的反措施了。反措施不但发生在具体的贸易和投资领域，如加收关税、使用配额或交易许可证、暂停市场准入，以及限制公共采购项目和投资市场准入等，也通过制定"军事最终用户""不可靠实体清单"等方式，直接禁止国外相关企业或个人的投资、贸易甚至国际旅行。

由上可见，属事管辖已经分化成为当前涉外法治管辖权的核心。在传统的国际法中，属事管辖是属地管辖的一部分。但在现代网络和信息场景下，对于发生在非本国领域，由非本国人实施的，影响本国国家或国民利益的行为，很难以属地管辖涵盖。在国际法和国内刑法中，保护性管辖或普遍性管辖的概念应运而生。但此两类管辖概念，在多数场合被用于国际犯罪或跨国犯罪领域。在涉外经济贸易领域，引入属事管辖，对于维护国家主权和公民利益，具有重要的价值。

三、涉外法治建设的体系和方法：三类管辖权行使的考量

在管辖权的职能性划分上，涉外法治体系包含立法管辖、行政管辖和司法管辖。立法管辖即有关涉外法治的法律应由哪一机关制定，立法的基本原则是什么，法律通过的程序如何等；行政管辖即行政机关实施和执行涉外法律制度；司法管辖即法院在适用本国法或外国法或国际条约时，或承认与执行外国法院判决时，有关的程序性和实体性规则。

尽管美国在涉外法治领域时常做出"扩张"或"长臂管辖"的行动，但其涉外法治体系无疑是目前最具体系性的。美国对外关系法将管辖权区分为立法管辖权、司法管辖权、执法管辖权，并对这三类管辖权行使的限制因素做出规定，包括合理性原则、国家间利益比较、合宪性原则、依国际法解释、国际礼让原则、真实联系、政治与外交例外原则、国家行为原则、国家豁免原则、正当程序原则等。[①] 王铁崖先生曾指出，美国对外关系法重述实际上是在以美国观点说明国际法的大部分原则和规则。[②] 美国对外关系法重述，以学界的观点，对涉外法治管辖权

---

① 郭玉军、王岩：《美国域外管辖权限制因素研究——以第三和第四版〈美国对外关系法重述〉为中心》，《国际法研究》，2021 年第 6 期，第 82—97 页。

② 王铁崖主编：《中国法学大辞典·国际法学》，中国检察出版社 1996 年版，第 110 页。

的行使原则及其理据做出分析，对我国涉外法治三类管辖权的确立和行使具有借鉴意义。

立法、执法和司法三类管辖权的法律确立及行使，是涉外法治的核心。涉外法治一头连着国内法治，需要符合宪法、国内法规定的程序，法治机构也多为国内法机构的职能延伸；另一头连着国际法治，需要在国际法框架下行动。

（一）立法管辖权的行使：确定管辖事项的优先

涉外法治体系所涉及的首要问题是，一国的涉外法治应包含哪些法律体系，或一国根据其国情和社会发展阶段，在特定时期应制定哪些涉外法治的法律？这些法律应由哪些机关制定，制定应遵循什么样的程序，秉持什么样的原则等。

涉外法治的范围和法律体系尚无统一和权威的观点，学界和实务界大致有以下代表性观点：一是专门性的法律，如《国籍法》《缔结条约程序法》《领海及毗连区法》《专属经济区和大陆架法》《反分裂国家法》《外交特权与豁免条例》《领事特权与豁免条例》《引渡法》《对外贸易法》《外商投资法》等涉及国际条约与国际习惯在国内转化与实施的国内立法，属于我国对外关系法律体系的组成。[①] 二是认为对外关系法包括我国签订、批准和加入的国际条约，以及为实施这些条约而制定的国内法规范、与国内法域外管辖有关的规范、专门性对外关系立法、其他国内法中的对外关系相关规范。[②] 三是主张当前的涉外法治应着重完善对外贸易和投资领域的法律制度，包括外商投资国家安全审查、反垄断审查、国家技术安全清单管理、不可靠实体清单等制度；加快中国法的域外适用法律体系建设，包括阻断立法、反干预防渗透立法等；尽快制定国家豁免法，构建中国特色对外援助法律制度，完善外国人居留管理、领事保护等制度建设。[③] 此外，学者均认为，宪法、民事诉讼法等法律中的相关条款，也是涉外法治的重要依据。

现阶段，涉外法治、对外关系法等概念的内涵和外延，尚需根据实践发展和检验。笔者认为，无须过度追求涉外法治的精确定义，而应采取务实性做法，将

① 刘仁山：《中国对外关系法是中国法律体系的重要组成部分》，《法制与社会发展》，2009 年第 6 期；刘仁山：《论作为"依法治国"之"法"的中国对外关系法》，《法商研究》，2016 年第 3 期。

② 韩永红：《中国对外关系法论纲——以统筹推进国内法治和涉外法治为视角》，《政治与法律》，2021 年第 10 期。

③ 黄惠康：《统筹推进国内法治和涉外法治》，《学习时报》，2021 年 1 月 27 日，第 002 版。

所有调整主体、客体、事项等具有涉外因素国内法都作为涉外法治的法律体系，甚至不拘泥于法律、法规或部门规章的效力及制定程序差异，以问题和争议的解决为导向，扩大对涉外法治的范围和体系的认识。在此基础上，系统地研究各国对外关系的事项及其立法，鉴别我国特定时期对外关系立法的重点，选择不同的法治工具和手段，逐步、有重点地推进我国涉外法治法律体系的建设。为便于分析，本书将对外关系法分为涉外法治私法体系（包括与涉外民商事关系有关的诉讼规则）、涉外法治公法体系两大类。

我国现阶段的涉外法治私法体系建设起步较早，如《外商投资法》《涉外民事关系法律适用法》《民事诉讼法》《著作权法》《专利法》《商标法》的涉外管辖权规定等，是我国最早的涉外法治实践。经历改革开放以来的立法试验，伴随着我国经济的发展和加入越来越多国际组织，涉外民商事关系的当事人的权益保障日益完善。目前，外国人居留管理条例也已纳入立法议程。《民法典》颁行后，相关国际条约和国际惯例在中国的适用，亟须通过立法形式予以明确。《涉外民事关系法律适用法》的修订迫在眉睫。考虑到中国国民、华侨遍布全球，针对中国居民海外投资和其他权益保护的法律，如《海外投资法》《海外公民保护法》也应被纳入立法规划中。

相比之下，涉外法治公法体系建设较为滞后。一方面，与欧美国家相比，我国国际化程度不深，国际组织落户的数量少、在我国从事政治、社会等国际公务工作的人员数量少，导致相关领域的立法无必要或非紧急；另一方面，我国加入世界贸易组织后的一段时间，经济发展处于上升期，西方国家在政治和经济领域仍占据主导地位，较少采用经济制裁等方式限制、排挤中国，我国也未针对其他国家制定对等的反制法律和措施。

但随着中国在经济、军事领域的实力逐渐上升并位居世界前列，西方国家感受到前所未有的竞争，从而开始对中国进行围堵和遏制，涉外法治的公法体系建设迫在眉睫。立法是行政和司法的前提，如果执法和司法机构无法律可依，必然导致程序和实体的不公。

（二）行政管辖权的行使：衡量他国国家利益

涉外行政管辖权主要是一国行政机关根据法律和行政法规，对涉外贸易、投资、金融、服务、对外援助、海关、移民、环境、治安、交通、通信、航海领域等进行监管的权力。[①] 涉外行政管辖主要调整两类行为，一是从事涉外民事与经济活动的个人、企业或其他实体，二是行政行为表面上针对的是外国的企业或国民，但实质上是出于外国国家行政行为的效力进行认可或反驳。[②] 类比立法管辖权，第一类涉外行政行为属于涉外行政私法行为；第二类属于涉外行政公法行为。

　　第一类涉外行政管辖权的行使，与国内管辖权存在着重叠，本质上是内外统一的行政法规的适用和实施。例如，在针对行政审批、许可、违法等事项的审查和调查中，行政机关不区分行政相对人是国内主体还是涉外主体，也不对商品和服务是否具有对外属性进行审查，而是根据统一的国内行政法律法规处理。此类管辖权的行使，通常发生在商品或服务的一方位于我国境内，属于国内管辖，是适用我国加入或批准的条约的"国民待遇原则"的结果。第二类行政管辖权，其行使针对不是与本国领土有关的具体商品或服务，而是针对外国或外国企业本身。其目的是对抗国外的不公平的经济或贸易制裁。例如，商务部《不可靠实体清单规定》就属于这类。

　　二十一世纪以来，在经济贸易领域，涉外行政管辖权的行使呈现出两个新的特点：其一，域外管辖呈现不断扩张的趋势，且管辖的效力因管辖对象与其他主体的国际化联结之愈加密切，而不断增强。各国经济活动交织程度进一步加深，跨国行为者在参与国际投资、贸易、融资过冲中，与多个国家的主体进行交往，而这些主体之间也彼此交织，存在各种投资、贸易和金融等关系。甚至，其中的一些主体与特定国家、国际组织在信息交换、商业合作、安全合作等方面也订有协议。企业的资本来源的国际化、企业运行管理的国际化，引发了国家对从事跨

---

① 美国学者本尼迪克特·金斯伯里等提出，全球行政法（即本书所说涉外行政法）的出现是国家为应对在安全、对外融援助、环境保护、银行业和金融规制、法律实施、电信、货物贸易、服务、知识产权、劳工标准难民等领域，因全球化及相互依存而产生跨政府规制管理在范围和形式上急剧扩张的后果而产生。The Benedict Kingsbury, Nico Krisch and Richard B. Stewart, *Emergence of Global Administrative Law*, Law and Contemporary Problems Vol. 68, No. 3/4, (Summer - Autumn, 2005), p. 15-61.

② 卡尔·诺义迈耶认为，国际行政法是"调整外国国家行政行为在本国国内法律秩序中效力的国内规则"。本尼迪克特·金斯伯里等，范云鹏译：《全球行政法的产生》，《环球法律评论》，2008 年第 5 期，第124 页。

国经济贸易的企业的行政管辖的增多与强化。涉外行政管辖，虽然主要调整行政机关和行政相对人之间的关系，但却因资本和生产的国际化，间接影响到一国行政相对人的国外交易对象。更有甚者，一些违反行政管理的行为甚至被施加刑事责任。例如，华为和孟晚舟事件，反映出美国法律在域外管辖的强大效力。其二，域外行政管辖权的行使由抽象的规范性文件依据为主，转向具体行政决定之依据为主。在国际电子商务，数据经济，网络安全等领域，涉外行政管辖已超出传统的抽象管辖，而是以属事管辖为基础，将位于不同空间的、彼此联系的各方，如一国企业与另一国证券投资者，或一国专利持有者与另一国的工厂，联系在一起。一旦一国的国民或企业或国家的利益受到损害，该国便可能专门针对外国的特定个人、企业实施行政管辖。在近来发生的滴滴赴美国上市及退市，恒大事件等，都反映出一国涉外行政管辖行使的明显的具体行政决定趋向。

互联网时代加剧了上述两个趋势的发展。涉外行政的"长臂管辖""域外效力""连锁反应"已经不再停留在理论层面或属于个别国家的专利，而是可能被各国广泛采取。对各国行政法的域外效力进行协调的全球行政法呼之欲出。在本国领域内实施的行政行为，其效果必然通过各种途径扩展到外国。例如，针对数据管辖权，数据的产生国做出的限制数据输出的审查行为，将直接影响到数据的使用或获得者（例如出行公司）在另一国使用该数据的权利。[1] 再如，一国针对某聊天软件在本国的使用限制，对使用该软件与本国国民交流的另一国国民产生了限制。[2]

涉外行政公法管辖的行使，则通常基于一定的政治和外交背景。对于外国的制裁或本国的反制裁，涉外行政管辖是否在特定案件中行使，取决于对管辖权行使的利益考量。一般而言，涉外法治行政管辖权的行使，存在着一系列可能的价值目标：国家主权安全、秩序利益；本国国民利益；国家财政、税收利益；国际公共区域利益。上述利益的保护往往与其他国家的经济、保护责任或其他利益产生冲突。因此，这不仅仅是单纯的依法行政的问题，而是涉及对特定国家或其国民是否进行管辖的问题。换言之，对于在政治、经济或其他领域合作友好的国家，

---

[1]　在滴滴出行公司赴美上市事件中，我国基于国际安全法、网络安全法对滴滴在美国上市进行审查。

[2]　例如，微信在美国的用户使用一度受限。

当其国民或企业游离于法律的灰色区域时，可以基于"国际礼让"，不行使行政管辖；对于违反国际法基本原则或两国条约，侵犯我国国家主权和国民利益的国家，可以行政管辖作为一项反制手段。

当一国针对另一国的涉外行政管辖采取措施，就会产生管辖的积极冲突。在管辖权的积极冲突和竞争中，最终胜出的通常是能对管辖事项或相对人行使直接或最终控制权的国家。该国基于相对人在本国的住所、资本、营业、市场等，在与另一国基于交易、分支机构、业务关系等的管辖"竞争"中，使相对人最终遵守其管辖权。在"上海德勤案"中，美国证券交易委员会向总部位于上海的德勤会计师事务所发出传票，要求其提供德勤的前客户——中国东南融通金融技术有限公司——可能存在财务欺诈的审计工作文件。德勤提出，因中国证监会的要求，其无法对外提交材料。最终，美国证券交易委员会只得和中国证监会进行协商私下解决。在德勤案中，美国还发现至少有9家在美国上市的中国公司涉及财务欺诈，并对包括国际四大会计师事务所在中国的所有分支机构提起诉讼，但结果无一例外，只能选择和会计师事务所和解。

（三）司法管辖权的行使：制裁与威慑的实现可能

狭义上的司法管辖权仅指由法院行使的对民事、行政、刑事案件进行初始管辖的权力。广义上的司法管辖包括公安、检察、法院等司法机构对涉外违法行为的调查、起诉、审判、执行等法律程序。由于国家主权神圣与豁免原则，刑事案件的侦查、起诉被严格限制在一国领土范围或国际公共区域内。除非经领土国同意，另一国的司法机关不得在领土国行使司法职能。但另一方面，一国在其国家或国民利益遭到他国国家或国民侵犯时，需要根据一定的理论和实践来制止或惩罚相应的行为。保护性管辖、普遍性管辖、长臂管辖、外交保护等理论和实践由此产生。

目前，国际社会尚不存在对司法管辖权进行"分配"的制度。尽管各国签署的双边司法协助协定的数量较多，在区域范围内，一些国家甚至缔结了多边条约，但这些双边与多边条约，大多数是关于司法文书送达、域外取证、外国法院判决的承认和执行等方面，如1965年《关于向国外送达民事或商事诉讼文书和非诉讼文书海牙公约》等。①在涉外民事案件的管辖权方面，制定普遍性的、多边的管辖权协调公约的尝试，在二十世纪末期曾引起国际社会的重视，甚至形成了《民商事管辖权和外国判决公约》草案（简称《海牙管辖权公约》），但由于美国和欧盟之间的矛盾，该条约草案未能在海牙国际私法协会第 19 次会议中通过。在个别领域，虽然缔结了管辖权协调的多边公约，但参加国数量有限。②因此，关于司法管辖权的行使及冲突协调，主要以国内法律制度为基础。

国内法层面，在涉外司法管辖的各个领域，属地管辖权仍占主导地位。涉外民事纠纷发生后，当当事人一方或双方选择在某一国的法院诉讼，法院才"消极"地取得对案件的管辖权。在特定案件中，法院也会根据"公共秩序保留""弱者权益保护"等事由，在管辖权冲突或存在平行诉讼时，积极主张管辖权。而在另一些案件中，法院也可以根据国内法有关"不方便法院"的规则，放弃行使管辖权。相比之下，在涉外刑事与治安领域，司法管辖权的行使则相对较为活跃。在打击跨国贩毒、走私、洗钱、电信诈骗、拐卖人口以及沿海捕鱼、公共安全、卫生、移民等问题上，一国不仅通过双边或多边的协定进行国际合作，而且通过国内立法，积极行使管辖。

在缺乏国际协调的情况下，单纯基于国内法的司法管辖权的行使，极易出现扩张的冲动。保护性管辖与普遍性管辖，虽然属于管辖权扩张的表现之一，但主要针对国际犯罪，且在行使条件上相对克制，因而被国际社会大多数国家接受。相反，长臂管辖不仅违反属地管辖优先的原则，而且只要求被管辖人与管辖国家有某种最低的联系，即便其在管辖国家没有住所也非居民，管辖国家仍可基于被管辖人的行为、收入来源、资金存放甚至临时过境等联系来行使管辖。长臂管辖权在美国民事诉讼被广泛用于州外被告人，也被用于对外国被告人的管辖。不过，尽管美国在涉外司法实践中频繁使用此类管辖权，但并非所有的管辖案件都能进入诉讼程序。究其原因，长臂管辖能否发挥效力，最终取决于被管辖人与美国领土之间的有效连结与当事人对诉讼结果的畏惧。换言之，如果美国法院对当事人

---

① 在民用航空安全领域，虽然《东京公约》《海牙公约》和《蒙特利尔公约》规定了危害民用航空安全行为的管辖权，但同样不涉及到管辖权冲突的协调和分配问题。

② 如《关于船舶碰撞中民事管辖权若干规则的国际公约》《保护未成年人管辖权和法律适用公约》等。

有足够的威慑（如执行财产、拒绝入境、驱逐出境等），就能强制要求位于其他领土的被管辖人出庭应诉，长臂管辖就有效；反之，如果当事人不认可管辖权并拒绝出庭，则无效。

司法管辖权能否有效扩张行使的本质是经济制裁或威慑的实现可能。一国通过立法部门颁布法律，经由行政部门具体实施，并由司法部门以经济、行政或刑事诉讼等方式来威慑。为防止被制裁对象通过第三国经济活动来规避制裁，这类制裁往往将第三国企业或国民的某些行为也列为制裁内容。例如，冷战开始，美国出台《武器出口控制法》《出口管理条例》《达马托法》《赫尔姆斯 - 伯顿法》、《全球马格尼茨基人权问责法》等系列制裁法律，将委内瑞拉、朝鲜、利比亚、伊朗、伊拉克、叙利亚、古巴等国家列为制裁名单，并将制裁范围扩大至第三国或其企业在美销售被制裁国家的产品、在被制裁国投资的第三国企业或国民等。美国几乎将任何与当事人有联系的客观因素都作为管辖权行使的基础。包括住所、财产、过境等。根据 1998 年修订后的《反海外腐败法》，只要外国法人曾使用美元交易，用美元计价签订合同，甚至仅通过设在美国的电子邮件服务器收发过邮件，美国政府就宣称自己对该公司拥有"司法管辖权"。

在实践中，一国的长臂管辖，有的遭遇另一国的管辖豁免抗辩而终止；有的因无法强制当事人出庭或无法强制执行而使审判流于形式。真正有效行使的，大多为被告与法院地具有实质性联系，在法院地从事经济活动或有民事关系，因此，法院地的判决对其利益能够产生直接或间接的影响。如果被制裁主体不惧任何威慑或制裁，则长臂管辖必然屈服或让位于制裁主体所在国的属地管辖。

四、涉外法治体系建设的建议与思考

当今世界，各国政治、经济、文化的联系超越以往任何一个时代。从事国际文化交流、经济活动、旅行居住的公民、企业和其他组织正逐渐获得"国际人"的身份。贸易、服务、资本、人员、信息的日益频繁流动，对一国传统的法治建制和法治水平提出了新的要求。复杂多样的涉外政治经济关系的调整，亟须并用国内法治和国际法治两种工具。然而，近年来，由于世界政治经济格局加速演变，多边体制遭受严重冲击，国际治理停滞不前，一些国家肆意行使单边主义外交政策，不仅对我国涉外法治的传统理念和建制的革新提出新要求，也使应对单边行为尤为急迫。

统筹推进国内法治和涉外法治，不仅是新时期巩固和深化我国国际交流成果的需要，也是我国应对复杂多变的国际政治经济局势的所必须。我国应站在负责任大国的立场，以涉外政治经济关系的现状和发展为出发点，以维护国家主权、安全、公民和企业利益为目标，正确评估涉外法治措施的影响和后果，有序、有据、有理地推进国内法治和涉外法治。

（一）制定管辖权行使的基本法，完善涉外法治法律体系

涉外法治长期以来被视为外交事务。美国法院认为，外交事务本质上是政治性的，是独立于国内法的特殊决策领域，最适合完全由联邦控制，因此不适合裁决，州和地方参与外交事务是不恰当的，总统在外交事务中具有主导作用。但近二三十年来，美国最高法院越来越否决外交与内政不同的观点。相反，它开始将外交关系问题视为普通的国内政策问题，接受司法审查，并受三权分立和法定解释原则管辖。规范化和法治化开始成为大国涉外法治的核心关注之一。[1]

我国目前的涉外法治法律体系还不够完善，缺乏对涉外法治做出一般性规定的《对外关系法》。作为涉外法治的基本法，《对外关系法》可对对外关系机构的职权、对外关系的法律渊源、管辖权等事项做出规定。在对外关系机构的职权方面，应侧重对贸易、投资、证券、网络信息、移民等行政部门的涉外职权行使程序和权力内容进行规定。在对外关系的法律渊源上，除了对条约、习惯和国内法在对外关系中的应用做出一般性规定外，考虑到《民法典》未对我国国内法院可以适用的国际条约和国际习惯做出规定，对外关系法可对此予以明确。在管辖权方面，对外关系法应对三类管辖权行使的原则、立场、条件、程序、限制等做出规定。

（二）建立专业化的涉外法治机构，增强涉外法治职能

涉外法治机构对外代表国家实施各种行为，执法能力和司法水平直接影响国家的法治环境和营商环境。涉外法治机构建设，需要根据不同涉外法治机构的职

---

[1] Ganesh Sitaraman and Ingrid Wuerth, *the normalization of foreign relations law*, Harvard Law Review , Vol. 128, No. 7 (MAY 2015), p. 1899.

能，配备专业化的执法和司法人员。相关人员不仅应具备在外交、贸易、证券、网络信息、公共卫生等领域的专业知识，还应熟悉国家主权、普遍管辖、保护管辖、长臂管辖、主权豁免、司法协助、领事职能等国际法领域的相关知识。在开展涉外法治工作中，涉外法治机构及其工作人员还应对国家行为原则、国际礼让原则、对等原则等国际关系理论和实践有深入认识，以在具体的执法和司法实践中，确保合理性与合法性的统一。现行国内实体法和程序法的内外合一，国内和涉外事务办理机构之职能的合一，国内经济与涉外经济的彼此相融，企业的国内业务与国际业务的交织，使统筹推进国内法治和涉外法治建设尤为必要。

（三）加快重点领域的涉外立法和执法，保护涉外交往的主体权益

我国已成为世界长期资本投资主要目的地、世界主要旅游目的地国，我国针对"一带一路"国家的投资和贸易也取得良好的国际社会效益。良好的社会治安和就业环境，吸引了越来越多的外国人来华读书和就业。外国公民在中国的各项权利亟须以专门立法的形式确立。与此同时，我国公民和企业在海外的人身和财产利益也比以往任何时候更需要国家的保护。在推动构建新型国际关系和人类命运共同体这一宏大目的的指引下，我国应加快若干重点领域的涉外立法，例如海外投资保护法、对外援助法、领事保护法、外国人永久居留法，改变相关领域无法可依或法规层级较低的问题。执法机关也应及时关注国外政治经济局势，对本国国民或企业提供信息或帮助，或是敦促外国政府在处理有关问题上采取负责任的行动。

（四）掌握变革时期的国际话语权，运用法律工具抵制单边行动

国际政治格局的变迁和调整呼吁更加公平合理的国际秩序，同时，西方发达国家在二十世纪主导的世界经济秩序也面临制度性变革。各国针对他国的涉外经济立法或行政经济措施，纷纷制定反措施以对抗或抵消其效益。欧盟（欧共体）曾于1996年就制定了《抵制第三国立法域外适用效果及行动条例》，并于2018年更新修订。2021年12月8日，欧盟还发布《关于保护欧盟及其成员国免受第三国经济胁迫的条例草案》，意在打击所谓第三国的经济胁迫行为。我国目前的涉外立法数量较少，不仅滞后于国际政治经济文化发展的现状，而且与我国参与国际交往的国家地位，以及企业和公民对外交往的广度与深度不相称。此外，我国针对外国的不合理的经济制裁或单边行动的法规直到近两年才出台，例如《阻断外国法律与措施不当域外适用办法》《不可靠实体清单规定》等。为增强在国际政治经济秩序中的话语权，增加在重大的国际条约中的谈判砝码，我国应重视在国际立法空白领域，以涉外立法先行的方式，首先确立相关领域的中国话语和中国规则。

（五）适度扩大民事与经济领域管辖权的行使，以保障涉外经济措施的实施

涉外管辖权行使的目的是维护国家与国民的利益。长臂管辖权亦不例外。一般而言，当一国政治经济文化的全球化程度较高，国内各类主体的国际交往活跃，各类涉外管辖权呈扩张趋势；反之，则处于防御态势。我国法院应对各类涉外管辖权扩张行使的情形、条件、限制等做出规定。在既有国际法关于主权豁免原则的基础上，以及我国签署和批准的双边和多边条约的框架内，通过管辖权的适度扩张行使，确保我国的各项涉外法律、政策和措施能够有效实施并被相关涉外商事主体遵守。

（六）统筹推进涉外法治与国际法治，促进国内法层面的涉外法治转化为涉外国际法治

涉外法治是国际法治的一部分。涉外法治具有融入、变革、推进国际法治的效果，其不仅包括一国参与国际法治的单方行为，还包含一国与国际社会其他国家通过缔结条约、参加国际组织和国际会议、互派使节等方式处理国际国内问题。在当前多边进程受阻，单边主义、保护主义、霸权主义重新抬头，以联合国宪章为基础的国际秩序更需要各国在对外关系中反复实践主权平等、不干涉内政、和平解决国际争端等基本原则。在当前的政治经济环境下，我国应积极发展双边关系，以双边条约形式将涉外法治中的成熟经验和做法确立下来，将涉外法治的国内法律、政策、措施转变为双边层面上的国际法治，在条件成熟的情况下，推动成为多边国际法治，以进一步巩固和发展以宪章为基础的多边国际秩序。

附录:《涉外民事关系法律适用法》条文修改建议及理由

一、修改的必要性和可行性

《涉外民事关系法律适用法》的实施已逾十年。2021 年,《民法典》的颁布废止了《民法通则》,国际民商事纠纷中适用国际条约和国际惯例的条文也一并被废止,涉外民事关系的法律适用体系出现空白。十年间,我国涉外民商事交往产生翻天覆地的变化,涉外法治水平显著提升,《法律适用法》制定所依据社会关系、司法条件、价值基础等都发生了根本性变化,《法律适用法》的修改迫在眉睫。与此同时,学界对《法律适用法》具体制度的研究愈加深入,对相关制度的立法缺陷和完善建议的论证也较为充分,《国际私法法典》的起草论证工作也被纳入各项工作的议程。《法律适用法》的修订迎来前所未有的机遇。

二、《涉外民事关系法律适用法》条文修改建议及理由

第一条 为了明确涉外民事关系的法律适用,合理解决涉外民事争议,维护当事人的合法权益,制定本法。

【修改建议】为了明确涉外民事关系的法律适用,解决涉外民事争议,维护当事人的权益,制定本法。

【理由】本条是《涉外民事关系法律适用法》立法目的的规定。涉外民事关系法律适用法作为中国的国际私法,首要目的是提供涉外民事关系法律适用的一般原则和规则。国际私法仅为涉外民事纠纷的解决提供解决方案和程序,为各方当事人权益的维护提供中国方案。"合理""合法"两个修饰词的使用,在国际私法

的价值取向方面，具有实体正义之意。为准确表达国际私法的功能，建议删除"合理""合法"两词。

第二条　涉外民事关系适用的法律，依照本法确定。其他法律对涉外民事关系法律适用另有特别规定的，依照其规定。

本法和其他法律对涉外民事关系法律适用没有规定的，适用与该涉外民事关系有最密切联系的法律。

【修改建议】第二条　涉外民事关系的法律适用，依照本法确定。其他法律对涉外民事关系法律适用另有规定的，依照其规定。

本法和其他法律没有规定的，适用与该涉外民事关系有最密切联系地的法律。

【理由】（1）"涉外民事关系适用的法律，依照本法确定"的表述方式，在句型结构上存在语法错误。应为"涉外民事关系适用法律，依照本法确定"或"涉外民事关系应适用的法律，依照本法确定"或"涉外民事关系的法律适用，依照本法确定"。（2）"另有特别规定"的表述方式，陷入语义重复。因《涉外民事关系法律适用法》与《海商法》《票据法》等多数法律，在调整的涉外民事关系的具体领域上不会重合，故而不存在"一般"和"特别"之分。本条使用"另有规定"更为恰当。（3）"本法和其他法律对涉外民事关系法律适用没有规定的"中"对涉外民事关系法律适用"的表述方式，与前一条文表述重复，改为"本法和其他法律没有规定的"。"适用与该涉外民事关系有最密切联系的法律"将"涉外民事关系"和"法律"相关联，虽然在逻辑上成立，但在实践中却难以操作。这意味着司法者要从不确定的法律中寻找出与"涉外民事关系"有"最密切联系"的法律。建议改为"适用与该涉外民事关系有最密切联系地"的法律。将涉外民事关系与其发生地联系，可以更好地引导法院寻找最密切联系地的法律。

第三条　当事人依照法律规定可以明示选择涉外民事关系适用的法律。

【修改建议】第三条　当事人依照法律规定可以选择涉外民事关系适用的法律。选择应以明示的方式做出。

【理由】"可以明示选择"的表述方式存在歧义。可理解为两种含义：一是可以选择，但应明示选择；二是"可以""明示"选择，也"可以""默示"选择。建议将明示选择单独做出规定。规定必须"明示"选择的理由是：法律适用在冲突法中是直接影响当事人实体权益义务的环节，当冲突法允许当事人协议选择调整其涉外民商事关系的法律时，法院对于当事人所选择的法律应当通过庭审程序予以明确。而不允许在当事人未明确选择时，"推定"当事人做出了选择。在此环节，法院要求当事人对是否已经协议选择法律做出明确说明的审判成本几乎为零，但如果在当事人未明确选择的情形下"推定"当事人做出了选择，并进而适用该"推定"的法律，则无论是在将准据法的查明和适用作为"证据"英美法系国家，还是将其作为"法律"来适用的大陆法系国家，都存在"事实"查明或"法律"适用的错误。无法避免在上诉环节被驳回或改判的命运。

第四条　中华人民共和国法律对涉外民事关系有强制性规定的，直接适用该强制性规定。

【修改建议】无

第五条　外国法律的适用将损害中华人民共和国社会公共利益的，适用中华人民共和国法律。

【修改建议】依本法规定应适用外国法律，但外国法律的适用将损害中华人民共和国社会公共利益的，适用中华人民共和国法律。

【理由】本条是关于公共秩序保留的条文。原条文的含义未能明确指出公共秩序保留的范围，即在本法的框架内适用外国法所产生的"保留"。当然，公共秩序保留不仅限于适用冲突规范，还包括在国际司法协助等领域。但由于《法律适用法》中并不包含"国际司法协助"，因此，此种做出限定后，从语义上更完整，范围更精准，也更易于理解。

第六条　涉外民事关系适用外国法律，该国不同区域实施不同法律的，适用与该涉外民事关系有最密切联系区域的法律。

【修改建议】根据本法规定适用外国法律，该国不同区域实施不同法律的，适用本法规定所指明的具体区域的法律或其他与该涉外民事关系有最密切联系区域的法律。

【理由】冲突规范的连结点具有直接指引的作用。诸如当事人经常居所地、行为地、婚姻缔结地等，在多法域国家也可以直接根据这些地点确定相关区域。在国籍等连结点的确定上，可以根据最密切联系原则确定涉外民事关系的准据法。

修改后的规则增加"适用本法规定所指明的具体区域的法律"，用以明确多数情形下的多法域国家准据法的法律适用。

第七条　诉讼时效，适用相关涉外民事关系应当适用的法律。

【修改建议】第七条　涉外民事关系的诉讼时效，依该涉外民事关系应适用的法律确定。

【理由】关于诉讼时效的法律适用，在最初的立法建议稿中[1]，表述为"诉讼时效，适用其所属涉外民事关系应当适用的法律。"从学理和各国立法实践上，诉讼时效的法律适用有两种主要模式：一是将其作为程序问题适用法院地法；二是将其作为实体问题适用涉外民事关系的准据法。（1）准据法（applicable law）的概念在我国《涉外民事关系法律适用法》中并无规定，其对应的是"应当适用的法"，致使原条文中出现两个"适用"，在理解上容易产生歧义。（2）诉讼时效并非独立的"涉外民事关系"，而只是影响涉外民事关系解决的因素。"诉讼时效，适用……"的表述方式，是典型的冲突规范的结构形式。修改后的条文，不具有冲突规范的属性，而仅是程序性或技术性规范。

第八条　涉外民事关系的定性，适用法院地法律。

【修改建议】涉外民事关系的定性，依法院地法律确定。

法院地法对相关涉外民事关系无规定的，依与该涉外民事关系有最密切联系地的法律确定。

【理由】本条是国际私法识别制度的规定。（1）涉外民事关系的定性，是涉外民事纠纷解决和冲突规范适用的前置条件，其本身不是"涉外民事关系"，不应采用冲突规范的结构。修改后的条文，不具有冲突规范的属性，而仅是程序性或技术性规范。（2）由于各国对同一社会关系或事物的定性存在差异，一些国家甚至有特殊的概念或制度，依法院地法进行定性，可能导致定性后的民事关系在准据法国的法律中无对应制度。这会影响法院地的裁判在准据法国的承认和执行。因此，本条除了一般规定外，需要做出特别规定。（3）当法院地法对涉外民事关系无定性时，如果依据"可能被选择适用的法律"来定性，就会使识别问题产生"逻

---

[1]　黄进：《中华人民共和国涉外民事关系法律适用法建议稿及说明》，中国人民大学出版社2011年版，第55页。

辑循环"。冲突规范的适用以定性为前提，未定性则无可适用的冲突规范，更无准据法。"可能被选择适用的法律"的表述，具有任意性、不确定性和非逻辑性。依据与涉外民事关系有最密切联系地的法律来定性，可以避免上述表述的语义缺陷。

第九条　涉外民事关系适用的外国法律，不包括该国的法律适用法。

【修改建议】根据本法的法律适用规则指明应适用外国法时，法院应适用该外国的实体法。在婚姻家庭、继承等身份相关领域，法院可根据案件裁判结果及执行等因素，选择适用该国的法律适用法。

【理由】本条是国际私法反致制度的规定。我国立法上不承认反致，学界对此有不同观点。在《法律适用法》立法建议稿中[①]，采取一般规则加例外的模式立法。允许在民事身份、婚姻家庭、继承等领域适用反致。采取反致制度是当今国际社会大多数国家的做法，对于扩大本国法适用，赋予法官更大的自由裁量，保护本国国家和国民利益，温和适用公共秩序保留等均利大于弊。采取反致制度还可以减少当事人挑选法院和平行诉讼，实现裁判结果的一致性。

美国《冲突法重述》第八条对反致采取了一般规则与特别规则相结合的方式。以实现不同州的裁判结果一致性为适用反致的目标，同时赋予法院适用反致和不适用反致的自由。根据该法规定：一般情形下，法院适用另一州的法律，仅指该州的实体法；当特定法律选择规则的目的在于使法院就案件事实得出的结果与另一州法院审理该案时得出的结果相一致，则法院可适用该另一州的法律选择规则，但须考虑实际可行性。

第十一条　自然人的民事权利能力，适用经常居所地法律。

【修改建议】无

第十二条　自然人的民事行为能力，适用经常居所地法律。

自然人从事民事活动，依照经常居所地法律为无民事行为能力，依照行为地法律为有民事行为能力的，适用行为地法律，但涉及婚姻家庭、继承的除外。

【修改建议】无

第十三条　宣告失踪或者宣告死亡，适用自然人经常居所地法律。

---

① 黄进：《中华人民共和国涉外民事关系法律适用法建议稿及说明》，中国人民大学出版社 2011 年版，第 51 页。

【修改建议】无

第十四条 法人及其分支机构的民事权利能力、民事行为能力、组织机构、股东权利义务等事项,适用登记地法律。

法人的主营业地与登记地不一致的,可以适用主营业地法律。法人的经常居所地,为其主营业地。

【修改建议】第十四条 法人及其分支机构的民事权利能力、民事行为能力、组织机构、股东权利义务等事项,适用登记地法律。

法人的主要办事机构所在地与登记地不一致的,可以适用主要办事机构所在地法律。法人的经常居所地,为其主要办事机构所在地。

【理由】民法典第63条对法人住所做了规定:法人以其主要办事机构所在地为住所。依法需要办理法人登记的,应当将主要办事机构所在地登记为住所。2014最高人民法院关于适用《中华人民共和国民事诉讼法》的解释第三条也规定:公民的住所地是指公民的户籍所在地,法人或者其他组织的住所地是指法人或者其他组织的主要办事机构所在地。法人或者其他组织的主要办事机构所在地不能确定的,法人或者其他组织的注册地或者登记地为住所地。以法人的主营业地为法人住所的做法,是1992年《最高人民法院关于适用中华人民共和国民事诉讼法若干问题的意见》中第4条的规定。该意见已经被废除。

第十五条 人格权的内容,适用权利人经常居所地法律。

【修改建议】无

第十六条 代理适用代理行为地法律,但被代理人与代理人的民事关系,适用代理关系发生地法律。

当事人可以协议选择委托代理适用的法律。

【修改建议】无

第十七条 当事人可以协议选择信托适用的法律。当事人没有选择的,适用信托财产所在地法律或者信托关系发生地法律。

【修改建议】无

第十八条 当事人可以协议选择仲裁协议适用的法律。当事人没有选择的,适用仲裁机构所在地法律或者仲裁地法律。

【修改建议】第十八条　当事人可以协议选择仲裁协议适用的法律。当事人没有选择的，适用仲裁机构所在地法律或者仲裁地法律。没有约定仲裁地或仲裁地约定不明的，适用法院地法。

【理由】仲裁协议具有独立性。纠纷发生时，当事人经常就仲裁协议的效力提起诉讼。仲裁协议能否适用主合同选择的法律，曾有学者赞成，但目前主流观点和实践均予以否定。通常情况下，在主合同中约定仲裁条款的情况下，当事人较少对仲裁协议的法律适用再约定准据法。对仲裁协议效力提起诉讼通常发生在一方提交仲裁，另一方提出异议的情况下。因此，受理法院通常为仲裁地或仲裁机构所在地法院。2005年《最高人民法院关于适用中华人民共和国仲裁法若干问题的解释》第十六条的规定：对涉外仲裁协议的效力审查，适用当事人约定的法律；当事人没有约定适用的法律但约定了仲裁地的，适用仲裁地法律；没有约定适用的法律也没有约定仲裁地或者仲裁地约定不明的，适用法院地法律。该规定考虑到仲裁协议的各种不规范情形，做了相对全面的规定。

第十九条　依照本法适用国籍国法律，自然人具有两个以上国籍的，适用有经常居所的国籍国法律；在所有国籍国均无经常居所的，适用与其有最密切联系的国籍国法律。自然人无国籍或者国籍不明的，适用其经常居所地法律。

【修改建议】无

第二十条　依照本法适用经常居所地法律，自然人经常居所地不明的，适用其现在居所地法律。

【修改建议】无

第二十一条　结婚条件，适用当事人共同经常居所地法律；没有共同经常居所地的，适用共同国籍国法律；没有共同国籍，在一方当事人经常居所地或者国籍国缔结婚姻的，适用婚姻缔结地法律。

【修改建议】第二十一条　婚姻效力，满足当事人经常居所地法律、国籍国法律、缔结婚姻地法的，均为有效。

【理由】（1）结婚条件的法律适用，通常在两种情形下被提出。一是当事人是否有资格结婚；二是当事人已缔结的婚姻是否有效。因我国《婚姻登记条例》已经明确规定，在我国缔结的涉外婚姻，应满足中国法律规定的实质要件和形式要件。《涉外民事关系法律适用法》中结婚条件的规定，不包括对第一种情形的调整。对于当事人已缔结的婚姻的效力，依次适用双方共同经常居所地法、共同国籍国法和婚姻缔结地法，符合"有利于婚姻"的冲突法原则。修改后的条款对婚姻效力的法律适用做出规定，经常居所地、国籍国等可以放宽至婚后的共同居所地、共同国籍国、各自经常居所地、国籍国。（2）婚姻效力的法律适用，不宜采取有条件选择适用的冲突规范。法律行为效力的认定，或有效或无效。不同于其他有条件选择适用冲突规范，以调整当事人的权利义务关系为目的。在原条文中，如果适用当事人共同经常居所地法律无效，则法院就此可以给出婚姻效力的结论，而无须再进一步适用共同国籍国法来进一步认定。这会导致一项在其他国家合法缔结的婚姻，在双方婚后或婚前共同经常居所地法不被认可。显然不利于婚姻稳定和双方当事人对婚姻的期望。（3）我国立法者如欲对结婚条件做出严格规定，可在本章设立"婚姻缔结"的条文。明确规定中国公民在经常居所地以外的国家缔结婚姻，应符合中国婚姻法规定的实质条件。

第二十二条 结婚手续，符合婚姻缔结地法律、一方当事人经常居所地法律或者国籍国法律的，均为有效。

【修改建议】无

第二十三条 夫妻人身关系，适用共同经常居所地法律；没有共同经常居所地的，适用共同国籍国法律。

【修改建议】第二十三条 夫妻人身关系，适用共同经常居所地法律；没有共同经常居所地的，适用共同国籍国法律。没有共同国籍国的，适用法院地法。

【理由】夫妻人身关系包括夫妻忠实义务、同居义务、相互帮助的义务、家事代理权等。原条文的规定缺乏周延性，未明确双方没有共同经常居所地也无共同国籍国的情形下，应适用哪国法律。一般认为，根据《法律适用法》第二条规定的"本法和其他法律没有规定的，适用与该涉外民事关系有最密切联系地的法律"。夫妻人身关系的争议，既可以是独立的主要问题，也可以是先决问题。无论属于何种性质的法律问题，最密切联系地也无非是共同经常居所地、共同国籍国、法院地或行为地。故建议将该有条件选择适用的冲突规范补充完善。

第二十四条 夫妻财产关系，当事人可以协议选择适用一方当事人经常居所地法律、国籍国法律或者主要财产所在地法律。当事人没有选择的，适用共同经常居所地法律；没有共同经常居所地的，适用共同国籍国法律。

【修改建议】第二十四条　夫妻财产关系，当事人可以协议选择适用一方当事人经常居所地法律、国籍国法律或者主要财产所在地法律。当事人没有选择的，适用共同经常居所地法律；没有共同经常居所地的，适用共同国籍国法律。没有共同国籍国的，适用法院地法。

【理由】同上条款。

第二十五条　父母子女人身、财产关系，适用共同经常居所地法律；没有共同经常居所地的，适用一方当事人经常居所地法律或者国籍国法律中有利于保护弱者权益的法律。

【修改建议】无

第二十六条　协议离婚，当事人可以协议选择适用一方当事人经常居所地法律或者国籍国法律。当事人没有选择的，适用共同经常居所地法律；没有共同经常居所地的，适用共同国籍国法律；没有共同国籍的，适用办理离婚手续机构所在地法律。

【修改建议】离婚协议的效力，适用当事人协议选择的法律。当事人没有选择的，适用共同经常居所地法律；没有共同经常居所地的，适用共同国籍国法律；没有共同国籍的，适用办理离婚手续机构所在地法律。

【理由】协议离婚的诉讼，通常发生在双方对协议的效力和执行产生争议。如果一方当事人针对离婚协议提起诉讼，应首先适用当事人协议选择的法律。原条文未能厘清"协议离婚"诉讼的缘由，"当事人可以协议选择适用一方当事人经常居所地法律或者国籍国法律"的表述，似乎是在指引当事人缔结离婚协议。在法律适用方面，也限制了当事人对准据法的选择。

第二十七条　诉讼离婚，适用法院地法律。

【修改建议】诉讼离婚，适用法院地法律。夫妻人身财产关系、扶养的规定，适用本法的规定。

【理由】诉讼离婚，涉及婚姻关系的解除、财产分割、子女扶养等。婚姻关系的解除，适用法院地法有利于本国公共秩序的维护。夫妻人身财产关系、子女扶养等法律适用，扩大法律选择的范围，有利于当事人权益的保护。

第二十八条　收养的条件和手续，适用收养人和被收养人经常居所地法律。收养的效力，适用收养时收养人经常居所地法律。收养关系的解除，适用收养时被收养人经常居所地法律或者法院地法律。

【修改建议】收养的效力，适用收养时收养人经常居所地法律。收养关系的解除，适用收养时被收养人经常居所地法律或者法院地法律。

【理由】"收养的条件和手续，适用收养人和被收养人经常居所地法律"的规定，混淆了收养成立和效力规范。并且，其是收养关系缔结时的行政规范，而非"法律适用规范"。我国收养的条件和手续，应在我国《收养法》中做出规定。而不能在《法律关系适用法》中规定。对于我国法院受理的收养纠纷，如果收养关系已经成立，关于收养条件和手续的纠纷，实际上是关于收养效力的纠纷。而收养效力的纠纷，如果重叠适用收养人和被收养人经常居所地法，将会导致一些已经成立或符合某些国家法律规定的收养关系被认定为无效。原条文的第二款，对收养效力的法律适用已经做出规定。两款规定存在冲突。

第二十九条　扶养，适用一方当事人经常居所地法律、国籍国法律或者主要财产所在地法律中有利于保护被扶养人权益的法律。

【修改建议】无

第三十条　监护，适用一方当事人经常居所地法律或者国籍国法律中有利于保护被监护人权益的法律。

【修改建议】无

第三十一条　法定继承，适用被继承人死亡时经常居所地法律，但不动产法定继承，适用不动产所在地法律。

【修改建议】无

第三十二条　遗嘱方式，符合遗嘱人立遗嘱时或者死亡时经常居所地法律、国籍国法律或者遗嘱行为地法律的，遗嘱均为成立。

【修改建议】无

第三十三条　遗嘱效力，适用遗嘱人立遗嘱时或者死亡时经常居所地法律或者国籍国法律。

【修改建议】无

第三十四条　遗产管理等事项，适用遗产所在地法律。

【修改建议】无

第三十五条　无人继承遗产的归属，适用被继承人死亡时遗产所在地法律。

【修改建议】无

第三十六条　不动产物权，适用不动产所在地法律。

【修改建议】无

第三十七条　当事人可以协议选择动产物权适用的法律。当事人没有选择的，适用法律事实发生时动产所在地法律。

【修改建议】无

第三十八条　当事人可以协议选择运输中动产物权发生变更适用的法律。当事人没有选择的，适用运输目的地法律。

【修改建议】无

第三十九条　有价证券，适用有价证券权利实现地法律或者其他与该有价证券有最密切联系的法律。

【修改建议】无

第四十条　权利质权，适用质权设立地法律。

【修改建议】无

第四十一条　当事人可以协议选择合同适用的法律。当事人没有选择的，适用履行义务最能体现该合同特征的一方当事人经常居所地法律或者其他与该合同有最密切联系的法律。

【修改建议】第四十一条　当事人可以协议选择合同适用的法律。当事人没有选择的，适用履行义务最能体现该合同特征的一方当事人的经常居所地法律或者其他与该合同有最密切联系的法律。

【理由】"履行义务最能体现该合同特征的一方当事人经常居所地"的表述，在语法结构上，将"特征履行"与"经常居所地"联系起来。实际上，"特征性履行"指代的是"一方当事人"的"履行义务"。修改后，"履行义务最能体现该合同特征的一方当事人的经常居所地"，指代更加明确，在实践操作中，使法院可以明确哪一方当事人具有特征履行，而不是哪个地点是特征履行。在合同内容上，当事人基于不同的优势地位，签订的合同并不都是权利义务对等的。如果卖方占优势地位，合同会对买方的付款义务施加严苛的条件，反之，如果买方占优势地位，会对卖方的交货义务进行细致的规定。这也是2007年《最高人民法院关于审理涉外民事或商事合同纠纷案件法律适用若干问题的规定》第5条（一）：买卖合同的特征履行地应根据卖方或买方的地位来认定的理由。①

第四十二条 消费者合同，适用消费者经常居所地法律；消费者选择适用商品、服务提供地法律或者经营者在消费者经常居所地没有从事相关经营活动的，适用商品、服务提供地法律。

【修改建议】无

第四十三条 劳动合同，适用劳动者工作地法律；难以确定劳动者工作地的，适用用人单位主营业地法律。劳务派遣，可以适用劳务派出地法律。

【修改建议】第四十三条 劳动合同，适用劳动者工作地法律；难以确定劳动者工作地的，适用用人单位主要办事机构所在地法律。劳务派遣，可以适用劳务派出地法律。

【理由】 同第十四条。

第四十四条 侵权责任，适用侵权行为地法律，但当事人有共同经常居所地的，适用共同经常居所地法律。侵权行为发生后，当事人协议选择适用法律的，按照其协议。

【修改建议】无

第四十五条 产品责任，适用被侵权人经常居所地法律；被侵权人选择适用侵权人主营业地法律、损害发生地法律的，或者侵权人在被侵权人经常居所地没有从事相关经营活动的，适用侵权人主营业地法律或者损害发生地法律。

【修改建议】无

第四十六条 通过网络或者采用其他方式侵害姓名权、肖像权、名誉权、隐私权等人格权的，适用被侵权人经常居所地法律。

① 该项规定：买卖合同，适用合同订立时卖方住所地法；如果合同是在买方住所地谈判并订立的，或者合同明确规定卖方须在买方住所地履行交货义务的，适用买方住所地法。

【修改建议】通过网络或者采用其他媒体方式侵害姓名权、肖像权、名誉权、隐私权等人格权的，适用被侵权人经常居所地法律。被侵权人选择适用侵权人的主要办事机构所在地或经常居所地法的，适用侵权人的主要办事机构所在地法或经常居所地法。侵权行为发生后，当事人协议选择适用法律的，按照其协议。

【理由】（1）"通过网络或者采用其他方式"有两种理解，一是通过网络或其他与网络类似的方式；[①]二是通过网络或网络以外的其他方式。但从文字含义来看，应采取第二种方式。如果采取第二种，则原条文可改为："侵害姓名权、肖像权、名誉权、隐私权等人格权的，适用被侵权人经常居所地法律"。但立法者的本意显然是专门规定网络或其他类似方式的法律适用。因此，需要在条文中明确"其他媒体方式"。（2）从各国立法情况看，之所以将网络或其他媒体方式侵犯人格权的冲突规范独立，目的是给被侵权人更加充分的救济。[②]但各国立法大多通过增加当事人可选择的法律的方式。相比之下，我国关于侵犯人格权的立法，却限制了权利人的救济途径，仅规定适用被侵权人经常居所地法。其保护程度甚至不如一般侵权行为的法律适用。

第四十七条　不当得利、无因管理，适用当事人协议选择适用的法律。当事人没有选择的，适用当事人共同经常居所地法律；没有共同经常居所地的，适用不当得利、无因管理发生地法律。

【修改建议】无

第四十八条　知识产权的归属和内容，适用被请求保护地法律。

【修改建议】无

第四十九条　当事人可以协议选择知识产权转让和许可使用适用的法律。当事人没有选择的，适用本法对合同的有关规定。

【修改建议】无

第五十条　知识产权的侵权责任，适用被请求保护地法律，当事人也可以在

---

① 万鄂湘：《〈中华人民共和国涉外民事关系法律适用法〉条文理解与适用》，中国法制出版社 2011 年版，第 330—331 页。

② 万鄂湘：《〈中华人民共和国涉外民事关系法律适用法〉条文理解与适用》，中国法制出版社 2011 年版，第 327—328 页。

侵权行为发生后协议选择适用法院地法律。

【修改建议】无

第五十一条 《中华人民共和国民法通则》第一百四十六条、第一百四十七条,《中华人民共和国继承法》第三十六条,与本法的规定不一致的,适用本法。

【修改建议】废除

第五十二条 本法自 2011 年 4 月 1 日起施行。

三、《最高人民法院关于适用〈中华人民共和国涉外民事关系法律适用法〉若干问题的解释(一)》若干条款的修改建议及理由

第十条 涉外民事争议的解决须以另一涉外民事关系的确认为前提时,人民法院应根据该先决问题与主要问题的关联性,确定其适用的冲突规范。

【修改建议】第十条 涉外民事争议的解决须以另一涉外民事关系的确认为前提时,人民法院应当根据该先决问题自身的性质确定其应当适用的法律。

【理由】本条是先决问题法律适用的规定。(1)先决问题的法律适用有两种模式,一是适用法院地的冲突规范;二是适用准据法所属国的冲突规范。《中国国际私法示范法》第十五条采取了第一种模式,该条规定:国际民商事案件或者事项的主要问题的解决依赖另一先决问题的解决时,先决问题所涉及的民商事关系的法律适用应根据本法依照该民商事关系的性质加以确定。"应根据本法"的表述方式,即适用法院地的冲突规范来解决先决问题。(2)原条文"人民法院应当根据该先决问题自身的性质确定其应当适用的法律"并未明确先决问题是适用法院地的冲突规范还是准据法国的冲突规范。"先决问题自身的性质"即首先要解决的涉外民事关系的属性,假设"首先要解决的涉外民事关系"是婚姻效力,则该婚姻效力"应当适用的法律"仍有三种理解:一是应当适用的法律为"实体法或准据法"。在此语境下,法院有权根据先决问题的属性来自由决定适用哪国的准据法。法院实际上充当了立法者或发挥了"法官造法"的职能。二是"应当适用"《法律适用法》的婚姻效力的"冲突规范";三是"应当适用"其他国家的"冲突规范"。(3)从立法背景资料看,《涉外民事关系法律适用法建议稿》与《中国国际私法示

范法》的起草团队基本相同，建议稿中先决问题的规定（对于涉外民事争议的先决问题，应当根据该先决问题的自身性质确定其应当适用的法律）的表述与原条文基本一致[①]，原条文"确定其应当适用的法律"似乎指代"法院地的冲突规则"[②]。但先决问题各不相同，其对主要问题解决的影响也因案而异。如果统一规定先决问题适用法院地的冲突规范，不仅实际上剥夺了当事人对先决问题所享有的诉讼管辖，而且也容易造成主要问题的裁判在有关国家得不到承认和执行。（4）先决问题虽然是独立的问题，但与主要问题的解决有至关重要的关联。先决问题的法律需要考虑与主要问题的关联，在此基础上决定适用法院地冲突规范还是准据法国的冲突规范。

---

① 黄进：《中华人民共和国涉外民事关系法律适用法建议稿及说明》，中国人民大学出版社 2011 年版，第 52 页。

② 李双元、欧福永：《国际私法》，北京大学出版社 2020 年版，第 121 页。

参考文献

一、著作类

[1] 韩德培主编:《国际私法新论》,武汉大学出版社 1997 年版。

[2] 李双元主编:《中国国际私法通论》,法律出版社 1996 年版。

[3] 李双元:《国际私法》(冲突法篇),武汉大学出版社 2016 年版。

[4] 万鄂湘:《〈中华人民共和国涉外民事关系法律适用法〉条文理解与适用》,中国法制出版社 2011 年版。

[5] 黄进:《中华人民共和国涉外民事关系法律适用法建议稿及说明》,中国人民大学出版社 2011 年版。

[6] 黄进、姜茹娇:《中华人民共和国涉外民事关系法律适用法释义与分析》,法律出版社 2011 年版。

[7] 徐伟功:《〈涉外民事关系法律适用法〉实施研究》,法律出版社 2019 年版。

[8] 肖永平:《法理学视野下的冲突法》,高等教育出版社 2008 年版。

[9] 屈广清:《国际私法导论》,法律出版社 2011 年版。

[10] 齐湘泉:《〈涉外民事关系法律适用法〉原理与精要》,法律出版社 2011 年版。

[11] 乔雄兵:《域外取证的国际合作研究》,武汉大学出版社 2010 年版。

[12] 邹国勇译注:《外国国际私法立法选择》,武汉大学出版社 2017 年版。

[13] 马丁·沃尔夫:《国际私法》,李浩培、汤宗舜译,北京大学出版社 2009 年版。

[14] 亨利·巴蒂福尔、保罗·拉加德:《国际私法总论》,陈洪武等译,中国对

外翻译公司 1989 年版。

[15]Dicey and Morris, *Dicey And Morris on The Conflict of Laws*, by Lawrence Collins and others, 12th edition, Volume 1 & 2, London, Sweet & Maxwell, 1993.

[16] Cheshire & North, *Cheshire And North Private International Law*, by North, P.M. and Fawcett, J.1.,12th edition, London, Butterworths, 1992.

[17] Adrian Briggs, *The Conflicts of Laws*, Oxford University Press; 3th edition,2013.

二、文章类

[1] 李旺:《冲突法上的实体法导论》,《法商研究》, 2003 年第 2 期。

[2] 徐伟功:《我国冲突法立法局限性之克服》,《社会科学》, 2022 年第 3 期。

[3] 刘仁山:《我国涉外法治研究的主要进展、突出问题与对策建议》,《国际法学刊》, 2022 年第 2 期。

[4] 车丕照:《涉外非民事关系的管辖与法律适用》,《吉林大学社会科学学报》, 2022 年第 2 期。

[5] 徐伟功:《论我国商事仲裁临时措施制度之立法完善——以〈国际商事仲裁示范法〉为视角》,《政法论丛》, 2021 年第 6 期。

[6] 林萌:《涉外夫妻财产关系中的动态法律冲突与解决路径》,《武大国际法评论》, 2021 年第 4 期。

[7] 丁伟:《后〈民法典〉时代中国国际私法的优化》,《政法论坛》, 2020 年第 5 期。

[8] 张丽珍:《我国最密切联系原则兜底适用的文本特质与实践展开》,《河南财经政法大学学报》, 2020 年第 5 期。

[9] 董金鑫:《论中国直接适用法理论体系之构建》,《暨南学报（哲学社会科学版）》, 2020 年第 4 期。

[10] 孙静曲:《涉外合同纠纷未选择准据法时的法律适用与规范完善——以〈涉外民事关系法律适用法〉第 41 条为中心》,《国际法与比较法论丛》, 2020 年。

[11] 袁发强:《法律选择标准的多维性及其价值伸张》,《法律科学（西北政法

大学学报)》, 2020 年第 3 期。

[12] 马志强:《民法典编纂背景下国际私法的立法方向》,《当代法学》, 2020 年第 3 期。

[13] 孙尚鸿:《国际私法的逻辑体系与立法定位》,《法学评论》, 2019 年第 2 期。

[14] 杜涛:《从"法律冲突"到"法律共享":人类命运共同体时代国际私法的价值重构》,《当代法学》, 2019 年第 3 期。

[15] 齐湘泉:《基本原则与宣示性条款之辩——《涉外民事关系法律适用法》第 3 条再解读》,《清华法学》, 2018 年第 2 期。

[16] 徐伟功:《我国承认与执行外国法院判决制度的构建路径——兼论我国认定互惠关系态度的转变》,《法商研究》, 2018 年第 2 期。

[17] 许庆坤:《我国涉外民事关系法律适用法司法实践之检视》,《国际法研究》, 2018 年第 2 期。

[18] 宋连斌、陈曦:《〈涉外民事关系法律适用法〉第 24 条的司法应用——基于 48 份公开裁判文书的分析》,《国际法研究》, 2018 年第 1 期。

[19] 翁杰:《最密切联系原则的司法适用——以〈涉外民事关系法律适用法〉第 2 条为中心》,《法律科学》, 2017 年第 6 期。

[20] 许军珂:《论涉外审判中当事人意思自治的实现》,《当代法学》, 2017 年第 1 期。

[21] 宋晓:《国际私法与民法典的分与合》,《法学研究》, 2017 年第 1 期。

[22] 乔雄兵:《论外国法院判决承认与执行中的终局性问题》,《武大国际法评论》, 2017 年第 1 期。

[23] 杜涛、肖永平:《全球化时代的中国民法典:属地主义之超越》,《法制与社会发展》, 2017 年第 3 期。

[24] 杜焕芳:《自然人属人法与经常居所的中国式选择、判准和适用》,《法学家》, 2015 年第 3 期。

[25] 高晓力:《〈关于适用涉外民事关系法律适用法若干问题的解释(一)〉的理解与适用》,《人民司法》, 2013 年第 3 期。

[26] 王胜明：《〈涉外民事关系法律适用法〉的指导思想》，《政法论坛》，2012年第1期。

[27] 何群：《〈中华人民共和国涉外民事关系法律适用法〉评析》《广州大学学报（社会科学版）》，2012年第11卷。

[28] 许军珂：《论当事人意思自治原则在〈涉外民事关系法律适用法〉中的地位》，《法学评论》，2012年第4期。

[29] 洪莉萍：《中国〈涉外民事关系法律适用法〉评析》，《中国政法大学学报》，2012年第5期。

[30] 陈卫佐：《涉外民事关系法律适用法的中国特色》，《法律适用》，2011年第11期。

[31] 黄进：《中国涉外民事关系法律适用法的制定与完善》，《政法论坛》，2011年第3期。

[32] 郭玉军：《中国国际私法的立法反思及其完善——以〈涉外民事关系法律适用法〉为中心》，《清华法学》，2011年第5期。

[33] 李华成：《论冲突法中最密切联系例外条款》，《大连海事大学学报（社会科学版）》，2011年第2期。

[34] 邹国勇：《论欧洲联盟国际私法的统一化》，《法学评论》，2007年第1期。

[35] 徐崇利：《冲突法之本位探讨》，《法律科学》，2006年第5期

[36] 徐伟功：《从自由裁量权角度论国际私法中的最密切联系原则》，《法学评论》，2000年第4期。

[37] 徐崇利：《冲突规则的回归》，《法学评论》，2000年第5期。

[38]A. J. E. Jaffey ,The essential validity of marriage in the English conflict of laws, *The Modern Law Review*, Jan. 1978,Vol. 41.

[39]Friedrich Carl Von Savigny , William Guthrie, Bartolo, *A Treatise on the Conflict of Laws*, and the Limits of Their Operation in Respect of Place and Time,Edinburgh; London: T. & T. Clark; Stevens & Sons, 1869.

[40]Tahenni, Hamid (1995) Conflict of law rules in marriage: an approach based on the co-ordination of the relevant policy considerations. PhD thesis, Universite de

Tizi-Ouzou, ALGERIE. Available at : http://theses.gla.ac.uk/5009/.

[41]Richard Fentiman, The Validity of Marriage and the Proper Law, *The Cambridge Law Journal*, Jul., 1985, Vol. 44, No. 2 (Jul., 1985).

[42]Willis L.M. Reese, *Marriage in American Conflict of Laws*, 26 INT' L & COMP.L.Q. 952 (1977).p.955.

[43] J. Thomas Oldham, Why a Uniform Equitable Distribution Jurisdiction Act Is Needed to Reduce Forum Shopping in Divorce Litigation, 49 *Family Law Quarterly* 359, 361 (2015).

后　记

德国法学家基尔希曼的"立法者三句修改的话，全部藏书就会变成废纸"，道出了法学研究与创新的不易。尽管近年来社会科学研究新方法不断出现，但法学研究总体上仍无法脱离"是"与"应当"，或"应然"与"实然"的研究。在法制尚未涉足和尚待完善的领域，关于立法、权利、责任的研究，是"应然"的研究范畴；而在法律已经确立管辖的领域，对现有规则内涵、适用与理解的阐释，则是"实然"研究的领域。因此，对于以解决纠纷为目的的社会科学，无论是法教义学、社科法学的研究进路，还是规范法学、分析法学等方法，法学研究的创新都严重依赖于社会关系的发展、规则的创制，和价值的探究。

在涉外民商事法制领域，《中华人民共和国涉外民事关系法律适用法》的颁布在创制规则的同时也固化了制度的价值，几乎平息了我国学界对冲突法的争论与探讨，使国际私法学者近年来不得不将研究重心纷纷转移到管辖权和国际司法协助等领域。可见，立法者的三句定论，不仅可能使此前的研究变成废纸，而且在一定程度上会影响未来的探究。

然而，我国冲突法制的发展远非臻于至善。我国涉外民商事交往在近十年来发生了翻天覆地的变化，纠纷解决的价值亟须顺应时代的要求做出变革。本书以立法和司法过程中所面临的多元价值冲突为问题源起，以不同价值在涉外民事纠纷解决中的功能为分析对象，基于我国统筹推进国内法治和涉外法治的政策，提出我国在民事诉讼管辖、商事仲裁、连结点选择、准据法确定以及若干具体冲突法制度的完善层面，面对多元价值冲突，应如何做出科学的立法和司法决策。

尽管国际私法的未来走向难以预测，但涉外民事纠纷当事人只关注程序公正和实体正义两个价值。"冲突正义"无论是在立法还是在司法方面，都只是导向程序价值或实体价值的过渡性与衔接性概念。本书缕析主权、管辖权、当事人的民事权利、裁判结果一致性等涉外民事纠纷解决之价值主张的历史根源和现代根基，探讨其在不同类型和情形案件中的"价值序列"，对连结点的选择和管辖权的行使提出宏观的方法论的建议，对识别、反致、先决问题、涉外婚姻效力等冲突法制度提出具体的改进方案，以期对我国将要制定的《中国国际私法法典》提出有益之视角，贡献绵薄之力。

　　本书是作者从事十余年国际私法教学和研究的成果。在《中华人民共和国涉外民事关系法律适用法》制定之后，国际私法研究的创新面临瓶颈。在冲突法研究方面，权威著作和优秀论文的产出数量锐减。与此同时，现有的部分《国际私法》教材甚至未能清楚地讲明涉外民商事纠纷解决的程序，而仍旧沿袭西方教材体例，将重点放在国外冲突法制度的介绍中。考虑到管辖权等程序事项越来越成为涉外民商事纠纷的重心，本书对冲突法制度的论述，也大多结合了管辖权竞争或合作的视角，力图呈现涉外民商事纠纷解决的各价值维度。本书受湖北省法学会省级法学研究课题（2022）、湖北经济学院法学院科研培育项目支持。希望本书的出版能有助于学生全面掌握涉外民商事纠纷的解决制度，也希望本书能对立法和司法部门提供实务指引。